AF545573

Dieses Buch ist Julian Assange gewidmet, der seiner Pflicht, Staatsverbrechen aufzudecken, nachgekommen ist.

Allein deshalb halten ihn der militärisch-industrielle Komplex und seine verbrecherischen Helfershelfer in Politik und Justiz seit Jahren gefangen.

Er ist Staatsfeind in den Augen des organisierten Verbrecherstaats und Märtyrer für die Aufrichtigen.

ULLRICH MIES

DAS 1 x 1 DES STAATSTERRORS

DER NEUE FASCHISMUS DER KEINER SEIN WILL

Mit einem Vorwort von
Michael Ewert

und Interviews mit
Wolfgang Effenberger,
Marco Pizzuti,
Tom-Oliver Regenauer,
Ernst Wolff

Ullrich Mies

Das 1x1 des Staatsterrors: Der Neue Faschismus, der keiner sein will

Dieses Buch wurde auf FSC®-zertifiziertem Papier gedruckt. FSC® (Forest Stewardship Council®) ist eine nicht staatliche, gemeinnützige Organisation, die sich für eine ökologische und sozialverantwortliche Nutzung der Wälder unserer Erde einsetzt.

Copyright dieser Ausgabe
© 2023, 2024 Klarsicht Verlag
Alle Rechte vorbehalten.

Dieses Werk einschließlich seiner Teile ist urheberrechtlich geschützt. Jede Verwertung außerhalb der engen Grenzen des Urheberrechtsgesetzes ist ohne schriftliche Zustimmung des Klarsicht Verlags, Hamburg, unzulässig und strafbar. Das gilt insbesondere für Vervielfältigungen, Übersetzungen in andere Sprachen, Mikroverfilmungen und die Einspeicherung und Verarbeitung in elektronische Systeme.

Umschlaggestaltung: Beate B. Köhler
Umschlagillustration + Herstellung: Robert B. Osten
Lektorat: Annette van Gessel
Korrektorat: Anke Schenker
Satz: satz-bau Leingärtner

Printed in EU
3. korrigierte und erweiterte Auflage
ISBN 978-3-98584-247-6

www.klarsicht-verlag.de

DANKSAGUNG

Mein besonderer Dank gilt meiner Frau und Lektorin Annette van Gessel, ohne die dieses Buch – wie alle anderen zuvor – nicht hätte verlegt werden können. Ich bedanke mich ferner bei meinem Verleger Robert B. Osten vom Klarsicht Verlag, der das Projekt angeregt hatte. Der Haupttitel war seine Idee, der Untertitel meine, und ich bin davon überzeugt, dass beide zusammengehören. Ferner bedanke ich mich bei Susanne George und Walter van Rossum für ihre Anmerkungen zur Covergestaltung. Zu Dank verpflichtet bin ich zudem Wolfgang Effenberger, Moritz Enders, Michael Ewert, Marco Pizzuti, Tom-Oliver Regenauer und Ernst Wolff, die mit ihrer Expertise zum Gelingen des Buches beigetragen haben. Tom-Oliver hat mich auf die verheerende Rolle der Vereinten Nationen bei der Durchsetzung des globalistischen Projekts in Richtung One World Order hingewiesen. Weiterhin danke ich Anke Schenker für die sorgfältige Durchsicht des gesetzten Buches sowie den Künstlern Diane Tafel-Sprave und Martin Sprave, die mir Fotos ihrer Skulpturen zur Gestaltung des Buches überließen.

„Hell is empty
and
all the devils
are here."
William Shakespeare The Tempest
"Die Hölle ist leer und alle Teufel sind hier."

»Die Unwissenheit der Völker ist noch so groß, dass es einer kleinen Minderheit gelingt, die Menschen in Überheblichkeit und Hass zu halten und immer erneut für Zerstörung und Mord zu begeistern.«[1]

ARNO PETERS

---

1 Arno Peters, Vorwort *Synchronoptische Weltgeschichte,* Band 1, Frankfurt 2000. Nach Upton Sinclair gilt: »Faschismus ist Kapitalismus plus Mord«, in: »Presidential Agent II«, (1944) – Original: »Fascism is capitalism plus murder.« Diese Sichtweise ist zwar prägnant, greift mir aber zu kurz.

INHALTSVERZEICHNIS

VORWORT

VOM »ANTIFASCHISMUS« IMPERIALER NAZI-KOLLABORATEURE ZU WIRKLICHER RESISTENZ

MICHAEL EWERT

Keine Herrschaft ohne Zustimmung. Die Methoden, sie zu erreichen, haben sich geändert – es sei denn, die Lage wird prekär und der Schwindel droht aufzufliegen. Dann werden andere Saiten aufgezogen. Die Melodien, die sie erklingen lassen, werden schrill, wenn der immer mehr oder weniger labile Konsens mit der Herrschaft zerbricht – und die Herren (wie Damen natürlich) der Welt die Masken fallen lassen und die Glacéhandschuhe ausziehen.

Die veranstalteten Gemetzel und Massaker werden in der herrschenden Geschichtsschreibung allenfalls als akzidentielle Vorfälle behandelt. Es ist eine Geschichte, die das Auskommen ihrer »Schriftgelehrten« sichert. Ihr Geschäft ist es, ihre Auftraggeber in glänzendem Licht erscheinen zu lassen.

Schon Charlie Chaplin verneinte 1947 in *Monsieur Verdoux*, dass sich Verbrechen nicht lohnen. Ausschlaggebend selbst bei Greueltaten ist, dass sie begangen wurden von Akteuren, die wir bewundern. Dankbarkeit und Erleichterung empfindet die bürgerliche Gesellschaft, wenn sie mit dem Schrecken davonkommt. Die dominante Stellung von preußischem Militarismus, sein Überleben in der Weimarer Republik, ein autoritärer Triumph im Dritten Reich und die Kontinuität restaurativer Kräfte in West-Deutschland haben Massaker der Hohenzollern-Soldateska in Berlin (oder etwa Iserlohn) 1849 in ein schwarzes Loch der Erinnerungslosigkeit fallen lassen.

Mit den kurz darauf von den deutschen Besatzern unterstützten Greueltaten des französischen Militärs gegen die Pariser Kommunarden von 1871 wurde, so der Historiker Kurt Pätzold, durchexerziert, dass Elemente, die das etablierte Gesellschaftsgefüge gefährdeten, ohne Schonung der Angehörigen, Frauen und Kinder zu eliminieren sind.

Gruppierungen, die in Opposition zu solch unschönen Vorfällen stehen, fallen der Diffamierung anheim. Das gilt bei den Rebellierenden um 1918/19 natürlich nicht für die »gemäßigten Kräfte«, für die sich zu erwärmen selbst Agitatoren globaler US-Kriege mittlerweile empfehlen. Restlos ausgeblendet hingegen wurden seit jeher Julian Borchardts *Lichtstrahlen* in Berlin oder Johann Kniefs *Arbeiterpolitik* in Bremen, die Holländer Anton Pannekoek und Herman Gorter, die ehemaligen Sozialdemokraten Rosa Luxemburg, Karl Liebknecht und vor allem Franz Pfemfert, Victor Fraenkl, James Broh oder Otto Rühle.

Sie zählten zu den ersten Antifaschisten, von denen viele gemeuchelt wurden von Kräften, die in München erstmals mit Hakenkreuz auftraten. Verfemt waren sie schon vor 1933, nach 1945 wurden sie missliebige Außenseiter. Der Sieg reaktionärer Kräfte über Kurt Eisner (ermordet), Gustav Landauer (in Gefangenschaft massakriert), Erich Mühsam oder auch Carl von Ossietzky (beide in der Weimarer Zeit inhaftiert, 1933 von den Nazis in KZs verschleppt und nach grauenvoller Tortur ein Jahr später ermordet bzw. 1938 an den Haftfolgen gestorben) gilt nicht als Fanal einer Katastrophe, der faschistischen Machtergreifung. Erleichterung und Zufriedenheit machen sich breit, weil die Katastrophe einer Gefährdung der Strukturen traditioneller Herrschaft abgewendet wurde.

Für dieses hehre Ziel unterstützten sozialdemokratische Bluthunde das ganze Ausmaß brutalen Terrors. Der US-Journalist Ben Hecht und späterer Drehbuchautor in Hollywood war seinerzeit in Deutschland und hielt in seinen Erinnerungen gute zwei Jahrzehnte später fest, dass die wahren Herrscher nicht die seit jeher mit der Mentalität kleinbürgerlicher Emporkömmlinge brillierende Politikergarde war.

Das Wort und die Gewehre führten die Reaktionäre des Generalstabs. Sie hätten, ohne »auf die Ankunft Hitlers« zu warten, sich hellsichtiger als der so klägliche wie niederträchtige Parteienfilz zur Aufgabe gemacht, mit Billigung der Siegermächte allen Widerstand zu liquidieren und autoritäre Strebungen zu stärken.

Erreicht werden sollte die Paralysierung autonomen Denkens, die Sicherstellung von Gehorsam gegenüber den Mächtigen und die permanente Einschüchterung. Die in den Kampfzonen des latenten Ausnahmezustands lagernden Mittel reichten von Diskreditierung, Schikanierung, Vernichtung beruflicher Existenzen, psychischer Beschädigung oder auch physischer Auslöschung durch gezielten oder flächendeckenden Terror.

Vorbildlich waren hier die USA. Die Nazis waren nicht nur von deren Völkermord an der ursprünglich ansässigen Bevölkerung, ihren Rassengesetzen und Eugenikprogrammen beeindruckt. Auch die Inszenierung einer »Red Scare« (Rote Panik) vertiefte die Verbundenheit zweier Herrschaftssysteme, die füreinander in Bewunderung schwelgten. Die Zerschlagung der Arbeiterbewegung samt ihrer Presse traf den Nerv verwandter Seelen.

Das zeitweise Ende der Kollaboration mit dem Dritten Reich kam mit dem in der Panzerschlacht von Kursk Mitte 1943 offenbar gewordenen Versagen der Nazis, ein zuverlässiges Bollwerk gegen den Bolschewismus zu bilden. Bis dahin stellte sich der *Council on*

Foreign Relations, das Polit-Büro der Wall Street, eine Kooperation zwischen dem Empire, den USA und der von ihr kontrollierten »Grand Area« einerseits sowie den von den Deutschen beherrschten Teilen der Welt, dem Carl Schmitt'schen »Großraum«, andererseits vor. 1945 konnten diese Pläne, den neuen Machtverhältnissen angepasst, wieder hervorgekramt werden.

Es stellte kein Problem dar, den offiziellen Feind der West-Alliierten in den von ihnen zu kontrollierenden Herrschaftsbereich zu integrieren. Man kannte sich. Auch war der nach wie vor dominierenden autoritären Einstellung in der deutschen Bevölkerung leicht zu vermitteln, dass auf vielen Gebieten der Faden da wieder aufgenommen wurde, wo ihn ein noch als verrucht geltender Gegner fallen gelassen hatte.

Es gab keine Stunde null. Die Indoktrinationen waren – wie die gelegentlich offene Gewalt der Militärregierungen – ausgerichtet auf den Kampf gegen Arbeiterorganisationen, die den Herrschaftsanspruch des Kapitals infrage stellten. Wie im Dritten Reich wurden die Barrikaden insbesondere gegen das bolschewistische System errichtet, das drastischer als die »moderate« Sozialdemokratie den Spielraum kapitalistischer Willkür, Inbegriff von »Freiheit«, einschränkte. Betont wurde weiterhin eine Kontinuität rassistischer Einstellungen, die den Widerstand des weißen Mannes gegen antikolonialistische Hetzparolen, Rebellionen und Bewegungen verstärkte. Und nicht zuletzt galt es nach bewährtem Muster, weiterhin militaristische Einstellungen zu kultivieren, mit anderen Worten jeder Politik der Verständigung entgegenzuwirken sowie Aggressionen, Konfrontationen und Kriege plausibel zu machen.

Der Antifaschismus, der sich in den besetzten Ländern herausgebildet hatte, wurde überall, wo die West-Alliierten einmarschierten, an die Wand gedrückt. Der Rätekommunist Paul Mattick sah in den

USA nach ihrem Eintritt in den Zweiten Weltkrieg die Möglichkeiten für eine klassenkämpferische Aktivität gegen den Faschismus als beendet. Der Kampf gegen Nazi-Deutschland war die Gelegenheit, die Vorstellungen eines freien Lebens aus ihren Verbindungen mit sozialen, kapitalismuskritischen Bewegungen zu lösen und in die Propaganda traditioneller Machtzentren zu integrieren. Die Folgen sehen wir bis heute.

Ein Agitationsmodell mit seinen Wohlfühlslogans besudelt uns mit einer Definition von Antifaschismus, die einstige Nazi-Kollaborateure erstellt hatten. Diese Schande war vor allem in der Dritten Welt von unsäglichen Gewaltexzessen begleitet. Das Herrschaftssystem der USA war spätestens mit Ende des Zweiten Weltkriegs auf globale Ausbeutung angewiesen, die wiederum globale Dominanz erfordert. Noch mehr als die Kriege gegen Korea und Vietnam mit Millionen Toten waren die Massaker 1965 in Indonesien mit geschätzt einer Million Ermordeter etwa eine Million Ermahnungen, nicht vom Pfad der Tugend US-amerikanischer Renditeerwartungen abzuweichen. Am klarsten zeigte sich die schwarze Pädagogik am 11. September 1973 in Chile.

Der Zwang, die Geschichte des Kapitalismus zu einem Erfolg werden zu lassen, bezahlten Zehntausende mit dem Leben, Hunderttausende wurden inhaftiert, gefoltert oder ins Exil getrieben. In der Hölle von Gequälten wurde der Probelauf neoliberaler Ausbeutung über oligarchische Bereicherung durch Privatisierung gesellschaftlichen Vermögens und Sozialisierung entstehender Verluste durchexerziert. Die Bevölkerung im »Westen« hätte in den Spiegel ihrer Zukunft sehen können.

Es ehrt den globalen Süden, dass seine Verarmung nur mit offener Gewalt durchgesetzt werden kann. Aber auch bei uns ändern sich die Zeiten, weil die Zeiten einer wirtschaftlichen Entwicklung, in denen die arbeitenden Schichten am geschaffenen Reichtum partizipieren könnten, vorbei sind. Die Wende wurde wie in Chile Anfang der 1970er Jahre eingeläutet mit den Planungen eines Großangriffs auf soziale Errungenschaften.

Die Trilaterale Kommission unter Leitung von David Rockefeller *(Chase Manhattan Bank)* und Zbigniew Brzeziński, ehedem Professor für internationale Beziehungen und Berater im US-Außenministerium, suchte mit Samuel Huntington, einer bewährten Kraft schon im Vernichtungskrieg gegen Vietnam, nach »wünschenswerten Grenzen für die Ausweitung der politischen Demokratie«. Ziel war es, analog zu den »guten« Erfahrungen in Indonesien und Chile den Boden zu bereiten für eine weitergehende »Öffnung der Märkte«, blumige Umschreibung für die Durchsetzung finanzkapitalistischer Dominanz.

Die Akteure, die sich diesem Ziel verschrieben, kamen nicht nur von einschlägigen Firmen wie *Chase Manhattan Bank*, *Lehman Brothers*, *Bank of Amerika*, *Banque de Paris*, *Lloyds of London* oder *Bank of Tokyo*, sondern auch von Medienunternehmen wie dem *Time*-Magazin, der *Washington Post*, *CBS*, der *Japan Times*, dem Londoner *Economist* oder der deutschen *ZEIT*. Die jeweilige Verstärkung der Anstrengungen, der Bevölkerung die Notwendigkeit der Alimentierung eines parasitären Sektors einzutrichtern, erfolgte im Rhythmus des Platzens der Spekulationsblasen, auf denen ein scheinproduktives Wirtschaftsmodell beruht.

Nach den Gesetzen des tendenziellen Falls der Profitrate und des gesunden Menschenverstands müssen für einen immer kleiner werdenden Sektor realer Wertproduktion die Schwierigkeiten unaufhörlich zunehmen, die immer größer werdenden Ansprüche der, so Michael Hudson, »Rentenökonomie« zu befriedigen. Einer der ersten Schocks war das Ende der dot.com-Euphorie 2000, deren Verwerfungen mit nach dem 11. September 2001 aus der Schublade geholten Notstandsgesetzen entgegengewirkt wurde – und mit einer Meinungskontrolle, deren Rigidität zumindest in den G7-Staaten selbst in Relation zu der verhetzten Rhetorik des Kalten Krieges bemerkenswert war.

Eine haarsträubende Erzählung musste durchgesetzt werden als Begründung für die zwanghafte Ausweitung der Kampfzone finanzkapitalistischer Ausbeutung. Der »Krieg gegen den Terror« war der Terror des Krieges um neue Renditeobjekte und zur Einschüchterung der mindestens 90% der Bevölkerung ausmachenden »unteren« Schichten. Dieser Terror erreichte mit der Corona-»Pandemie« ab Februar 2020 ein Ausmaß, das seit 1945 seinesgleichen sucht, aber nicht vom Himmel fiel.

Die Notwendigkeit, sowohl eine neue Dimension der Indoktrination zu schaffen, als auch eine Bedrohung durch einen Infektionserreger zu inszenieren, ergab sich durch die unaufhaltsame Verschlechterung der wirtschaftlichen Entwicklung nach der Bankenkrise 2008/09. Spätestens ab Herbst 2019 drohte der Finanzwelt eine Kernschmelze: Die Zeit war gekommen für Gehorsamkeitsübungen, Schutzhaftmaßnahmen und einen Anschlag auf die körperliche Unversehrtheit von Milliarden Menschen mit sehr wahrscheinlich Millionen Toten und unabsehbaren Folgen für die physische wie psychische Autonomie der folgenden Generationen.

Die Begründungen für die Anmaßungen seitens Regierungen, Medien und Industrie, deren totalitäre Züge in der post-faschistischen Periode keine Parallelen finden, sprachen selbst Mindestmaßstäben gebotener Evidenz blanken Hohn. Die Forderung, die Effizienz der gesundheits- und lebensgefährlichen genetisch basierten Injektionen aufzuzeigen, konnte in Deutschland aufgrund fehlender Zahlenerhebung zum Verhältnis Injizierter und Nichtinjizierter unter den Krankenhauspatienten nicht angegeben werden – anders als in Großbritannien, wo die Auswirkungen der mRNA-Stoffe wie schon in der *Pfizer*-eigenen Studie von 2020/21 als desaströs nachgewiesen sind.

Ebenso beunruhigend ist die mehrheitliche Hinnahme dieser Tyrannei seitens der Bevölkerung, wie es auch bezüglich der bellizistisch-rassistisch verhetzten Einstellung gegenüber Russland zu beobachten ist. Sie wurde seit dem Amtsantritt Wladimir Putins systematisch vorangetrieben und hat mit dem, Chalmers Johnson hätte gesagt, »Rückschlag« im Februar 2022 endgültig Nazi-Niveau erreicht.

Étienne de la Boétie sprach von der freiwilligen Knechtschaft. Doch wie freiwillig war und ist sie? Die Corona-Krise war ein Aufguss des Rätsels, das schon Michel de Montaigne beschäftigte: »Wie die Fürsten so leicht glauben können, dass sie alles sind, und warum die Völker so bereit sind zu glauben, sie seien nichts.« Boétie zog aus seiner Betrachtung der griechischen Antike den Schluss: »Oftmal verlieren die Völker ihre Freiheit, indem sie sich betrügen lassen, aber mir will scheinen, als würden sie seltener von anderen als vielmehr meistens von sich selber betrogen.«

Unter dem Corona-Regime agierten die Völker zwar weitgehend willfährig, aber die größte Lust zur Unterwerfung, die offene Begeisterung für autoritäre, die Menschen bevormundende, drangsalierende und schikanierende Zwangsmaßnahmen kam aus Kreisen, denen man ohnehin nie über den Weg trauen durfte. Der Schlagwortkatalog »linker«, »oppositioneller« oder »kritischer« Kräfte (»Zivilgesellschaft«, »Modernität«, »Solidarität« etc.) ist Ausdruck der Flucht in ein entleertes, angepasstes Leben. Wir haben es nicht mit einem »Verrat« zu tun, sondern mit der Dynamik intellektueller Korruption im Rahmen symbiotischer Bindungen an die Autorität.

Die Gelegenheit, die Maximen der Macht zu übernehmen, werden sich parasitäre, meist von staatlicher Alimentation lebende Schichten nicht entgehen lassen. Ihren Reflexen vertrauen die Mächtigen zu Recht.

Die Brutalität, mit der alle Versuche einer wirklich umwälzenden Praxis niedergeschlagen wurden, trug das Ihrige dazu bei, dass selbst die für die einen als Bürgerschreck, für andere als Vorbild fungierende Arbeiterbewegung sich nicht erst seit dem Zweiten Weltkrieg strikt am kapitalistischen Markt orientierte. Abgesehen von einigen Radikalen dachte niemand daran, sich außerhalb der bürgerlichen Strukturen zu stellen. Der Erfolg des Reformismus hängt von der Möglichkeit ab, am Marktgeschehen zu partizipieren. An diesem »Realismus« orientiert sich die Vielfalt der Meinungen, die zugelassen sind. Sie sind zugelassen, wenn sie »verantwortungsethisch« einwandfrei von »zivilisatorischen Werten« zeugen. Sie müssen Spaß machen und dürfen die herrschende Ordnung nicht stören.

Vom Standpunkt des Ich sind das Niederlagen, die sich als »Nicht-Handeln« ins kollektive Bewusstsein eingraben. Johann Gottlieb Fichte bezeichnete es als »Leiden«, womit er sich in Einklang befand mit den Größen der Literatur und Ergebnisse von Psychoanalyse oder Sozialpsychologie um gut ein Jahrhundert vorwegnahm. Erich Fromm sprach von pathologischer Normalität und latent chronischer Schizophrenie.

Aldous Huxley sah in seinem Roman *Schöne neue Welt* schon 1932 das Verhängnis der Wucht charakterologischer Deformierungen in der Abrichtung im kapitalistischen Arbeitsprozess und gut geölten Zerstreuungsmechanismen über billige Angebote der Unterhaltungsindustrie. Sie sind Abbild und Transmissionsriemen der mechanischen Prozesse im alltäglichen, zumal beruflichen Leben, das durchwoben ist von einem deprimierenden Konsumwahn, in dem sich produktive Einstellungen auf rezeptive Reflexe in der Glitzerwelt blendender Waren reduzieren.

Sexuelle Schrankenlosigkeit, gesteuerte Vergnügungen qua mechanischer Reizüberflutung und ein seelenloser Massentourismus bis in die letzten Winkel der Erde begünstigen Formen totalitärer Verfügungsgewalt, die heute unterstützt werden durch Facebook, X (ehemals Twitter), Instagram, Snapchat und andere globale Geschäftsmodelle, Erfassungsapparate und Datenfabriken. Sie schaffen die Illusion eines Ersatzes von Kommunikation durch mediale »Kontakte«, kanalisieren die Wahrnehmung über permanente Stimulanz und entsprechen den Mechanismen, wie sie von der PR-Wirtschaft entwickelt und von der Politik aufgegriffen wurden.

Die Verkümmerung kreativer Aktivitäten kann gesehen werden als Resultat von Traumata, die sich im Laufe einer über viele Jahrzehnte sich hinziehenden Reihe von Niederlagen entwickelt haben. Verursacht wurden sie durch die Beschämungen hingenommener Aggressionen und Situationen der Isolation. Der Betrug wird zum Selbstbetrug durch die Passivität in entmenschlichten Verhältnissen. Diese als normal zu empfinden verstößt gegen alle als geradezu natürlich empfundenen Gesetze von Moral und Sittlichkeit.

Das seiner Möglichkeiten beraubte Individuum befindet sich in einem permanenten Kriegszustand mit seinen Grundbedürfnissen als menschliches Wesen und seiner körperlichen wie geistigen Gesundheit. Die Vererbung der ausgelösten Traumata bedarf keiner komplizierten molekular-genetischen Erklärung. Es reicht die Übertragung bestimmter Verhaltensmuster. Sind sie von Vorsicht, Verzagtheit, Ängstlichkeit und Gefühlen latenter Ohnmacht geprägt, ist es nachvollziehbar, dass auch die Charakterbildung der nächsten Generation über die elterliche Vorbildfunktion und natürliche Lernprozesse von

Normen selbstverständlich empfundener Einschränkung praktischen Handelns geprägt sein wird.

Chris Hedges erwähnte Studien, nach denen Traumata entstehen durch das sehr reale Gefühl, nicht beachtet zu sein. Schwerwiegend seien die Kompensationen, die sich in Folge sozialer Verkümmerung entwickeln. In mechanisch-gewalttätiger Weise suchen Traumatisierte, was nicht mehr vorhanden ist: persönliche Nähe, das Eingebundensein in sinnvolle Zusammenhänge. Wird den Traumata nicht Einhalt geboten, würden ihre Opfer auf einen Zustand psychologischer Infantilität zurückgeworfen, ideale Voraussetzung für ihre Versklavung. Sie wird »freiwillig« gesucht von traumatisierten, beschämten, ihre Ohnmacht rationalisierenden Menschen.

Gerade das letzte Jahrhundert ist voll von Beispielen, welche entfremdeten Formen die Befriedigung elementarer Bedürfnisse nach Sicherheit, Bezogenheit, Verwurzelung und Transzendenz sowie Identitätserleben annehmen können. Die Bedürfnisse an sich sind dem Menschen inhärent. Er drohte, verrückt zu werden, würde er sie missachten. Das Problem besteht in den Wegen, sich davor zu bewahren.

Bekanntlich bieten sich ihm zahlreiche Ersatzlösungen an, die sich seit der Zerschlagung der Fesseln durch das mittelalterliche Gemeinschaftsleben im Feudalsystem entwickelt haben: Nation, Religion, Klasse, Beruf oder Status, nicht zu vergessen politische Organisationen. Zu »linken« Ausflüchten meinte Pfemfert lakonisch: »Das Parteibuch ist die Lakaienlivree des Proletariats.« In ihr vermummt applaudiert es längs einer Sackgasse. Der schwierigere, aber erfolgversprechende Weg ist, Bande der Mitmenschlichkeit, der Brüderlichkeit und der Solidarität zu schaffen.

Für den Einzelnen ist im Auge zu behalten das Ziel, ein sich seiner Möglichkeiten bewusster Mensch zu sein, ein Mensch, der danach trachtet – mit Fromm zu sprechen –, sich von lebensfeindlichen Strebungen und ihren unbewussten Kompensationen zu befreien. Überwunden werden müssen Zynismus, Gleichgültigkeit, ein kultureller Narzissmus und die spirituelle Verlorenheit in der Welt des Konsums und mechanischer Vergnügungen.

Sollen Erkenntnis und Widerstand im Sinne eines kritischen Einwurfs möglich bleiben, sind jene Momente zu fördern, die den Menschen bestärken in seiner Anteilnahme, seinem Mitgefühl, seiner Produktivität, kurz seiner Verantwortung für das Leben. Das wäre auch ein Impuls für den notwendigen Kampf gegen den zwanghaft ins Despotische ausufernden Druck, den prinzipiell unproduktiven wie unersättlichen Finanzsektor zu alimentieren.

Niemand darf sich einlullen lassen von dem Feuilleton-Geschwätz bürgerlicher Propagandablätter. Sie sind voll von Predigten gesellschaftlicher Ohnmacht, in der es tatsächlich kein richtiges Leben gibt. Das »Leben«, von dem abgeraten wird, ist immer schon so falsch wie die Haltung dieser meinungsfabrizierenden Agenten, die sich in den von ihnen selbst mechanisch nachgezeichneten Bezügen verfangen haben. Sie begeistern sich allenfalls, wenn ein schlaksiger Hitler-Verehrer mit gutem Aussehen zum Besten gibt: »We could be heroes / just for one day!«

»Nein, nein«, sollten wir einwenden, wir könnten weit mehr sein. Genauer gesagt: Wir könnten nicht, wir müssen. Erst eine solche Einstellung wäre eine tragfähige Grundlage für wirklichen Antifaschismus. Zumindest einen Antifaschismus, der nicht nach den Vorstellungen von Kollaborateuren des Faschismus konzipiert wäre.

Seiner Zeit weit voraus erteilte Hans Albers der in Folge von Genderwahnsinn und sonstigem Haltungsfetischismus salonfähig gewordenen Kappung aller biologischen und heimatlichen Wurzeln eine Absage. In einem Lied beschwor er in seiner unnachahmlichen

Art den Kapitän eines Schiffes, ihn aus der Ferne zurück nach Hamburg zu bringen: »[...] da steig ich aus!« Denn »in der Heimat, da glühen meine Sterne / in der Heimat bei Muttern zu Haus«. Wir wären auf dem richtigen Weg, wenn wir ebenfalls danach strebten, uns nicht mehr außer uns, sondern bei uns zu fühlen.

Das muss das Ziel aller antifaschistischen Aktivitäten sein: in Positionen zu kommen, in denen wir die Kapitäne unseres Bootes sind, und seien sie noch so klein. Legen wir uns in die Riemen, warten wir nicht auf »Helden«. Das wäre verhängnisvoll. Stellen wir uns ein nicht nur auf widrige Winde. Sie haben sich längst eingestellt. Sie werden endgültig unübersehbar mit der Erschütterung des Finanzsektors infolge der absehbaren Zahlungsausfälle im Kreditgeschäft mit der Ukraine. Das Beben kündigt sich wie stets an als dramatische Zunahme der Meinungskontrolle, der Zensur und polizeistaatlicher wie judikativer Übergriffe.

Je drastischer die Repressalien ausfallen, desto sicherer kann von der Fragilität der herrschenden Ordnung ausgegangen werden. Schon die von Uniformierten im Flecktarn geleitete Corona-Kommandantur zeigte auf, dass der militärisch-geheimdienstlich-finanzkapitalisch-pharmazeutisch-mediale Komplex – begleitet weniger von gebildeten als dafür speziell ausgebildeten Schichten – mit dem Rücken zur Wand steht. Das ist kein Ort, an dem wir ihnen Gesellschaft leisten sollten. An der Ungeselligkeit der dort herrschenden Geselligkeit lässt Ullrich Mies keinen Zweifel.

EINLEITUNG

Seit einigen Jahren beobachte ich aufmerksam den Prozess, in welche Richtung sich die Länder der westlichen »Wertegemeinschaft« verändern. Die zunehmende Totalitarisierung hat mich veranlasst, diesen Vorgang näher zu analysieren. Trotz aller Widersprüche brüsten sich die Länder des Wertewestens noch immer damit, demokratisch und tolerant, ja sogar ein Vorbild für die restliche Welt zu sein. Dass diese Gemeinschaft jedoch ein verlogener Abgrund des Antidemokratischen, der Intoleranz und der organisierten Friedlosigkeit ist, arbeite ich in diesem Buch heraus. Mehr noch, ich zeige auf, dass sich die maßgeblichen Triebkräfte des Westens in Richtung eines neuen Faschismus bewegen, der – wie sollte es anders sein – von sich behauptet, keiner zu sein.

Grundlage des Staates ist die Staatsräson. Nach Machiavelli sind Machterhalt und Machterweiterung die zentralen Pfeiler staatlicher Politik und zu diesen Zwecken ist jedes Verbrechen gerechtfertigt. Der Staat wird so zu einer strukturell kriminellen Vereinigung, dessen »Eliten« sich zudem vor der Verfolgung ihrer Verbrechen immunisiert haben. Der Staat derart verkommener Eliten gebiert den Staatsterror nach innen und nach außen. Sieht man von Schönwetterphasen der Staatlichkeit nach dem Motto »Mehr Demokratie wagen« einmal ab, so waren der Staat und die ihn tragenden Kräfte seit Jahrhunderten nie etwas anderes als Repressionsmacht, die sich gegen die eigene Bevölkerung nach innen sowie als Kriegstreiber und Eroberer gegen andere Völker nach außen richtete. Aktuell leben wir, so meine Analyse, genau in einer Phase offensichtlich organisierter Regierungskriminalität.

Zunächst befasse ich mich mit dem Thema »Staatsterror: Hard- und Softcore-Varianten«. In dem Kapitel benenne ich dessen unterschiedliche Erscheinungsformen. Bei den Softcore-Varianten konzentriere ich mich auf die »Weiße Folter« nach Albert Biderman, bei den Hardcore-Varianten auf den »Krieg als ultimativer Staatsterror«. Die Methoden der »Weißen Folter« Bidermans wandten die kriminellen Herrschaftscliquen während des Corona-Regimes nahezu 1:1 an. Obwohl der Krieg seit Jahrtausenden die Menschheitsgeschichte begleitet, stehen dem Staat heute besonders perfide Propagandamethoden zur Verfügung. Mithilfe der Propaganda setzen Staat und Medien Kriege oder Bürgerkriege in Szene und legitimieren sie. Die derzeitige Scheinbegründung und Selbstlegitimation der massenmörderischen Politpopanze hat einen neuen, alten Feind ausgemacht: »Der Russe ist an allem schuld.« Dass die strukturelle Friedlosigkeit des eigenen Denkens die wahre Ursache der laufenden Katastrophe ist, auf diese Idee kommen weder Täter noch Mitläufer. Häufig präsentieren sich die Täter auch noch als Vollstrecker eines göttlichen Willens – so im aktuellen Ukraine-Stellvertreterkrieg.

Wir sind Zeitzeugen der permanenten Erosion politischer und bürgerlicher Rechte als Folge des Demokratie- und Sozialstaatsabbaus im Rahmen der marktradikalen Konterrevolution der letzten 40 Jahre. Im Kern war die neoliberale/marktradikale Ideologie nie etwas anderes als eine Ideologie mit Totalitätsanspruch, die keinen Widerspruch duldet: »There is no Alternative.« Diese war und ist strukturell reaktionär, denn sie ist eine Kampf- und Herrschaftsideologie auf der Grundlage eines brutalen Sozialdarwinismus und einer Umverteilung des Wohlstandes von unten nach oben, generell und im ganzen »freien Westen«. Ohne diese für die Mächtigen dieser Welt erfolgreich abgelaufene Konterrevolution wären weder Corona-Terror noch der laufende Totalangriff auf die Völker der Welt in Richtung einer dystopischen New World Order möglich gewesen.

Der stets verlässliche Partner der marktradikalen Konterrevolution im Westen war der Parteienstaat. Dieser verbündete sich mit der internationalen Konzern-, Medien-, Militär- und innerstaatlichen Repressionsmacht zu einer alles beherrschenden Oligarchie. Da sich die Verantwortlichen in den Parteien vor strafrechtlicher Verfolgung immunisiert haben, wurde dem Machtmissbrauch bis hin zur organisierten politischen Kriminalität Tür und Tor geöffnet. Parteienstaaten als Partner der Konzern- und Finanzmacht sowie des Militärkomplexes können gar keine demokratischen Staaten sein, weil sie die totalitäre Marktideologie verkörpern. Zudem wurden die Parteien ideologisch gleichgeschaltet, sodass von ihnen keine Gefahr mehr für den Tiefen Staat ausgeht. In gleichem Maße kollabierte die Gewaltenteilung und die Justiz mutierte zur politischen Kampfjustiz der Exekutive.

Auf dem Fundament der marktradikalen Konterrevolution betritt ein Faschismus bislang unbekannter Prägung in neuem Gewand und in einem bisher unvorstellbaren internationalisierten Ausmaß die politische Bühne. Es ist ein *Neuer Faschismus,* der behauptet, keiner zu sein. Dennoch enthält er viele Elemente des »traditionellen«, einige gar nicht sowie neue unbekannte.[1] Es handelt sich um einen *Neuen Faschismus* mit Globalanspruch, der sich bislang auf den sogenannten freien Westen konzentriert. Die Menschheit lebt aktuell in einer Übergangsphase des finalen Umbaus in Richtung einer totalitären Weltherrschaft. Dieser totale Umbau der Nationalstaaten kann nur mit drakonisch-diktatorischen Maßnahmen zum Schaden der Völker umgesetzt werden, muss der Menschheit jedoch als vernünftig, geboten, ja sogar zwingend erforderlich »verkauft« werden. Fakt

---

1 Siehe hierzu die Tabelle: traditioneller Faschismus vs. Neuer Faschismus

ist, dass dieser von den Entscheidungszentren des Tiefen Staates vorangetriebene Transformationsprozess niemals auf der Grundlage demokratischer Prinzipien erfolgen kann. In drei Unterkapiteln konkretisiere ich den Totalumbau der westlichen Gesellschaften am Beispiel der Wokeness, des neuen Anschwärz-Gesetzes der EU und des geschichtsklitternden Zeitenwende-Gewäschs.

In den beiden zentralen Kapiteln dieses Buches beschreibe ich einige grundlegende Kategorien des traditionellen Faschismus und lege hierfür Richard Löwenthals Buch *Jenseits des Kapitalismus* zugrunde. Die von Löwenthal herausgearbeiteten Merkmale des Faschismus und die 14 Merkmale, die laut Umberto Ecos Buch *Der ewige Faschismus* den Ur-Faschismus kennzeichnen, gleiche ich mit den aktuellen Zuständen der westlichen Pseudodemokratien ab und füge Ecos Merkmalen zwei weitere zur Kennzeichnung des *Neuen Faschismus, der keiner sein will,* hinzu. Anschließend stelle ich in einer mehrseitigen Tabelle die Vielzahl der Einzelkomponenten des traditionellen Faschismus denen des *Neuen Faschismus* gegenüber. Dort wird eine große Überschneidung zwischen traditionellem Faschismus und *Neuem Faschismus* ersichtlich. Andererseits fehlen Komponenten des traditionellen Faschismus im *Neuen Faschismus;* und eine Vielzahl von Komponenten, die für einen *Neuen Faschismus* sprechen, konnten im traditionellen noch gar nicht vertreten sein.

Die Aussage, dass sich die »westliche Wertegemeinschaft« zu einem globalfaschistischen Regime entwickelt, untermauere ich in den beiden Folgekapiteln, in denen ich die jüngsten Entwicklungen und Vorhaben der Vereinten Nationen und der WHO aufzeige. Meine Analyse macht deutlich, dass diese internationalen Organisationen mithilfe westlicher Konzerne, Regierungen, superreicher Einzelpersonen und sonstigen Stakeholdern die Staaten unter Dauerstress setzen wollen und zwar durch jederzeit ausrufbare Pandemien, Ausnahmezustände, Lockdowns, Quarantäne- und Reisevorschriften. Dies wäre nichts anderes als ein Westen in einer großfaschistischen Dystopie. Damit nicht genug, in denselben Kontext totaler Machtanmaßung fällt die ESG-Ideologie – Ecology, Social, Governance –, der sich nicht nur Regierungen, sondern nahezu alle großen westlichen Konzerne, im Verbund mit den Kapitalorganisatoren wie BlackRock, verschrieben haben. Faktisch haben wir es hier mit einer Privatisierung von Regierungsmacht unter der Knute billionenschwerer Weltkonzerne zu tun.

Noch ein Hinweis:

Dass mit dem Faschismusbegriff endloser Missbrauch getrieben wird, bedarf nicht der Erwähnung und wird auch nicht untersucht. Dies gilt insbesondere für »unsere« rechten, marktradikalen, unter »linker False-Flag« segelnden Regierungen, ihre medialen und sonstigen politischen Hilfstruppen innerhalb der Scheinsozialisten (Sozialdemokraten), Grünen und Liberalen und ihrer Staatsschutzorgane. Die meisten Parteienvertreter haben überhaupt kein Problem damit, selbst Teil von Rechts-Regierungen zu sein oder sich zu nützlichen Idioten von Rechts-Regierungen zu machen. Sie bezeichnen, ganz so, wie es von ihnen erwartet wird, alles das als »faschistisch«, »Faschismus« oder als NAZI, was sich nicht der intellektuellen Engführung ihrer politischen und gesellschaftlichen Sichtweisen unterordnet. In diesem Kontext ist »Faschismus« oder »faschistisch« einzig und allein ein Kampfbegriff, um den politischen Gegner fertigzumachen.

Vor dem Einstieg in den Buchtext möchte ich noch etwas grundsätzlich sowie einige Begriffe klären:

Ein Vergleich des »traditionellen« Faschismus mit dem *Neuen Faschismus* ist ein *Vergleichen von Erscheinungen,* die sich gleichen können, aber nicht in allen Punkten übereinstimmen müssen, also ist es *kein Gleichsetzen*. Das wäre ohnehin unmöglich, da sich Geschichte nicht wiederholen kann. Die Zustände, in denen wir im Westen und »im besten Deutschland aller Zeiten« leben, als *Neuen Faschismus* zu bezeichnen ist auch keine Verharmlosung des traditionellen Faschismus, weil der *Neue Faschismus* völlig neu konstituiert auf internationaler Ebene in die Welt tritt: Der *Neue Faschismus* betrifft nicht die Ebene des Nationalstaates, sondern ist ein westlich-globalistisches Projekt. Diesen Deep State/Tiefen Staat, Stakeholder-Kapitalismus, biopolitischen Sicherheitsstaat könnte man auch als eine internationalisierte Form des Totalitarismus bezeichnen. Ich habe mich für die Umschreibung »Der Neue Faschismus, der keiner sein will« entschieden.

Tiefer Staat, Deep State, Global Deep State

Der Tiefe Staat wird auch bezeichnet als »Dunkler Staat«, »Permanente Regierung« oder »Schattenregierung«. Teile des Tiefen Staates sind für die Öffentlichkeit *sichtbar*, wie Regierungsmitglieder, kriegsaffine Parlamentarier oder systemkonforme Konzern- und Regierungsmedien sowie deren Hassprediger. Der wichtigere Teil des Tiefen Staates ist für die Öffentlichkeit *unsichtbar*, arbeitet *sehr langfristig orientiert* im Hintergrund, ist an Wahlen nicht gebunden, also *weder wählbar noch abwählbar*, bestimmt aber maßgeblich die ökonomischen, politischen und kulturellen Agenden und Entwicklungen. Der Tiefe Staat *bekämpft und zersetzt* die Demokratie von innen. Maßgebliche *nichtsichtbare Akteure* des Tiefen Staates sind der Reichtums- und Finanzkomplex, der militärisch-industrielle und Geheimdienstkomplex, Forschungsinstitute und Ideologieproduzenten.

Biopolitischer Sicherheitsstaat

Der biopolitische Sicherheitsstaat tritt den Bürgern als totalitärer

Staat gegenüber, als Gesundheits- und Hygienediktatur. Der Probelauf des biopolitischen Sicherheitsstaats war die inszenierte Corona-Krise. Der biopolitische Sicherheitsstaat ist eine faschistische Diktatur bislang unbekannten Typs, gekennzeichnet unter anderem durch Verfassungsbrüche, Auftritts- und Demonstrationsverbote, Kontensperrungen, Hausdurchsuchungen, die Beschlagnahme von Computern, Lockdowns der gesamten Wirtschaft und Gesellschaft, der Zensur abweichender Meinungen, einer flächendeckenden Überwachung, einer politischen Justiz und grenzenloser Propaganda.

Stakeholder-Kapitalismus / Stakeholder-Governance

Stakeholder sind die relevanten Machtgruppen wie Konzerne, Regierungen, spezifische NGOs, UN, WEF, WHO, OECD, G7, Nato. Stakeholder-Governance ist die Herrschaft von UN, World Economic Forum, machtvoller Wirtschaftsakteure, von Regierungen. Das Gesamtkonstrukt des Stakeholder-Kapitalismus/der Stakeholder-Governance ist vollkommen antidemokratisch, da sie sich an die Stelle demokratisch legitimierter Institutionen setzen, die die Bürgerdemokratie ersetzen.

Globalisten/Globalfaschisten

Als Globalisten bzw. Globalfaschisten[2] bezeichne ich privatisierte (kriminelle) Regierungen, die CEOs der multinationalen Finanz- und Konzernindustrie, Militär-, Geheimdienst- und Polizeiapparate, Think Tanks, NGOs. Heere korrupter Wissenschaftler und eine gigantische mediale Manipulations- und Public-Relation-Mafia

---

2 Ullrich Mies, Staatsstreich der Globalfaschisten, Rubikon, 12. Juli 2022 und 16. Juli 2022; https://www.rubikon.news/artikel/staatsstreich-der-globalfaschisten; https://www.rubikon.news/artikel/staatsstreich-der-globalfaschisten-2

dienen Superreichen und multibillionenschweren Kapitalorganisatoren[3] als funktionelle »Eliten«.[4]

Global Governance

Die traditionelle Regierungsführung soll von einer (Global-)Governance abgelöst werden, in der die Stimme der Bevölkerung *gar nicht mehr repräsentiert werden soll.* (Global-)Governance ist abgeschaffte Demokratie und stützt sich auf die unter Stakeholder-Kapitalismus/Stakeholder-Governance erwähnten machtvollen Einzelakteure, die die Ziele der Governance unter sich abstimmen. In der Global Governance übernehmen allein sie die Geschäfte der Regierungsführung.

Global Government

Global Governance und Global Government stehen in direktem Bezug zueinander. Während bei der Global Governance noch supranationale Einzelakteure auszumachen sind, haben sich diese im Global Government in einer zentralen Weltregierung vereinigt. Sie ist die Verwirklichung der New World Order.

---

3 Werner Rügemer: *Blackrock & Co. enteignen! Auf den Spuren einer unbekannten Weltmacht,* Frankfurt/M. 2022

4 Siehe hierzu: Ullrich Mies, Jens Wernicke (Hg.) *Fassadendemokratie und Tiefer Staat. Auf dem Weg in ein autoritäres Zeitalter,* Wien 2017

NICCOLÒ MACHIAVELLI – LEHRMEISTER DES STAATSTERRORS

»Die Macht ist ein Gift. Sie lähmt das Gute und tötet das Menschliche.«[5]

Wer sich mit Fragen des Staates und des Staatsterrors befasst, kommt an Niccolò Machiavelli (1469–1527) nicht vorbei. Der italienische Diplomat, Schriftsteller, Philosoph und Historiker wird häufig als Vater der modernen politischen Philosophie und der politischen Wissenschaft bezeichnet. Im Mittelpunkt seines schriftstellerischen Schaffens stand die Sicherung des Staates. Im Falle eines Staatsnotstandes wollte er den Herrscher von dem Zwang befreien, sich ethischen Normen zu unterwerfen, und so gilt Machiavelli als Begründer der Staatsräson. Dieser Begriff stammt jedoch von dem Florentiner und Historiker Francesco Guicciardini (1483–1540). In seinem wohl bekanntesten Buch *Der Fürst* aus dem Jahre 1513, veröffentlicht 1532, knüpft Machiavelli an die Erziehungsbücher für Monarchen an, die sogenannten Fürstenspiegel. Diese betrachteten …

»… den Herrscher als Menschen mit moralischen Verpflichtungen gegenüber dem Staat und den Individuen. In den Fürstenspiegeln setzte sich der Gedanke durch, dass jeder Bürger als Person

5 Aussage des Hohen Priesters Faxpa am Hofe des Kublai Khan, bevor er sich nach Tibet zurückziehen wollte. Hier im 8. Teil des Monumentalfilms *Marco Polo* unter der Regie von Guiliano Montaldo (min 24:00)

> gewordene Republik Pflichten gegenüber dem Staat habe, dass aber auch das individuelle Glück, sofern es auf Tugend und Tüchtigkeit beruht, der Gemeinschaft und dem ganzen Staat zugute kommen sollte.«[6]

Machiavelli stellte sich diesen Gedanken radikal entgegen. Das Funktionieren des Staates hatte für ihn absolute Priorität, das heißt, Machterhalt und Machterweiterung sind für ihn die zentralen Merkmale eines funktionsfähigen Staates.

> »Staatsräson ist also der Grundsatz, nach dem die Sicherung der Existenzbedingungen des Staates, seine Erhaltung und die Erweiterung seiner Macht die primäre Aufgabe der politischen Führung und der sie tragenden Kräfte sei.«[7]

Daher seien »Lüge, Betrug, Intrige, Erpressung, Mord und Krieg […] legitime Mittel im Kampf um politische Macht«.[8] Schaut man sich die Welt von heute an bzw. wirft einen Blick zurück in die Jahrhunderte, so bedienten sich die Mächtigen stets dieser Prinzipien. Doch nicht nur sie, ebenso verhielten sich die Heere von Opportunisten, Bürokraten, Folterern, Totschlägern, Militärstrategen, Soldaten, Milizionären, kurz all jene Nutznießer auf der Suche nach individuellen Vorteilen, und sei es durch Raub und Plünderung. Seit Jahrtausenden bestimmen diese »legitimen Mittel« das Handeln von Imperien, Kaisern, Königen, Senaten und deren Beamtenschaft, Geheimdiensten, Polizeiapparaten und Heerführern. Seit

---

6 Bibliographisches Institut & F. A. Brockhaus AG, Mannheim, 2004

7 Bibliographisches Institut & F. A. Brockhaus AG, Mannheim, 2004

8 Alexander Ulfig, Einleitung zu: *Niccolò Machiavelli, Gesammelte Werke*, Zweitausendeins, Frankfurt a. M. o. J., S. 19 f.

zwei Jahrtausenden mischt die Kirche in diesem Macht- und Herrschaftsgerangel intensiv mit und steht, abgesehen von Ausnahmen wie die lateinamerikanische Theologie der Befreiung, immer an der Seite der Macht. Demnach gehört es zu Machiavellis Verdienst, dass er lediglich die Erfahrungen und Prinzipien von Machtsicherung und -erweiterung der Jahrtausende zusammenfasste. Auch wenn seine Werke völlig unterschiedlich bewertet werden, so kann man Machiavelli dennoch als Rechtfertigungsmeister des Staatsterrors und der Tyrannei ansehen.[9] So ist es auch nur folgerichtig, dass ihm die Staatsenthusiasten aus den akademischen Milieus bzw. Machthaber jeder Couleur bis heute den roten Teppich ausrollen.

Dass immer nur diejenigen, die den Staat von innen und außen beherrschen, die Staatsinteressen definieren bzw. nach ihren eigenen ausrichten, muss den Lesern dieses Buches nicht erklärt werden. Der Staat wurde immer dominiert von den herrschenden Klassen. Daraus folgt, dass der Staatsterror, völlig unabhängig von seiner Erscheinungsform, den Untertanen oder Bürgern stets als Staatsräson, das heißt als Notwendigkeit für den Erhalt des Staates und des Staatswohls verkauft wurde. Anders ausgedrückt: Die »Staatsräson« schafft sich die politischen Räume des organisierten Staatsverbrechens und ebnet damit dem Staatsterror nach innen und dem imperialistischen Eroberungskrieg die Wege. Strukturelle Verbrechen, organisierte Gewalt und Friedlosigkeit sind in der Staatsräson angelegt. Indem sich die Parteien im Parteienstaat – wie am Beispiel der neoliberalen Konterrevolution weiter unten gezeigt wird – ideologisch gleichschalteten, ist die Demokratie tot und für die Volkssouveränität bleibt kein Raum.

In dem Maße, indem sich der Staat zum Souverän aufschwingt,

9 Siehe hierzu: https://de.wikipedia.org/wiki/Niccolò_Machiavelli#Il_Principe_–_Der_Fürst_als_Herrscher

bestimmen der Staatsterror und die Tyrannei, also das organisierte Politverbrechen, von oben herab *politisch,* was Wahrheit ist. Er schreibt vor, was gesagt und geschrieben werden darf, was zensuriert wird, was Wissenschaft ist, welche Wissenschaftler zu hören sind, dass die russische Invasion in die Ukraine keine Vorgeschichte hatte, China die Welt bedroht und so weiter und so weiter. Die einzige Frage, die sich für mich daran anschließt, ist: Sind wir wieder im Mittelalter angekommen, in einem neuen Gottesgnadentum (God's Own Country)? Ich behaupte, dass wir in einem *Neuen Faschismus* angekommen sind. Die neueste Schmierennummer im deutschen Polittheater ist die, dass die Drahtzieher der neuen Unfreiheit nun auch darüber bestimmen wollen, welche Parteien und Kandidaten bei Wahlen antreten dürfen und welche nicht. Es müsse vorab geklärt werden, ob sie der »freiheitlich-demokratischen Grundordnung«, die in Deutschland längst Geschichte ist, entsprechen.[10] Das zeigt nur: Wenn sich die Exekutive verabsolutiert, die Gewaltenteilung ausgehebelt hat und alleine bestimmt, wo es langgeht, sind alle Dämme gebrochen.

Moral und Anstand verweist Machiavelli in die Privatsphäre der Bürger: »Im *öffentlichen* Leben, das heißt auch in der Politik, sollen sie keine entscheidende Rolle spielen.«[11] Im Klartext bedeutet das: Die Staatskaste – wohlbemerkt auch im sogenannten demokratischen Staat – kann und darf sich nach Machiavelli jedes Verbrechen herausnehmen, um ihre eigene Macht zu erhalten – und im Krieg

---

10 Dagmar Henn, Neuer Grundrechtseingriff? Bundesbeamter fordert Gesinnungsprüfung für Kandidaten, 05.08.2023: https://rtde.site/meinung/177069-bundesbeamter-fordert-gesinnungspruefung-fuer-kandidaten/

11 Alexander Ulfig, Einleitung zu: *Niccolò Machiavelli*, a. a. O., S. 19 (Hervorhebung im Original)

noch zu erweitern.[12] Und genau das macht sie unter den veränderten politischen und geopolitischen Rahmenbedingungen, in Sonderheit nach der Wende. Folgender Eindruck erhärtet sich von Tag zu Tag: Politik und Großkonzerne sind allesamt Verfechter dieser Staatsauffassung. Die Bürger hingegen sind der Willkür des organisierten Staatsterrors schutzlos ausgeliefert, weil die für diesen Terror Verantwortlichen sich von allen rechtlichen Bindungen befreit haben. Kein Richter kann sie für ihre Taten zur Rechenschaft ziehen, denn sie genießen Immunität. Für die Öffentlichkeit verstecken sie sich hinter der als »Staatswohl« getarnten Fassade der Staatsräson. Die Herrschaftskaste hat die Verfügungsgewalt über die Staatsfinanzen, maßt sich dieselbe bei der Gesetzgebung an, vor allen Dingen aber verfügt sie über das Gewaltmonopol des Staates. Zu den obersten Geboten der Herrschaftssicherung und -erweiterung gehört – wie bereits erwähnt – auch der Schutz der Staatskaste vor Strafverfolgung. Die Selbstimmunisierung vor Strafverfolgung führt zwangsläufig zu einer frei fließenden »Elitenverkommenheit« im Staat und damit zu totalitären Regierungsformen.

Da in der Politik und in den Medien gelogen wird, dass sich die Balken biegen,[13] schreibt der Jurist und Journalist Milosz Matuschek über die Lüge der Herrschenden und deren Auswirkung auf die Demokratie:

> »Die Lüge ist wie ein Gift für den Körper der Demokratie. In kleinen Dosierungen mag sie erträglich sein. Im Übermaß sorgt sie für ein Siechtum der Demokratie und schließlich ihren Tod.

---

12 Siehe das Kapitel: »Der Parteienstaat«

13 Siehe hierzu: Flo Osrainik, *Lügen, Lügen, Lügen. Terror, Tyrannei und Weltenbrand als neue Normalität der Globalisten*, München 2023

Die Lüge vergiftet den Lügner gleichermaßen wie den Belogenen und alles um ihn herum.«[14]

Und der französische Philosoph Jacques Ellul (1912–1994) schreibt zur Täuschung:

> »Doch wenn der Regierende sein Spiel gerne allein spielen und Politik im Geheimen betreiben will, dann gibt es nur einen Weg: Er muss die Masse täuschen. Zwar kann er sich von der Masse nicht absondern, doch er kann zwischen Masse und sich einen undurchlässigen Vorhang ziehen, auf dem die Masse einen projizierten Anschein von Politik sieht, während die eigentliche Politik dahinter gemacht wird.«[15]

Das ist eine andere Beschreibung für den Deep State. Eine politische Kaste, die ihr Staatshandeln implizit oder explizit auf Machiavelli zurückführt, übt Staatsterror aus, da sie weder bereit ist, sich demokratischen Prinzipien zu unterwerfen, noch den Bürgern die uneingeschränkten Bürger- und Menschenrechte im Sinne der Volkssouveränität (und nicht der Parteiensouveränität) zuzugestehen. Nichts hat dies besser bewiesen als das weltweit ausgerollte Corona-Regime, das auf Lüge, Betrug, Intrige, Erpressung, Denunziation, beruflicher Existenzvernichtung und Massenmord

---

14 Milosz Matuschek, »Wenn die Lüge systemrelevant wird«, 2. Oktober 2022: https://www.freischwebende-intelligenz.org/p/luege-landet-in-latrine?utm_source=post-email-title&publication_id=95541&post_id=73976806&isFreemail=true

15 Jacques Ellul, *Propaganda. Wie die öffentliche Meinung entsteht und geformt wird*, Frankfurt a. M. 2021, S. 164 f. Siehe hierzu ausführlich: Ullrich Mies, Jens Wernicke (Hg.), *Fassadendemokratie und Tiefer Staat. Auf dem Weg in ein autoritäres Zeitalter*, Wien, 2017

basiert und dessen Aufarbeitung die kriminellen Herrschaftscliquen des *Neuen Faschismus, der keiner sein will,* systematisch verschleppen bzw. ganz verweigern.

Die Perversion geht in den westlichen Demokratien aber immer weiter, denn deren Bürger werden nicht nur belogen, sondern erleben zudem den Untergang humanistischer Traditionen. Der Kollaps humanistischer Werte in Richtung einer *nihilistischen Revolte* war nicht nur ein wesentliches Merkmal des Mussolini- und Hitler-Faschismus, sondern tritt im Transhumanismus des *Neuen Faschismus* erneut auf.[16] Die westliche Welt ist ethisch und moralisch zerbrochen, sie befindet sich im freien Fall, dessen Folgen noch nicht absehbar, nur zu erahnen sind. Die Akteure dieses *Neuen Faschismus* terrorisieren diejenigen, die diesen Zerfall beschreiben und dagegen aufbegehren, und bekämpfen sie mit immer härteren Maßnahmen.

Auch wenn die Staatsräson eine hinreichende Bedingung für den Staatsterror ist, so ist der Staat auf der Grundlage der Volkssouveränität dennoch kein Garant für Frieden, Gerechtigkeit und dauerhafte Stabilität. Die Menschen müssen nach 40-jähriger Gehirnwäsche neu lernen, zivilisiert und friedvoll miteinander umzugehen. Die Grundlage für die Erneuerung des Denkens kann nur der völlige Bruch mit den aktuellen Zuständen, dem Kapitalismus und seinen Herrschaftsfraktionen sein. Ob das gelingen kann, ist eine andere Frage.

---

16 Siehe hierzu: Paul Sering alias Richard Löwenthal, *Jenseits des Kapitalismus*, Berlin, Bonn-Bad Godesberg 1977, S. 121

STAATSTERROR: HARD- UND SOFTCORE-VARIANTEN

Im vorigen Kapitel habe ich kurz ausgeführt, dass der Staat auf der Grundlage der Staatsräson die Elitenverkommenheit und den Staatsterror in sich trägt. Wer aber über Staatsterror schreibt, muss zunächst klären, was den Staat kennzeichnet.

Der Staat ist eine

> »... Herrschaftsordnung, durch die ein Personenverband (Volk) auf abgegrenztem Gebiet durch hoheitliche Gewalt zur Wahrung gemeinsamer Güter verbunden ist«.[17]

Seit etwa dem 16. Jahrhundert wird diese Herrschaftsordnung »Staat« genannt.[18]

> »Jeder Staat ist eine Herrschaftsordnung, das heißt ein Verband, der auf Über- und Unterordnung beruht. Während im Obrigkeitsstaat die Staatsgewalt einem Einzelnen oder einer abgegrenzten Führungsschicht vorbehalten ist, geht sie im Volksstaat von der Gesamtheit der gleichberechtigten Staatsbürger aus (Demokratie). Als Herrschaftsordnung hat der Staat die Befugnis und die Fähigkeit, den Herrschaftsunterworfenen mit verbindlichen Befehlen

---

17 Bibliographisches Institut & F. A. Brockhaus AG, Mannheim, 2004

18 Siehe hierzu das Kapitel »Nicolò Machiavelli – Lehrmeister des Staatsterrors«

> (Gesetzen und Einzelakten) gegenüberzutreten und diese – wenn nötig – mit Zwang durchzusetzen; Staatsgewalt ist hoheitliche Befehls- und Zwangsgewalt.«[19]

Zwar wurden die Gemeinwesen der Antike im weiteren Sinne auch als Staaten verstanden, doch unterscheidet sich der moderne Staat von diesen in zahlreichen Punkten. Er entwickelte sich gegen Ausgang des Mittelalters nach Ablösung feudalrechtlicher Herrschaftsverhältnisse. Die dadurch entstandenen räumlich gegeneinander abgegrenzten Herrschaftsbereiche beanspruchten Souveränität nach innen und nach außen mit festen Ämtern und Bürokratien. Im internationalen Kontext entstand das Völkerrecht, dessen wichtigster Adressat der Staat auf der Grundlage von Staatsvolk, Staatsgebiet und Staatsgewalt ist. Die Basis demokratischer Staaten ist die Gewaltenteilung in Legislative, Exekutive und Judikative. Diese *vorgeblich* voneinander unabhängigen Staatsorgane, das heißt Parlament, Regierung und Gerichte, sollen Machtmissbrauch verhindern und die rechtsstaatliche Sicherung der bürgerlichen Freiheiten garantieren.[20]

Wenn sich der Staat als Gewaltverhältnis zwischen »Eliten« und »Untertanen«, zwischen »oben« und »unten« begreift, ist ihm, wie erwähnt, der Terror systemisch eingeschrieben. Erdreistet sich eine »Elite« bzw. Staatskaste, über Menschen zu herrschen, und wirft sie sich zu deren Erziehungsberechtigten auf, so haben wir es bereits mit Staatsterror zu tun. Damit nicht genug: Wenn der Staat also eine »... Herrschaftsordnung [verkörpert, U. M.], durch die ein Personenverband (Volk) auf abgegrenztem Gebiet durch hoheitliche Gewalt

---

19 Bibliographisches Institut & F. A. Brockhaus AG, Mannheim, 2004

20 Vgl.: Bibliographisches Institut & F. A. Brockhaus AG, Mannheim, 2004

zur Wahrung gemeinsamer Güter verbunden ist«, dann stellt sich die Frage, ob ein »Personenverband«, dessen Herrschaftscliquen die staatlichen Güter zulasten der überwiegenden Mehrheit des »Personenverbandes« verschleudern, das heißt »privatisieren«[21], das Anzetteln von Kriegen für »ihr Recht« hält, überhaupt noch als »Staat« im Sinne der »Wahrung gemeinschaftlicher Güter« bezeichnet werden kann oder ob in diesem Zusammenhang nicht von Staatsterror, »Elitenfaschismus« und organisiertem politischen Verbrechen gesprochen werden muss. Meine Antwort darauf ist eindeutig.

Ein grundsätzliches Ziel innerstaatlichen Staatsterrors ist, jedwede Opposition zu unterdrücken, sie zu denunzieren, zu entrechten oder sogar zu vernichten. Richtet sich der Staatsterror gegen eine gesamte Bevölkerung oder Teile davon, dann sprechen wir in der Regel von Bürgerkriegen oder von (Angriffs-)Kriegen. Staatsterror schließt alle möglichen Unterdrückungstechniken und -strategien ein. Der Staatsterror und dessen Vorläufer sind so alt wie die überlieferte Menschheitsgeschichte. Staatsterror und seine Vorläufer waren immer die Gewaltherrschaft von »Eliten«. Über die Jahrhunderte manifestierte er sich lediglich anders, weil unterschiedliche Gesellschaftsgruppen die »Machtelite« bildeten.

Zu den wichtigsten Mitteln der staatlichen Herrschaftsordnung zählen die Schaffung von Norm und Recht. So schreibt der deutsche Soziologe und Autor Wolfgang Sofsky in *Zeiten des Schreckens. Amok, Terror, Krieg*:

»Normen dämmen Gewalt nicht nur ein, sie erzeugen sie auch. Zwar schaffen sie Sicherheit, indem sie das Normale vom Anormalen scheiden. Aber die Maßnahme definiert selbst die Anlässe, gegen

21 Siehe hierzu das Kapitel »Neoliberale/marktradikale Konterrevolution als Fundament des Neuen Faschismus«

die sie gerichtet ist. Wie immer seine Grundprinzipien begründet sein mögen, *das Recht ist ein Verfahren der sozialen Kontrolle und Verfolgung*. Seinen Exekutoren ist die Befugnis über Leben und Tod zuerkannt. Dieses eherne Gerüst jeder Herrschaftsordnung mag in Zeiten demokratischer Rechtsstaatlichkeit zeitweise in Vergessenheit geraten. Doch ist diese Verleugnung historisch kurzsichtig und politisch naiv. Auch Demokratien währen nicht ewig. Im Politischen geht es keineswegs um Kompromiss oder Konsens. Sein Fundament ist die Macht, die Verfolgungs- und Verletzungsmacht, welche jeder Untertan im Ernstfall am eigenen Leib zu spüren bekommt. *Erst einmal eingerichtet, verschiebt sich das Interesse der Herrschaft ohnehin von der inneren Befriedigung auf die Erhaltung ihrer selbst*. Wer das Regime angreift, sei es despotisch oder demokratisch verfasst, der begeht Hochverrat. Darauf steht eine härtere Strafe als auf zivile Gewalttaten. Darin liegt der Teufelskreis der institutionellen Befriedung: Ordnung ist eine notwendige Bedingung der Eindämmung von Gewalt; aber umgekehrt sind Verfolgung und Gewalt notwendige Bedingungen für den Bestand der Ordnung.«[22]

Mit zunehmenden zivilisatorischen Errungenschaften und ihren technologischen Möglichkeiten – korrekter gesagt der Entzivilisierung und Enthumanisierung[23] – nehmen auch die Perversionen des Staatsterrors und der Kriege immer subtilere Formen an. Wichtig ist zu vermerken, dass mit den immer ausgefeilteren tech-

---

22 Wolfgang Sofsky, *Zeiten des Schreckens. Amok, Terror, Krieg*, 2. Auflage Frankfurt 2002, S. 73, Hervorhebungen Ullrich Mies

23 Siehe hierzu: Werner Seppmann, *Dialektik der Entzivilisierung. Krise, Irrationalismus und Gewalt*, Erweiterte und aktualisierte Neuausgabe, Hamburg 2011

nischen Möglichkeiten und Methoden die Opferzahlen des Staatsterrors und der modernen Kriege zunehmen. Welche Opferzahlen das multinationale Corona-Verbrechen in Verbindung mit dem geopolitischen Kräftemessen bis hin zum (möglichen) Einsatz von Atomwaffen[24] nach sich ziehen werden, kann heute noch niemand wissen. Im Folgenden unterscheide ich zwei grundsätzliche Varianten des Staatsterrors: Hardcore- und Softcore-Varianten.

Zu den *Hardcore-Varianten des Staatsterrors* gehören aus meiner Sicht:

- körperliche Folter;
- »Verschwindenlassen«;
- Inhaftierung;
- Psychiatrisierung politischer Gegner;
- Festsetzen in Konzentrationslagern;
- Liquidierung;
- Massenmord;
- Lebensmittelverknappung;
- Belagerung und Aushungern;
- Zwangseingriffe in den Körper durch »Impfungen«;
- Strategien zur Bevölkerungsreduktion;
- Anzetteln von Bürgerkriegen;
- Counterinsurgency-Operationen;
- Inszenierung von Putschen, »Regime-Changes« und »Bunten Revolutionen«;
- klandestine biologische/chemische Angriffe;
- Sanktionen;

24 Siehe hierzu das Interview mit Wolfgang Effenberger im Anhang zu diesem Buch

- Kriegsvorbereitungen im Sinne zwischenstaatlicher Kriege;
- False-Flag-»Verteidigungskriege« sowie
- imperialistische Angriffskriege.

Zu den *Softcore-Varianten des Staatsterrors* zähle ich:

- psychische Folter (»weiße Folter«);
- psychologische Operationen (PsyOps);
- Informationskrieg;
- kognitive Kriegsführung/kognitive Infiltration;
- Mindcontrol-Techniken;
- Hausdurchsuchungen und Einschüchterung politischer Dissidenten;
- Instrumentalisierung der Justiz als »politische Justiz«;
- Förderung von Kriegs- und Vernichtungswissenschaften;
- systematische Überwachung der Bevölkerung mithilfe moderner Technologien;
- Einführung eines digitalen Zentralbankgeldes in Verbindung mit ID2020;
- gegen Bevölkerungen gerichtete Propaganda und die Manipulation der Berichterstattung;
- planvolle Herstellung von Angst und Verunsicherung;
- Einspeisen von Agents Provocateurs und Geheimdienst-Agenten in die Dissidentenszene;
- Einrichtung eines Steuersystems, das Konzerne und Reiche minimal, die Bevölkerung jedoch maximal belastet;
- gezielten Menschenimport als Folge von Kriegen und einer (Pentagon-)Kriegsstrategie nach innen, um die Desintegration der Gesellschaft, Chaos und Bürgerkriege zu fördern und die Bevölkerungsgruppen durch gezielte Ungleichbehandlung gegeneinan-

der aufzubringen;

- Ausrufung des Ausnahmezustands als »Dauertechnik des Regierens«;
- Erweiterung von Bündnissystemen mit dem Ziel, andere Staaten einzukreisen und zu belagern;
- Errichten von 15-Minuten-Smart-Cities, korrekter bezeichnet als moderne Digital-Gulags;
- Installierung einer anonymen Bürokraten-/Technokratenherrschaft, wie durch WEF, UN, WHO, EU, Nato etc. als »top-down-power« bereits realisiert;
- Technologien des Gesellschaftsumbaus in Richtung Transhumanismus.

Es bedarf nicht der Erwähnung, dass Staatsterror zumeist in Kombination aus verschiedenen Hard- und Softcore-Varianten auftritt. Vor allem ist zumindest vordergründig eine Tendenz zu beobachten: Die Softpower-Techniken gewinnen zunehmend an Bedeutung, während die blutrünstigen Hardcore-Varianten tendenziell in den Hintergrund treten. Das bedeutet aber keinesfalls, dass die »soften« Verfahren weniger wirksam wären. Aus dem großen Repertoire des Staatsterrors stelle ich nachfolgend eine Variante der Softpower-Techniken dar, die »Weiße Folter«, und eine Variante der Hardpower-Techniken, den »Krieg als ultimativen Staatsterror«.

Brechung des Willens und Erzeugung von Gehorsam: »Weiße Folter« nach Albert Biderman

Corona war eine gigantische Fake-Operation, ein Ausstiegs-, Disruptions- und Umstiegsszenario, um das alte Profitregime des Kapitalismus durch ein neues zu ersetzen. Zu diesem Zweck inszenierte das transnationale organisierte Verbrechen in Konzernen, Regierungen, Geheimdiensten und internationalen Organisationen eine Corona-»Pandemie« in Form einer PsyOp-Mindcontrol-Counterinsurgency-Operation. Es handelte sich um einen Kriegsakt gegen die Völker, der aber gleichzeitig auch ein beispielloser Dressurakt gegen die Menschheit war. Tatsächlich wurde die Öffentlichkeit absichtlich in Panik versetzt und in eine offene Psychiatrie verwandelt. Dies ist in der Geschichte der Menschheit ein einmaliger Vorgang. Zahlreiche »Panikpapiere«[25], die ans Licht der Öffentlichkeit gelangten, beweisen dies: Staatsterror und politische Kriminalität in Reinkultur.[26] Die organisierten Kriminellen saßen und sitzen auch in den Regierungen, aber externe beauftragte Täter hatten ebenfalls ihre schmutzigen Hände mit im Spiel.

---

25 US-Panik-Papier aufgetaucht, 2020 News, 04.12.2020: https://2020news.de/terrorkommunikation-us-panik-papier-aufgetaucht/; »Das riecht nach Totalitarismus«: Forscher räumen »Einsatz von Angst« bei Coronakrise ein, rt, 19.05.2021: https://de.rt.com/europa/117665-riecht-nach-totalitarismus-britische-wissenschaftler/; Das interne Strategiepapier des Innenministeriums zur Corona-Pandemie, abgeordnetenwatch, 07.04.2020:
Das interne Strategiepapier des Innenministeriums zur Corona-Pandemie: https://www.abgeordnetenwatch.de/blog/informationsfreiheit/das-interne-strategiepapier-des-innenministeriums-zur-corona-pandemie?

26 Siehe: Gunter Frank, *Das Staatsverbrechen. Warum die Corona – Krise erst dann endet wenn die Verantwortlichen vor Gericht stehen*, Berlin 2023

Der Terror gegen die Zivilgesellschaften wäre undenkbar ohne eine permanente, systematische Angstproduktion. Angst als Herrschaftsmittel wurde niemals so offensichtlich eingesetzt wie zur Zeit des Corona-Regimes. Corona war die Fortsetzung des Staatsterrors mit anderen Mitteln, folgte auf 9/11[27], »den niemals endenden Krieg gegen den Terror« und die False-Flag-Terroranschlägen in Europa[28] im Rahmen der »Strategie der Spannung«. Corona war eine weitgehend erfolgreiche militärisch-polizeistaatliche »Shock and Awe-« sowie »Information-Warfare-Operation«. Die staatsterroristischen Akteure griffen mit allen nur erdenklichen psychologischen Tricks und polizeilichen Terrormaßnahmen die Allgemeinheit an.

Sie folgten dabei weitgehend der Strategie der »Weißen Folter«, die der Militärsoziologe Albert Biderman 1957 in seiner »Tabelle des Zwangs« entwickelte.[29] Das sind sämtlich Methoden, um die menschliche Psyche zu brechen. Methoden, die systematisch angewandt den Geist und die Selbstachtung der Menschen zerrütten. Es handelt sich um Techniken der Nötigung, des Zwangs und der Wahrnehmungsprogrammierung, um das Denken und den Wil-

---

27 Die Literatur, die die offizielle Darstellung widerlegt, ist Legion und kann wegen ihrer Fülle nicht genannt werden. Hier sei nur David Ray Griffin und sein gigantisches Werk genannt, das zu weiten Teilen auch in die deutsche Sprache übersetzt wurde. Siehe hierzu: 9/11 Truth: What Caused the Collapse of the WTC Buildings?: https://www.youtube.com/watch?v=CSjRRBz4CmI&list=PLDADbGYMIBhE3q_fD7cwHqsvXQlo-EXFHK&t=141s; Norman Solomon, America's Response to 9/11 in the Lens of History, Information Clearing House, 10/11.09.2023: https://www.informationclearinghouse.info/57817.htm

28 Siehe hierzu: *Nick Kollerstrom, False Flags over Europe. A Modern History of State-Fabricated Terror*, London 2018

29 https://cultrecovery101.com/cult-recovery-readings/bidermans-chart-ofcoercion/

len der Menschen zu kontrollieren. Unter dem Begriff »Mind Control« werden sie seit Jahrzehnten an Einzelpersonen und an Gruppen praktiziert.[30]

Nach Ansicht des US-amerikanischen Sozialwissenschaftlers und Autors Albert D. Biderman (1923–2003) lässt sich allein durch wenige Maßnahmen – besser Foltermethoden – der Willen eines jeden Menschen brechen und dessen Gehorsam erzeugen. In seinem Buch *March to Calumny: The Story of American POWs in the Korean War* aus dem Jahr 1963 zeigt er auf, dass die US-amerikanischen Kriegsgefangenen entgegen der damaligen Meinung nicht mit den Nordkoreanern kollaborierten. Er war auch einer der ersten Forscher, der die Selbstauskunft der Opfer nutzte, um genauere Kriminalitätsstatistiken zu erstellen. Er schrieb über Kriminalität in Büchern wie *An Inventory of Surveys of the Public on Crime, Justice, and Related Topics*, 1972 und *Understanding Crime Incidence Statistics: Why the UCR Diverge from the NCS*, 1991. Zudem war er der Autor, Mitautor oder Herausgeber weiterer Bücher, darunter *The Manipulation of Human Behavior*, 1961 und *Data Sources on White-Collar Law-Breaking*, 1980. Nach seinem Ausscheiden aus dem Bureau of Social-Science Research war Biderman Forschungsprofessor für Justiz an der American University, Washington, D.C.

Nachdem der Soziologe während des Zweiten Weltkriegs in der US-Armee in Europa gedient hatte, schloss er sein Grundstudium der Wirtschaftswissenschaften an der New York University ab. Es folgten ein Masterabschluss 1952 und ein Doktortitel 1964 in Soziologie an der University of Chicago. Seine erste Anstellung, von 1948 bis 1952, hatte Biderman als Soziologie-Dozent am Illinois Ins-

---

30 Siehe: Stephen Kinzer, *Project Mind Control, Sidney Gottlieb, die CIA und das LSD – wie der amerikanische Geheimdienst versuchte, das Bewusstsein zu kontrollieren*, München 2020

titute of Technology. In den nächsten fünf Jahren arbeitete er als forschender Sozialpsychologe für die U.S. Air Force. Den größten Teil seiner Arbeit in der sozialwissenschaftlichen Forschung leistete er jedoch während seiner fast dreißigjährigen Tätigkeit – von 1957 bis 1986 – im Bureau of Social Science Research in Washington, D.C.

Biderman erhielt den Auftrag zu untersuchen, warum so viele US-amerikanische Kriegsgefangene, die während des Koreakriegs von kommunistischen Kräften gefangen genommen wurden, angeblich mit ihren »Feinden« kooperierten. Um dies besser verstehen zu können, interviewte Biderman die zurückgekehrten Kriegsgefangenen. Anhand seiner Forschungsergebnisse entwickelte er 1957 das »Diagramm des Zwangs« (Chart of Coercion)[31], auch »Biderman's Principles« genannt. Das Diagramm beschreibt dezidiert die Techniken der Nötigung, des Zwangs und der Programmierung der Wahrnehmung. Zu den Maßnahmen, die eine Person psychisch brechen können, gehören die Isolation, die Monopolisierung der Wahrnehmung, Erschöpfung und Entkräftung, das Androhen negativer Folgen, Strafen und Gewalt bei Nichteinhaltung auferlegter Regeln, gelegentliche Zugeständnisse, Demütigung und Erniedrigung sowie das Abhängigmachen des Opfers vom Täter.

1. Isolation

Durch Isolation wird einem Menschen jede soziale Unterstützung durch Mitmenschen entzogen, um so seine Fähigkeit zu brechen, Widerstand zu leisten. Dazu unterbindet man den direkten Kontakt zu anderen Menschen. In Isolation lebt man alleine oder mit sehr wenigen anderen Menschen zusammen, ohne Kontakt zur Außenwelt. Die strengste Form ist Einzelhaft. Isolation zwingt die Betrof-

[31] https://www.inspiriert-sein.de/systematische-zerstoerung-menschlichen-psyche-biedermanns-diagramm-des-zwangs

fenen zu einer intensiven Auseinandersetzung mit sich selbst. Wie man aus der Psychologie weiß, führt ständiges Grübeln über sich selbst dazu, dass man bei sich selbst die Schuld für den aktuellen Zustand sucht und sich letztlich dafür verantwortlich macht. Da in der Isolationshaft der Verhörende die einzige Person ist, zu der überhaupt noch Kontakt besteht, fördert diese Abhängigkeit Unterwerfung und Gehorsamkeit. Während des Corona-Regimes verfolgten die Regime mit »Social Distancing« genau dieses Ziel.

2. Monopolisierung der Wahrnehmung

In Isolationshaft bedeutet dieser Aspekt entweder permanente Dunkelheit oder ständiges helles Licht und eingeschränkte Bewegungsfreiheit. So wird jede Handlung verhindert, die nicht mit der Einhaltung der Vorschriften vereinbar ist. Auch die Lockdowns sollten jeden Austausch mit der Außenwelt verhindern. Wer sich informieren wollte, tat das zumeist in den Mainstream-Medien. Dadurch gewannen diese noch zusätzlich an Macht und Einfluss. Wer die Medien kontrolliert, bestimmt, welche Informationen die Menschen sehen, hören oder lesen. Bekannterweise reagiert unser Verstand auf Wiederholungen. Eine Lüge muss also nur oft genug wiederholt werden, bis sie der menschliche Verstand als wahr akzeptiert. Solange Meinungsfreiheit herrscht, also die Medien unabhängig sind und ihre Aufgabe als sogenannte vierte Macht im Staat wahrnehmen, ist informationell alles in Ordnung. Faschistisch wird es, wenn Nachrichten oder Informationen, die von der Meinung der Herrschenden abweichen, diffamiert, zensiert und unterdrückt werden. Also nur noch eine Meinung akzeptiert und geduldet wird. Das Resultat der Corona-Zeit ist: Inzwischen akzeptiert die Mehrzahl der Menschen nur noch die Mainstream-Meinung und verweigert die Auseinandersetzung mit Andersdenkenden.

3. Induzierte Erschöpfung und Entkräftung

Erschöpfung schwächt die geistige und körperliche Widerstandsfähigkeit. Das kann durch permanenten Schlafmangel erfolgen, durch ständiges Schüren von Ängsten oder auch, indem Umstände geschaffen werden, die zu ständiger Unsicherheit führen. Dazu zählen der drohende Verlust des Arbeitsplatzes und das Verbreiten von Horrorszenarien, zum Beispiel über die drohende Klimakatastrophe. Wenn in Lockdownzeiten alles verboten ist, was Spaß macht und entspannt, beispielsweise der Besuch von Restaurants, Bars, Kinos, Konzerten, Theatern und Fitnessstudios, fördert das die körperliche und emotionale Erschöpfung und Entkräftung. Dadurch verlieren viele Menschen jede Hoffnung, ihnen könnte das Leben jemals wieder Spaß machen. Ihnen wird jegliches Gefühl von Sicherheit und Stabilität genommen. So geraten die Menschen in einen emotionalen Zustand von Dauerstress, der sich auch auf den Körper auswirkt: Sie werden krank. Zwar ist der menschliche Geist sehr anpassungsfähig, sodass sich Menschen selbst an die widrigsten Umstände gewöhnen können, wenn diese lange genug bestehen. Durch das ständige Ändern von Regeln jedoch wird diese Anpassungsfähigkeit blockiert und ein Zustand der Verwirrung aufrechterhalten, der sich erschöpfend und entkräftend auswirkt, sodass einige Menschen in einer Depression versinken.

4. Androhen von negativen Folgen, Strafen und Gewalt bei Nichteinhaltung von Regeln

Bedrohungen erzeugen Angst und Verzweiflung. Am effektivsten ist es, Regeln vonseiten der Regierung anzuordnen, am besten wenn diese völlig schwachsinnig und so sinnlos wie möglich sind. Bei Nichteinhaltung wird in jedem Fall mit negativen Konsequenzen gedroht. Der einzelne Mensch wird seiner Entscheidungsmacht beraubt, er wird von außen dominiert oder auch von einer Gruppe von Menschen, die auf die Einhaltung der Regeln pochen. »Maske auf, Distanz einhalten!« Die Corona-Zeit war auch dadurch gekennzeichnet, dass ständig widersinnige Regeln angeordnet wurden und bei Nichteinhaltung Strafen drohten. An einigen Menschen, vor allem Ärzten und Juristen, wurden Exempel statuiert: Wer sich nicht an die Regeln hielt bzw. dagegen verstieß, musste mit einer hohen Geldstrafe oder Gefängnis rechnen. Manche verloren ihren Arbeitsplatz und damit ihre Existenzgrundlage. Politik als organisiertes Verbrechen!

5. Gelegentliche Zugeständnisse

Auch dieser Aspekt kennzeichnete die Corona-Zeit. Dazu zählen beispielsweise gelegentliche Versprechungen. So hieß es zwischenzeitlich: Weil wir uns im Frühjahr an die Regeln gehalten hätten, dürften wir uns im Sommer ein wenig freier bewegen. Wenn wir alle zusammen brav die vorgegebenen Maßnahmen einhielten, dann bestünde die Hoffnung, dass an Weihnachten soziale Kontakte möglich würden. Oder: Wenn genügend Menschen sich hätten impfen lassen, könnten wir zurück zur »alten Normalität«. Das waren die lügenhaften Pseudo-Zugeständnisse, die die Herrschaftscliquen den Menschen als Karotte vor die Nase hielten.

6. Das Opfer vom Täter abhängig machen

Dazu zählt die Demonstration der vollständigen Kontrolle über das Schicksal des Opfers. So wird dem Opfer suggeriert, dass Widerstand vergeblich sei. Um die Gehorsamkeit und Unterwerfung der Opfer zu fördern, muss man sie von sich abhängig machen. Je abhängiger das Opfer vom Täter wird, umso höriger wird es ihm. Je mehr die aktuelle Regierung die Wirtschaft und die materiellen Lebensgrundlagen vieler Menschen zerstört, desto abhängiger werden die Bürger von Zuwendungen des Staates, also zum Beispiel von Bürgergeld oder einem »bedingungsvollen Grundeinkommen«.

7. Demütigung und Erniedrigung

Indem diejenigen, die sich nicht an die größtenteils unsinnigen Regeln halten, diffamiert, beleidigt oder mit harten Strafen belegt werden, verlieren Menschen immer mehr den Mut zum Widerstand. So das Ziel. Letztlich bleibt den Menschen nichts anderes mehr übrig, als folgsam und gehorsam zu sein, sich zu unterwerfen. Jeder Widerstand wird gebrochen. Bei Gefangenen bedeutet dieser Punkt die Verhinderung der persönlichen Hygiene in einer schmutzigen Umgebung, Beleidigungen und Bestrafungen sowie die Verweigerung jeder Privatsphäre. Die Missachtung bzw. Bedrohung der Privatsphäre sorgt für weitere Demütigungen und Erniedrigungen. Drangen Polizisten nicht in die Wohnungen von sogenannten Corona-Leugnern ein und bemächtigten sich ihrer PCs mit sämtlichen Daten? Staatsterror in Reinform!

8. Durchsetzung trivialer Forderungen

So wird beispielsweise erzwungen, dass das Opfer regelmäßig schreibt. Zudem soll es Minutenregeln einhalten. Auf diese Weise gewöhnt sich das Opfer an das Befolgen unsinniger Regeln. In einem Bericht über Folter aus dem Jahr 1973 stellte Amnesty International fest, dass Bidermans Diagram des Zwangs die »universellen Werkzeuge von Folter und Zwang« enthält. Im Jahr 2002 boten Ausbilder des US-Militärs Vernehmungsbeamten des Gefangenenlagers Guantanamo Bay einen ganzen Ausbildungskurs an, der auf Bidermans Tabelle basierte.

Nach Corona ist vor dem nächsten Terror: der Ukrainekrieg – »der Russe ist an allem schuld«[32] – das ist nur eines der neuen »Spielfelder« der Globalfaschisten. Aber die Bandbreite des Staatsterrors ist endlos: Parallel zum Ukrainekrieg werden die Völker mit dem Thema Klimawandel[33], lauernden Gefahren aller Art und drohenden Pandemien in den Wahnsinn getrieben. Hitzeschutzpläne[34] werden ausgerollt, um »Menschenleben zu retten«, und das bei 15 °C Anfang August 2023 in Deutschland. Schwachsinniger geht es nicht mehr, Hauptsache mehr Bürokratie und Kontrolle. Die zahllosen weltweiten Waldbrände der letzten Jahren sind auch auf Trockenheit zurückzuführen, vor allen Dingen sind sie jedoch das Ergebnis krimineller Brandstifter oder staatsterroristischer Operationen, da Wälder sich nicht selbst entzünden.

Der Westen ist legitimatorisch am Ende. Wenn die »Unverantwortlichen« etwas für die Menschheit tun wollten, was nicht ihre

---

32 Hannes Hofbauer, *Feindbild Russland: Geschichte einer Dämonisierung*, Wien 2016

33 https://www.achgut.com/artikel/warum_man_eine_globale_mitteltemperatur_nicht_messen_kann

34 https://www.tagesschau.de/inland/innenpolitik/lauterbach-hitzeschutzplan102.html; https://transition-news.org/im-klima-taumel?var_mode=calcul; Irre: Lauterbachs eigenes Haus zerlegt seinen Hitzeschutzplan, 23.08.2023: https://reitschuster.de/post/irre-lauterbachs-eigenes-haus-zerlegt-seinen-hitzeschutzplan/

Absicht ist, dann würden sie aufhören, permanent Unfrieden und Hass zu sähen, Kriege loszutreten oder Experimental-mRNA-Injektionsstoffe unter Ausschluss jeder Haftung auf die Menschheit loszulassen.

Der Krieg als ultimativer Staatsterror

Aus der großen Palette der Hardcore-Varianten des Staatsterrors wähle ich hier allein den Krieg als »ultimativen Staatsterror«. Der französische Philosoph und Schriftsteller Albert Camus (1913–1960) äußerte sich dazu sehr eindeutig:

> »Nichts ist unentschuldbarer als der Krieg und der Aufruf zum Völkerhass ... Man muss es sagen, es wenn möglich schreiben, es wenn nötig hinausschreien!«

Er ist, wie oben erwähnt, ein Ergebnis der Staatsräson und des jahrhundertealten Anspruchs der »Eliten« auf Herrschaftssicherung und Machterweiterung. Der Blick zurück in die Menschheitsgeschichte zeigt: Die schlimmsten Verbrechen wurden immer von Herrschern, Herrschaftskasten und Eroberern begangen, auch schon bevor der Staat, wie wir ihn heute kennen, gegründet wurde. Wenn wir die moderne Staatenbildung ab dem 16. Jahrhundert, dem Beginn der Neuzeit nach Altertum und Mittelalter, ansetzen, so haben Renaissance und Humanismus der Menschheit keinen Frieden gebracht, sondern ganz im Gegenteil: Der Krieg wurde noch »gründlicher« und mit immer präziseren Waffen und Strategien fortgesetzt.

Der deutsche Historiker und Kartograf Arno Peters (1916–2002) hat sich der enormen Mühe unterzogen, in seiner »Synchronoptischen

Weltgeschichte«[35] die Kulturgeschichte der Menschheit, aber auch ihre Kriege aufzuzeichnen und beginnt bereits 3.000 Jahre vor unserer Zeitrechnung (v. u. Z.). Peters listet für den Zeitraum zwischen 3000 v. u. Z. bis einschließlich des ersten Jahrhunderts v. u. Z. 411 Eroberungskriege, Befreiungskriege sowie Bürgerkriege einschließlich der Sklavenaufstände auf. Zahlreiche Kriege dieser Zeitepoche ziehen sich zum Teil über Jahrzehnte hin, beispielsweise dauerte der Vorderasien-Krieg Ägyptens von 1481 bis 1460, der Ägyptische-Hettitische Krieg von 1397 bis 1282, der große Mesopotamische Krieg von 1111 bis 1090, der 1. Messenische von 742 bis 724 und der 2. Messenische Krieg von 646 bis 628, die Perserkriege von 490 bis 449, der Peleponesische Krieg von 431 bis 404, die beiden Punischen Kriege von 264 bis 241 und von 218 bis 201, um nur einige zu nennen.

Für die Zeit ab dem ersten Jahrhundert nach unserer Zeitrechnung bis zum Jahr 2000 listet Arno Peters weltweit 819 kriegerische Ereignisse auf. Allein die Kriege und Geheimdienstoperationen der USA gehen seit 1798 in die Hunderte. So führten die USA in der Zeit von 1798 bis 1945 165 Auslandsoperationen durch, davon dauerten zahlreiche mehrere Jahre.[36] Die Auflistung zeigt, dass die USA ein imperialistischer Kriegsstaat waren und immer noch sind: Allein für die Zeit nach 1945 zählt ein Kongressreport weltweit 282 Militäroperation der USA.[37] Militärübungen und

---

35 Arno Peters, Vorwort Synchronoptische Weltgeschichte, Bd. 1, Frankfurt 2000

36 Siehe hierzu: William Blum, *Killing Hope. Zerstörung der Hoffnung. Globale Operationen der CIA seit dem 2. Weltkrieg*, 2. erweiterte Auflage, Frankfurt 2014, S. 764ff

37 Instances of Use of United States Armed Forces Abroad, 1798–2022, Updated March 8, 2022; Congressional Research Service https://crsreports.congress.gov. R42738

Manöver gehören »selbstverständlich« nicht dazu. Ebenso unberücksichtigt bleiben zahllose Attentate auf inländische und ausländische politische Führer und revolutionäre Gruppen oder auf Persönlichkeiten, die dem Deep State bei der Durchsetzung seiner politischen Ziele im Wege standen. So wurden zum Beispiel im Rahmen des Corona-Regimes zahlreiche afrikanische Staatsführer, aber auch deutsche politische Persönlichkeiten »abgeräumt«.

Im Rahmen dieses Buches ist es nicht möglich, die Geschichte des US-amerikanischen Imperialismus aufzurollen, das haben andere Autoren getan. Die Bibliotheken stehen voll mit diesen Werken. Auf einen Aspekt möchte ich jedoch kurz eingehen, nämlich auf die Ideologie, mit der die USA jedes Staatsverbrechen, jeden Staatsterror rechtfertigen: Sie berufen sich immer auf ihren Weltbeherrschungsanspruch. Dies kann in allen außen- und sicherheitspolitischen Papieren der USA nachgelesen werden. Die US-Oligarchen und neokonservativen Faschisten in der Wissenschaft, der Administration und im Militär begründen ihre Welteroberungsabsichten[38] damit, dass sie als eine »exzeptionelle Nation« allen anderen Staaten »die westlichen Werte«, »die demokratischen Werte«, »die Freiheit« sowie die Demokratie bringen müssten. Sie erfüllten einen höheren Sendungsauftrag von »God's Own Country«,[39] die als alleinige Nation dazu berufen sei, über allen anderen Nationen zu stehen. Aus diesem ideologischen Überbau leiten die US-Imperialisten seit 120 Jahren das Recht und die Pflicht ab, allen Ländern ihre Pseudo-Demokratie und Lebensart aufzuherrschen. Dazu sind alle Mittel gerechtfertigt, ganz egal,

---

38 Thierry Meyssan, Russland erklärt den Straussianern den Krieg, 08.03.2022: https://www.voltairenet.org/article215903.html

39 Siehe hierzu unter 9. Merkmal – »Das Leben als Kampf« im Kapitel der 14 Thesen Umbert Ecos zum Ur-Faschismus

ob sie andere Länder erobern, »Terroristen« weltweit bekämpfen, auf Kommunistenjagd gehen oder Putin und sein »Schreckensregime in der Ukraine« in die Schranken weisen wollen. Keine selbst geschaffene Legitimation ist zu abwegig, um den militärisch-industriellen- und Geheimdienstkomplex zu füttern, der die Nation ökonomisch und ideologisch zu ersticken droht. Letztlich gleichen sich die Scheinbegründungen und Selbstlegitimationen der Massenmörder. Sie gipfeln stets darin, dass sie sich Gottes- oder Vorsehungsaufträge herbeihalluzinieren, um sich als Vollstrecker eines göttlichen Willens präsentieren zu können. Dass der Welteroberungswahn der Hitler-Faschisten mit der totalen Kapitulation Deutschlands und der ganz großen Katastrophe nach 1945 endete, ist bekannt.

> »Während Hitler und seine Gefolgsleute die Macht über die Masse des deutschen Volkes genießen, bringt man diesen Massen selbst bei, die Macht über andere Völker zu genießen und leidenschaftlich nach Weltherrschaft zu streben. Hitler scheut sich nicht, diesen Wunsch nach Weltherrschaft offen als sein Ziel und als das Ziel seiner Partei zu beschreiben.«[40]

Was viele Zeitgenossen gern verdrängen oder aus ideologischer Borniertheit auch gar nicht wissen wollen, ist die Tatsache, dass sich der Welteroberungswahn der Hitler-Faschisten und der US-amerikanische Imperialismus in vielen Aspekten gleichen. Einige Begründungen, Rechtfertigungen und Rationalisierungen unterscheiden sich, manche sind jedoch identisch.

> »Für gewöhnlich versucht Hitler, sein Machtstreben zu ratio-

40 Erich Fromm, *Die Furcht vor der Freiheit*, München 2022, S. 164

nalisieren und zu rechtfertigen; dabei bedient er sich mit Vorliebe folgender Rechtfertigungen: Seine Herrschaft über andere Völker sei nur zu deren Besten und komme nur der Kultur der Welt zugute; der Wille zur Macht sei in den ewigen Gesetzen der Natur begründet, und er habe lediglich diese Gesetze erkannt und befolge sie; er selbst handele nach dem Gebote einer höheren Macht – Gottes, der Vorsehung, der Geschichte oder der Natur; sein Streben nach Herrschaft diene lediglich der Verteidigung gegen die Versuche anderer, ihn und das deutsche Volk zu beherrschen. Er selbst wolle nur Frieden und Freiheit.«[41]

Bereits 1941 schrieb Erich Fromm:

»In den letzten Jahren ist jeder Zeitungsleser mit Hitlers Versicherungen vertraut worden, sein Ziel sei nicht nur das Wohlergehen Deutschlands, sondern er diene mit seinen Taten gleichzeitig dem Wohl der Zivilisation im Allgemeinen.«[42]

Im Gegensatz zu den US-Imperialisten fehlte den Hitler-Faschisten allerdings die Potenz zur Durchsetzung ihres Weltherrschaftsanspruchs, sodass der Nazi-Terror des »1.000-jährigen Reiches« nach zwölf Jahren zu Ende war.

Ersichtlicherweise befinden sich die Welteroberer und Massenschlächter – unabhängig von ihrer Ideologie – in ihren Herrschaftsanmaßungen noch immer auf dem geistigen Niveau mittelalterlicher Kaiser und Könige, indem sie sich auf »Gottes Gnaden« berufen und angeblich »im Auftrag Gottes« handeln. Letztlich sind diese Argu-

---

41 Ebd., S. 165

42 Ebd., S. 165

mente Beweise ihrer geistigen Verwirrtheit. Einige wenige Passagen aus der Rede des US-Präsidenten Joe Biden »Zur Unterstützung der Ukraine, zur Verteidigung der demokratischen Werte und zur Bewältigung globaler Herausforderungen in Vilnius, Litauen«, seien hier zitiert:

> »Meine Damen und Herren, wenn ich mich heute in der Welt umschaue, sehe ich in einer Zeit des Krieges und der Gefahr, in einer Zeit des Wettbewerbs und der Ungewissheit auch eine nie da gewesene Gelegenheit – eine nie da gewesene Gelegenheit –, eine Gelegenheit, echte Fortschritte auf dem Weg zu einer Welt des größeren Friedens und des größeren Wohlstands, der Freiheit und der Würde, der gleichen Gerechtigkeit vor dem Gesetz, der Menschenrechte und der Grundfreiheiten zu machen, die der Segen und das Geburtsrecht der gesamten Menschheit sind. [...] Manchmal – nun ja – wir haben auch Amerikas Bündnis im Indopazifik mit Japan, der Republik Korea, Australien und den Philippinen gestärkt und vertieft, das in dieser lebenswichtigen Region der Welt für entscheidende Sicherheit und Abschreckung sorgt. [...] Wir müssen uns zusammentun, um die Rechte und Freiheiten zu schützen, die den Fluss von Ideen und Waren ermöglichen und jahrzehntelanges globales Wachstum ermöglicht haben. Ja, territoriale Integrität und Souveränität, aber auch Grundsätze wie die Freiheit der Schifffahrt und des Überflugs, die Offenhaltung *unserer* gemeinsamen Meere und des Himmels, damit jede Nation gleichen Zugang zu *unserem* gemeinsamen globalen Raum hat. [...] *Gott segne Sie alle, und*

möge Gott die Beschützer der Freiheit in der Ukraine, hier und in jeder Nation der Welt, überall beschützen. Gott beschütze unsere Truppen.«[43]

Der Rückblick in die jahrtausendealte Menschheitsgesichte hat gezeigt: Kriegsfreie Zeiten waren immer nur von kurzer Dauer. Stets ließen sich Völker gegeneinander aufhetzen, fanden sich Männer, die als getreue Soldaten in den Kampf gegen den Feind zogen. Doch trotz allen ideologischen Überbaus: Kriegsvorbereitungen und Kriege, zumeist verbunden mit imperialistischen Ambitionen, sind die größten Menschheitsverbrechen. Zu jeder Zeit wurden die Massen psychologisch auf einen Krieg vorbereitet, wurde der Kampf gegen den Feind als alternativlos hingestellt. Zu früheren Zeiten hatten die Herrschenden bei dieser Propaganda die Kirche an ihrer Seite, heute erfüllen die Massenmedien diese Aufgabe. Denn ohne die psychologische Vorbereitung der Massen ließen sich Menschen nicht in den Krieg schicken und Gefahr laufen, ihr Leben zu verlieren oder verstümmelt und verkrüppelt von der Front zurückzukehren.

Die westlichen Politkasten – maßgeblich der USA – haben nach dem Zweiten Weltkrieg nicht aufgehört, Krieg »im Außen« zu führen, Regierungen, die ihnen nicht passten, zu stürzen und andere Völker zu unterdrücken. Im Kern ging und geht es fast immer darum, die Länder zu zerrütten und auszuplündern, das heißt deren

---

43 Remarks by President Biden on Supporting Ukraine, Defending Democratic Values, and Taking Action to Address Global Challenges, Vilnius, Lithuania, 12.07.2023: https://www.whitehouse.gov/briefing-room/speeches-remarks/2023/07/12/remarks-by-president-biden-on-supporting-ukraine-defending-democratic-values-and-taking-action-to-address-global-challenges-vilnius-lithuania/ Übersetzung: https://afsaneyebahar.com/2023/07/14/20696076/; Hervorhebungen von mir.

Ökonomien und Ressourcen zu nutzen. Seit dem Kollaps der UdSSR sind die westlichen Politkasten unter US-Führung – als Gewinner des Systemkonflikts – intensiv damit beschäftigt, den alten Kalten Krieg als »Kalten Krieg 2.0« zu revitalisieren und hinter der Fassade ihrer penetranten Hybris und unter dem Vorwand, sie brächten anderen Ländern »Demokratie und Menschenrechte« (»Bringing Democracy and Human Rights«), weltweit neue Kriege zu entfesseln.[44]

Bei all ihren Aktionen arbeiten die Vertreter des globalisierten Kapitalismus mit dem militärisch-industriellen Komplex zusammen. Ihr gemeinsames Geschäftsmodell ist der Krieg. Sie sind an Gerissenheit, Skrupellosigkeit, Bösartigkeit und ethisch-moralischer Verwahrlosung nicht zu überbieten. Mit der neuen Weltordnung (New World Order) als Fernziel marschieren die Globalisten ideologisch im faschistischen Stechschritt: Finanzagglomerationen, Großkonzerne, Medienkonglomerate, weltweit agierende Public-Opinion- und Propaganda-Agenturen, der Digital-, Polizeistaats- und Kriegskomplex einschließlich der Politkasten sind als Deep State[45] eng miteinander vernetzt. Wie an anderer Stelle ausführlich herausgearbeitet,[46] haben die oben genannten Akteure die westlichen Demokratien jeder Substanz beraubt. Hinter der Demokratie-Fassade entwickeln sie schleichend ein faschistisches Super-System.[47] Vor allem die Systemmedien leisten im »Klassenkampf von

---

44 Siehe hierzu: Luciano Canfora, *Die Freiheit exportieren. Vom Bankrott einer Ideologie*, Köln 2008

45 Ullrich Mies (Hg.), *Der Tiefe Staat schlägt zu. Wie die westliche Welt Krisen erzeugt und Kriege vorbereitet*, Wien 2019

46 Ullrich Mies, Jens Wernicke (Hg.), *Fassadendemokratie und Tiefer Staat. Auf dem Weg in ein autoritäres Zeitalter*, Wien 2017

47 Siehe auch: Ullrich Mies (Hg), *Schöne Neue Welt 2030*, Wien 2021

oben« die benötigten Hand- und Spanndienste, um den Massen die erforderlichen Informationen für eine qualifizierte Meinungsbildung vorzuenthalten, die Realitäten massiv zu verfälschen und sie im permanenten Angst- und Stresszustand zu halten. Zudem können sich die Politkasten in aller Regel auf die Unterstützung durch Administration, Juristen, geheime und nicht geheime Staatsschutzapparate verlassen, denn diese werden von eben diesem Staatsapparat alimentiert. Sie alle nähren sich parasitär auf Kosten der Steuerzahler und tragen ihren Anteil dazu bei, um die Massengesellschaft in Verdummung, Schockstarre, Hysterie – in jedem Fall aber unter Kontrolle – zu halten.

Der amerikanische Schriftsteller Upton Sinclair (1878–1968) hat dies eindrucksvoll ausgedrückt:

> »Es ist schwierig, einen Mann dazu zu bringen, etwas zu verstehen, wenn sein Gehalt davon abhängt, dass er es nicht versteht.«

Die neuen totalitären Führer leben in einer Parallelwelt. Sie glauben derart fanatisch an die eigene Weltbeglückungsideologie ihrer angestrebten Weltzentralregierung, dass sie es für absolut gerechtfertigt halten, »grenzenlos zu manipulieren, zu lügen und zu täuschen«.[48] Lügen, Täuschungen und Propaganda waren immer die Herrschaftstechniken der Mächtigen.

> »Die Lüge, sie herrscht auf allen Ebenen. Genau genommen leben wir nicht in Demokratien, sondern in ›Mendaciokratien‹, Lügenherrschaften. ›Alle Regierungen lügen!‹, lautete nicht umsonst das Motto des investigativen Journalisten I.F. Stone. Alle Kriege

48 Mattias Desmet, *The Psychology of Totalitarianism*, London 2022, S. 110

der letzten Jahre wurden mit einer Lüge begonnen, weiß WikiLeaks-Gründer Julian Assange. Dafür, dass er Kriegsverbrechen offenlegte, liegt er nun in einem britischen Gefängnis in Ketten. Doch wie lange kann man die tragenden Balken unserer Ordnung biegen, bis sie brechen? Die Lüge ist wie ein Gift für den Körper der Demokratie. In kleinen Dosierungen mag sie erträglich sein. Im Übermaß sorgt sie für ein Siechtum der Demokratie und schließlich ihren Tod. Die Lüge vergiftet den Lügner gleichermaßen wie den Belogenen und alles um ihn herum.«[49]

Anders ausgedrückt: Die Lüge ist das Ende jeder Demokratie und bereitet dem *Neuen Faschismus* und seinen Eroberungsmanien den Weg. Vor allem gilt: Die vergangenen Verbrechen und Kriege der (National-)Staaten werden nicht dadurch relativiert, dass sich die Herrschaftskasten des Westens international zusammenschließen. Schon gar nicht durch Abschaffung der (National-)Staaten und Errichtung einer New World Order. Wenn die letzten 30 Jahre eines gezeigt haben, dann das genaue Gegenteil: Die negativen Erscheinungen des (National-)Staates wurden mit der Zentralisation der Macht multipliziert und verschärft. Die Entwicklungen in der Europäischen Union und in der Nato zeigen dies wie in einem Brennglas.[50]

---

49 Milosz Matuschek, Wenn die Lüge systemrelevant wird. Die Lüge gilt in der Politik als Kavaliersdelikt. Dabei zerfrisst sie die Demokratie von innen, 02.10.2022: https://www.freischwebende-intelligenz.org/p/luegelandet-in-latrine?utm_source=post-email-title&publication_id=95541&post_id=73976806&isFreemail=true

50 Siehe hierzu: Ulrike Guérot, Hauke Ritz, *Endspiel Europa: Warum das politische Projekt Europa gescheitert ist und wie wir wieder davon träumen können*, Frankfurt 2022

Durch Aushöhlung des (National-)Staates werden die Verbrechen nationaler Herrschaftskasten zweifellos nicht getilgt, andererseits aber alle Errungenschaften auf nationaler Ebene, alles Positive, wie erkämpfte bürgerliche Freiheiten und Rechte, gewerkschaftlicher Einfluss und vieles mehr, komplett zunichtegemacht. Übrig bleiben dann die Erfordernisse der kriminellen Finanzindustrie, die Machterhaltungsansprüche der Politkasten, die Gesetzlosigkeit des Marktradikalismus und ein Regime des »Rule of Law«[51], das ausschließlich den eigenen Machtkalkülen entspringt und weder mit Rechtsstaat noch Völkerrecht vereinbar ist. Die Globalisten haben demokratiefreie supranationale Spitzen-Organisationen geschaffen wie UN, WHO, Nato, WEF, OECD, WTO, EU, G7 und G20. Diese hebeln alle demokratischen Entscheidungen auf nationalstaatlicher Ebene entweder aus oder machen sie sogar unmöglich. Um sein eigenes Überleben zu sichern, sorgt das Hypermonster zudem permanent für Kriege, Terroranschläge, Rauschgiftgeschäfte, Pandemien, also genau für jene Verhältnisse, die es sodann selbstbeauftragt »bekämpft«. Tatsächlich handelt es sich um ein staatsterroristisch-diabolisches Kreislauf-Geschäftsmodell.[52]

---

51 »Die neue Sprachregelung des Regimes der Nato- und EU-Bürokratien lautet ›Rule of Law‹. Ziel ist, das ›traditionelle nationalstaatlich Recht‹ sowie das Völkerrecht zu entsorgen und durch ein Pseudo-Rechtssystem zu ersetzen, dessen Regeln sich die Herrschaftscliquen selbst gegeben haben.« Aus: Ullrich Mies, Die Diktatur des »Globalen Tiefen Staates«, in *Schöne Neue Welt*, a. a. O., S. 103–129

52 Zur organisierten Kriminalität geheimdienstlicher Staatsapparate siehe: Andreas von Bülow, *Im Namen des Staates. CIA, BND und die kriminellen Machenschaften der Geheimdienste*, München, Zürich 1998

Nichts ist schwerer
und erfordert mehr Charakter,
als sich in offenem Gegensatz
zu seiner Zeit zu befinden
und laut zu sagen: Nein
Kurt Tucholsky
Veröffentlichte seine düstere prophetische
Mahnung 1921

NEOLIBERALE / MARKTRADIKALE KONTERREVOLUTION ALS FUNDAMENT DES NEUEN FASCHISMUS

Das Projekt, die westlichen Demokratien umzubauen, musste möglichst schleichend umgesetzt werden. Darum erfolgte die neoliberale Konterrevolution[53] in Politik, Medien, Kultur und Bildungswesen[54] in einem etwa 40-jährigen Prozess. Der endgültige »Putsch von oben«, der Todesstoß der westlichen Demokratien, fand dann in Gestalt der Corona-Krise statt. Diese ebnete dem supranationalen biopolitischen Sicherheitsstaat den Weg.

Das Herzstück der neoliberalen/marktradikalen Konterrevolution waren die »Vermögensübertragungen« staatlicher Assets. Diese geschahen zwar formal legal, doch in Wirklichkeit handelt es sich hierbei um organisierte Raub- und Plünderungsfeldzüge zulasten des Volksvermögens, die zum Teil mit hoher krimineller Energie vorangetrieben wurden.[55] Die herrschenden Politkasten bzw. deren

---

53 Ullrich Mies, Neoliberaler Faschismus. Hinter der liberalen Fassade lauert die Diktatur: 14. Juli 2018: https://www.rubikon.news/artikel/neoliberaler-faschismus

54 Siehe hierzu Jochen Krautz, »Neoliberale Bildungsreformen als Herrschaftsinstrument«, in: Ullrich Mies, Jens Wernicke (Hg.) *Fassadendemokratie und Tiefer Staat. Auf dem Weg in ein autoritäres Zeitalter*, 6. Auflage Wien 2017, S. 79–96

55 Werner Rügemer, *Privatisierung in Deutschland. Eine Bilanz*, 2. Auflage, Münster 2005

Regierungen warfen das Staatsvermögen der international operierenden Finanzindustrie in den Rachen und lenkten so den Fluss des öffentlichen Vermögens in den Privatsektor.[56] Die Privatisierungsorgien sind in Deutschland im Wesentlichen abgeschlossen, die verbliebenen Reste »warten« auf ihre finale Abwicklung, wie die Deutsche Bundesbahn und die Deutsche Rentenversicherung. Die kriminellen Elemente in den herrschenden Politkasten sind eifrig damit beschäftigt, diese nach Kräften zu beschädigen und sturmreif zu schießen. Die Organisation des steten Flusses öffentlicher Gelder in die Privatwirtschaft – verharmlosend bezeichnet als ppp-Projekte (Public-Private-Partnership-Projekte) – ist der wichtigste Hebel der neoliberalen Konterrevolutionäre zur finalen Transformation des Staates, aber auch der internationalen Organisationen, wie unten noch gezeigt wird.

Allerdings lief und läuft der Prozess der Kapitalkonzentration und Privatisierung der Staatsvermögen nicht nur in Deutschland, sondern EU- und weltweit. Die marktradikale Phase des Kapitalismus wurde durch die Deregulierungen und Liberalisierungen der Kapitalmärkte in den neunziger Jahren des vorigen Jahrhunderts realisiert. Spekulationsexzesse mit Billionen-Schäden und »Bankenrettungen« zulasten der Steuerzahler brachen selbst mit neoliberalen Prinzipien, da es nach neoliberalem Ideologieverständnis niemals möglich wäre, nicht überlebensfähige Marktteilnehmer durch den Staat zu retten.

Die Etablierung Konzern-Europas, eines faschistoiden Korporatismus – also die Verschmelzung von demokratieferner Politik und Konzernmacht –, ist die wohl wichtigste Funktion der Europäischen Union und ihrer Bürokratie mit etwa 15.000 Beschäftigten.

---

56 Ebd.

Die Zerstörung des gemeinwohlorientierten Staates hin zur Umsetzungsinstanz der Interessen global agierender Konzerne ist der ideologische Kern des Neoliberalismus. Die EU eignet sich hierzu als exzellentes Anschauungsobjekt.[57]

> »Hinter der glänzenden Fassade ist die Struktur der Union durch und durch verrottet. Sie basiert auf einem toxischen Rechtskodex und wird von einer Bürokratie aus zügellosen, inkompetenten und durch und durch korrupten Apparatschiks verwaltet. Als solche erfüllt sie nicht nur nicht die Erwartungen der Völker Europas, sondern wird in ihren Versuchen, deren Loyalität und Gehorsam zu erzwingen, immer repressiver.[58]

Im Folgenden fasse ich kurz die grundlegenden Ideologiekomponenten der neoliberalen Konterrevolution zusammen. Ihre wichtigsten Teile sind die dominante Ideologie, der freie Markt, die Freiheit, der Wettbewerb, die Herrschafts- und Kampfideologie sowie die Droh-, Selektions- und Ausmerzideologie.

Dominante Ideologie

Mit dem Aufstieg des Finanzkapitalismus seit Ende der 1970er Jahre haben die herrschenden Klassen und ihre politischen Handlungsbevollmächtigten in den Regierungen den wohlfahrtsstaatlich organisierten Kapitalismus, die sogenannte soziale Marktwirtschaft,

---

57 Siehe Hannes Hofbauer, *Europa. Ein Nachruf*, Wien 2020, S. 111ff

58 Alex Krainer, Is the EU about to begin disintegrating? Soon, »INTERMARIUM« could become a household term, 31.07.2023: https://alexkrainer.substack.com/p/is-the-eu-about-to-begin-disintegrating?utm_source=post-email-title&publication_id=1063805&post_id=135589594&isFreemail=true&utm_medium=email

sukzessive zerstört. Dadurch wurde der Neoliberalismus zur dominanten Ideologie des Kapitals, der »westlichen Wertegemeinschaft« und ihrer Regierungen.

Der Markt

Die Grundaussage des Neoliberalismus lautet: Der »freie Markt« ist die »natürliche Ordnung der Dinge«. Als Ideologie des Finanzmarktkapitalismus trägt der Neoliberalismus insofern religiöse Züge, als er beansprucht, »alternativlos« zu sein. Dazu äußerte sich bereits Margret Thatcher im Jahr 1980: »There is no Alternative.« Tatsächlich ist der Neoliberalismus eine marktradikale Selbstimmunisierungsideologie totalitären Charakters, da die unregulierte Freiheit des Finanzkapitals und der großen Marktakteure über allen demokratischen Prinzipien stehen. *Deregulierung, Liberalisierung und Privatisierung* sind die Grundpfeiler dieser säkularisierten »heiligen Dreifaltigkeitsordnung«. Gleichzeitig erweisen sich die Neoliberalen als Kämpfer gegen die Demokratie, da der »freie Markt« stets *die Richtlinien der Politik bestimmt.* Der »freie Markt« steht also über der Volkssouveränität, der Demokratie und ihren Institutionen. Die Aussage der Neoliberalen ist eindeutig: *Der Staat und seine Institutionen haben dem Markt zu dienen.* Es war und ist ihre große Leistung, den »Ökonomismus« als neue Heilsreligion im Alltagsbewusstsein der Menschen verankert zu haben.

Freiheit

»Freiheit« ist der zentrale Kampfbegriff der Neoliberalen. Freiheit ist nach ihrer Vorstellung dann verwirklicht, wenn sich die Märkte frei entfalten können, das heißt ohne gesetzliche Hindernisse, zum Beispiel Sozial- und Umweltregulierungen oder sonstige Hemmnisse wie Arbeitnehmerorganisationen, Zölle, Kontingente, politisch motivierte Sanktionen. Zudem müssen sich Konzerne sowie Oligarchen/Plutokraten *ungehemmt* zulasten der Allgemeinheit oder der Natur bereichern können. Freiheit ist im Sinne der Neoliberalen dann verwirklicht, wenn die Freiheit des Marktes in all ihren Formen als Waren-, Dienstleistungs-, Kapital- und Arbeitsmarktfreiheit (die Grundfreiheiten der Europäischen Union) und der Zugriff des Kapitals auf das kollektive Eigentum (Staatseigentum) durch Privatisierung und auf den Reichtum der Natur sichergestellt ist. Der Freiheitsbegriff der Neoliberalen hat mit der Freiheit des Individuums auf Verwirklichung und Selbstentfaltung absolut nichts zu tun. Der Neoliberalismus ist der Freifahrtschein zur organisierten Plünderung.

Wettbewerb

»Wettbewerb« ist das neoliberale, medial millionenfach wiedergekäute Mantra der Neoliberalen. Wettbewerb steht für das kapitalistische Verdrängungsprinzip. Alle Marktteilnehmer, vom Individuum über Großunternehmen, Kommunen, Regionen, Bundesländer bis hin zur internationalen Staatengemeinschaft, haben sich dem Wettbewerb zu unterwerfen. Noch heute denken manche beim Begriff »Wettbewerb« an »gesunde Konkurrenz zum Wohl des Verbrauchers bzw. der allgemeinen Wohlfahrt«. Doch darin täuschen sie sich grundlegend. Sich dem Wettbewerb zu unterwerfen bedeutet im Neoliberalismus

- die (auch gewaltsame) Öffnung der »dem freien Spiel der Marktkräfte« und damit der hemmungslosen Kapitalakkumulation/Profiterwirtschaftung noch nicht offen stehenden nationalen Märkte (Neokolonialismus);
- die Unterwerfung unter seine Bedingungen, sein Diktat, und
- die Vernichtung schwächerer Marktteilnehmer im täglichen Krieg.

So bestimmen »Übernahme- und Abwehrschlachten« das Geschehen. »Jeder gegen jeden« ist das als »Wettbewerb« kaschierte neoliberale Grundprinzip der entsolidarisierten Gesellschaft im totalen Wirtschaftskrieg. Solidarisches, demokratisches Handeln sowie ein Leben im Einklang mit der Natur gelten grundsätzlich als marktverzerrend, da sie das »freie Spiel der Marktkräfte« und die »unsichtbare Hand des Marktes« behindern.

Herrschafts- und Kampfideologie

»Reichtum ist das Ergebnis von Leistung.« So lautet ein weiterer Leitspruch der neoliberalen Ideologen. Es ist die »große Leistung« der Neoliberalen, eine (neue) Herrenmenschenideologie unter dem Deckmantel eines umdefinierten Demokratie- und Freiheitsbegriffs geschaffen zu haben. Im Neoliberalismus erfolgt Führung durch *Eliten und geschlossene Herrschaftszirkel, Experten/Technokraten, Senate, Direktorien, Netzwerke und geheime Bünde.* Und diese antidemokratischen Zirkel haben sich schließlich auf allen Ebenen etabliert. Ihrem Führungsanspruch liegt die sozialdarwinistische Ideologie des *Sieges der Starken* zugrunde. Eine Demokratie auf der Grundlage von Volkssouveränität, ist für diese *Elitezirkel* eine permanente Bedrohung ihrer Herrschaftsbastionen.

Droh-, Selektions- und Ausmerzideologie

Aus ihrer Herrschaftsideologie ergibt sich fast nahtlos die nächste Propagandafloskel: »Armut ist das Ergebnis von Faulheit.« Die, die sich »im Wettbewerb« nicht bewährt haben, werden als die Schwachen, Dummen und Faulen abgestempelt. Diejenigen, die nicht mehr mitmachen können oder wollen, werden ausgegrenzt oder mit »Absturz« bedroht. Die »Ausgeschiedenen und Überflüssigen« werden nach unten getreten, denunziert und gedemütigt. Sie sollen auch unten bleiben. Sie sind nutzloser »Humanschrott«, der sich selbst überlassen bleibt und – wie in den USA und England bereits weitgehend verwirklicht – nur noch rudimentäre staatliche Hilfen erhalten soll. Ähnliche Prozesse sind in der gesamten EU zu beobachten. So strich Italiens Premierministerin Georgia Meloni rund 200.000 Menschen, bei denen keine Alten, Behinderten oder kleinen Kinder im Haushalt wohnen, quasi über Nacht die Sozialhilfe. Die Medien springen den Neoliberalen bei ihrer Verachtung der Sozialhilfeempfänger treu zur Seite, indem sie argumentieren: Es hätten mutmaßlich zu viele betrogen und die »Peanuts« womöglich zu Unrecht bezogen. (…) Rauf und runter fabulierten sie von angeblichen »Faulpelzen und Sozialschmarotzern«.[59] Von den milliardenschweren Schmarotzern der Steuervermeidungsindustrie mithilfe der korrupten Politik ist im verkommenen Mainstream nicht die Rede.

Die neoliberalen Täter zerstören Millionen Menschen die Arbeit, drängen sie in minderwertige bzw. schlecht bezahlte und prekäre Jobs. Und damit nicht genug: Anschließend machen sie diese noch zu Opfern ihrer Denunziationen und Herrschaftspraktiken. Die neoliberalen »Eliten« organisieren die schleichende Vernichtung der »Ausgeschiedenen und Überflüssigen«. Die Menschenwürde der »Überflüssigen« soll zerstört und ihr frühzeitiges Ableben unter anderem durch höhere Renteneintrittsalter und eine zunehmend teurere oder letztlich privatisierte »Gesundheitsversorgung« erreicht werden. Quasi in Dauerschleife verkündet die deutsche Regierung, dass die gesetzlichen Krankenkassen ein Milliardende-

[59] Susan Bonath, Der Faulpelz-Mythos. Die Herrschenden hetzen Niedriglöhner gegen Erwerbslose auf, um die Löhne zu drücken, und verschärfen dadurch soziale Spannungen, 17.08.2023: https://www.manova.news/artikel/der-faulpelz-mythos

fizit erwarten und daher die Versicherten höhere Beiträge zahlen müssten.[60]

Während des Corona-Terrorregimes perfektionierten sie alles das, was sie in der neoliberalen Konterrevolution als protofaschistisches Projekt bereits angelegt hatten. Noch nie wurde so viel Geld der Steuerzahler in die Hände von Reichen und Superreichen transferiert wie während der Corona-»Pandemie«. Tatsächlich handelte es sich um eine unvorstellbare Bereicherungsorgie zugunsten des US-amerikanischen Kapitals.

Während der Corona-Zeit – allein bis zum März 2022, also nur innerhalb eines Jahres – addierten die Milliardäre der Welt zusätzliche 5 Billionen US-Dollar zu ihrem bereits bestehenden gigantischen Vermögen. Unter ihnen Larry Page 116,6 und Sergey Brin 109,4 Milliarden US-Dollar, die Big-Tech CEOs von Google; Jeff Bezos von Amazon 165,1; Larry Ellison von Oracle 104,7; Steve Ballmer 92,7 und Bill Gates 129,5, beide von Microsoft; Mark Zuckerberg von Facebook 71,1 Milliarden US-Dollar. Die Genannten zählen zu den zehn reichsten US-Amerikanern. Insgesamt steigerten die US-amerikanischen Milliardäre ihr Vermögen während des Lockdowns um 57% von 2,95 auf 4,62 Billionen US-Dollar.[61] Doch auch anschließend ging die Vermögenskonzentration unvermindert weiter. Im Unterschied zur »Normalbevölkerung« betrug die durchschnittliche Steuerbelastung der 26 Top-Milliardäre der USA in den letzten 6 Jahren lediglich 4,8%.[62] Jeder Kommentar

---

60 https://www.zdf.de/nachrichten/politik/krankenkassen-finanzspritzebeitragserhoehung-100.html

61 https://americansfortaxfairness.org/issue/2-years-covid-u-s-billionaires-1-7-trillion-57-richer/

62 https://americansfortaxfairness.org/issue/based-wealth-growth-26-top-billionaires-paid-average-income-tax-rate-just-4-8-6-recent-years/

erübrigt sich hier. Eine Politik, die diese Zustände sogar noch befördert, ist hochkriminell und hat jede Legitimation verloren. Sollte sich in der Gesellschaft Widerstand gegen diese Praktiken der Verarmung breiter Gesellschaftsschichten regen, kann sich die Politik vermutlich nur noch auf die krude Gewalt zurückziehen.

Die neoliberale Konterrevolution schuf durch Verdummung und Entpolitisierung der Öffentlichkeit die grundlegenden psychologischen Voraussetzungen der Gesundheitsdiktatur im Rahmen des Corona-Regimes sowie für den sich anbahnenden biopolitischen Sicherheitsstaat, denn nur so kann man das kollektive Verhalten der heutigen Massengesellschaft verstehen. Insoweit war und ist diese Konterrevolution vor allem auch eine Kulturrevolution[63], die alle Formen des Egoismus, des Geizes (»Geiz ist geil«), der Niedertracht, der Vorteilsnahme und des exzessiven Konkurrenz- und Konsumverhaltens umfasst. Der Umbau der Gesellschaft ist den Konterrevolutionären perfekt gelungen. Sie konnten das Streben weiter Teile der Gesellschaft, insbesondere der jungen Generation, auf wenige Faktoren reduzieren. Zwar planen noch etliche, eine Familie zu gründen, sofern von der traditionellen Familie aus Vater, Mutter und Kindern überhaupt noch gesprochen werden kann; sie planen eine Karriere, sofern dies noch in Konzernen, in denen viele auf dem Schleudersitz sitzen, noch möglich ist; versuchen ihren Wohlstand zu sichern, was bei galoppierender Inflation ziemlich illusorisch ist, und planen ihren Urlaub, obwohl sich laut Daten des Statistikamtes der Europäischen Union (Eurostat) mehr als jeder fünfte Deutsche noch nicht einmal leisten kann, eine Woche pro Jahr in den Urlaub zu fahren.[64]

---

63 Bernd Hamm, Russel Smandych (Hg.), *Kulturimperialismus. Aufsätze zur politischen Ökonomie kultureller Herrschaft*, Berlin 2011

64 https://www.tagesschau.de/inland/urlaub-statistik-100.html

Seit Beginn der neoliberalen Phase war kritischen Beobachtern klar, dass das Ende der Demokratie die mehr oder weniger logische Folge dieses Prozesses sein würde. Der Umbau des am Gemeinwohl orientierten Staates ist erfolgreich abgeschlossen. Die spätestens seit der Corona-Krise sichtbare Übernahme des Staates durch Finanzindustrie und Konzernherrschaft ist mit Demokratie nicht vereinbar. Die zahllosen Kritiker des Neoliberalismus haben Recht behalten: Neoliberalismus/Marktradikalismus und Demokratie schließen sich aus! Die logische Vollendung der Herrschaft im US-gesteuerten Marktradikalismus und Militärfaschismus zu seiner Durchsetzung ist der autoritäre bzw. totalitäre Super-Zentralstaat, wobei die Politik jedwede demokratische Restfunktion aufgibt/verliert und zum integralen Player einer Deep Crime Policy des *Global Deep State* mutiert.

»Das Parlament ist nicht mehr das souveräne Organ, dem die ausschließliche Gewalt zukommt, den Bürgern Gesetze aufzuerlegen: Es beschränkt sich darauf, von der Exekutive erlassene Verordnungen zu ratifizieren. Technisch gesehen ist die Republik nicht mehr parlamentarisch, sondern gouvernemental. Und es ist bezeichnend, dass eine ähnliche Veränderung der konstitutionellen Ordnung, die heute in unterschiedlichem Maß in allen westlichen Demokratien im Gange ist, von den Bürgern völlig unbemerkt bleibt, obwohl sie Juristen und Politikern bestens bewusst ist. Just in dem Moment, in dem die politische Kultur des Westens anderen Kulturen und Traditionen Unterricht in Sachen Demokratie geben will, macht sie sich nicht klar, dass ihr der Maßstab dafür völlig abhandengekommen ist.«[65]

[65] Giorgio Agamben, *Ausnahmezustand*, Frankfurt 2004, S. 26

Zwar laufen die Erosion politischer und bürgerlicher Rechte, die Konzentration von Reichtum und Macht, die Militarisierung der Polizei und die Gleichschaltung der Medien seit mindestens 40 Jahren. Doch gab der Corona-Krieg gegen die Völker diesem Prozess einen enormen Schub. Die marktradikale Konterrevolution ist insofern strukturell faschistisch, als sie nicht nur das Oben und Unten zementierte, sondern im Kern auch nie etwas anderes war als eine Ideologie mit Totalitätsanspruch, eine Kampf- und Herrschaftsideologie auf der Grundlage eines brutalen Sozialdarwinismus. Diese Konterrevolution schuf den Unterbau für den laufenden Totalangriff der Globalfaschisten auf die Völker der Welt. Während der »Internationalismus der Arbeiterbewegung« die Solidarität der Nationen anerkannte, benutzen die Globalfaschisten Kosmopolitismus, Multikulturalismus und das »Weltbürgertum« dazu, den Nationalstaat abzuschaffen und ihre New World Order an seine Stelle zu setzen.

Das Ergebnis der neoliberalen/marktradikalen Konterrevolution war

- die ideologische Gleichschaltung der Parteien,
- die Privatisierung von Regierung und Staat, das heißt deren Transformation zu Funktionseinheiten der Konzernwirtschaft
- der Raub und die Plünderung staatlichen Vermögens und
- die Abschaffung der »Demokratie, wie wir sie kannten«.

Kanzler der Herzen
&
Genosse der Bosse

DER PARTEIENSTAAT

»Wir erleben demnach wirklich einen *Clash of Civilisations*, aber im Westen selbst, zwischen der Demokratie als bloßem Geschwätz des Establishments, das ihre Prinzipien im Müll seines täglichen Regierens zertrampelt, und der beim Wort genommenen Demokratie mit ihren unbeugsamen substanziellen Forderungen. Zwischen der Partei der Heuchelei und der Partei der Kohärenz. Zwischen dem Willen, das in der Verfassung versprochene Wort zu halten, und dem maßlos wachsenden Missverhältnis, das den Westen am Ende auch dazu zwingen wird, seine Werte auch in den Verfassungen zu leugnen.«[66]

PAOLO FLORES D'ARCAIS

Für politisch interessierte Beobachter ist es längst keine Neuigkeit mehr, dass sich die politischen Kasten Europas von den Verfassungen ihrer Länder gelöst haben. Das zeigte sich beispielsweise in Deutschland daran, dass die Berliner Polizei auf Weisung des damaligen Innensenators Andreas Geisel (sicher in Absprache mit höheren Instanzen) bei Berliner Demonstrationen gegen das Corona-Regime und die Einschränkung der Bürgerfreiheiten und Grundrechte das Grundgesetz zu einer »privaten Meinungsäußerung« degradierte. Die Polizisten verboten den Demons-

66 Paolo Flores d'Arcais, *Die Demokratie beim Wort nehmen. Der Souverän und der Dissident*, Berlin 2004, S. 133

tranten, das Grundgesetz deutlich vor sich herzutragen. Damit hat die herrschende politische Kaste kundgetan, dass das Grundgesetz sie gar nicht mehr interessiert und das eingetreten ist, was der italienische Philosoph Paolo Flores d'Arcais im oben genannten Zitat schreibt. Dieses Vorgehen der Polizei war ein Verbrechen und klassischer Verfassungsbruch, sichtbares Zeichen des offensichtlich vollzogenen Putsches »von oben«. Die auf das Grundgesetz verpflichtete Polizei hat die dafür verantwortlichen Verfassungsputschisten nicht etwa festgenommen, sondern diese laufen – wie nicht anders zu erwarten – frei herum und bekleiden Positionen im Staatsapparat.

Ein Grundgesetz, das nicht mehr gezeigt werden darf, und Grundrechte, die von der herrschenden Politkaste mit Füßen getreten werden, haben ihre Abwehrkraft gegen den Staat verloren.

> »Die Freiheit des Bürgers wird von den Grundrechten als naturgegeben und dem Grundgesetz vorausliegend vorausgesetzt. Der Bürger braucht niemals eine Handlungsermächtigung. Deswegen ist es rein rechtlich gesehen ein ziemlicher Unsinn, auch wenn das immer in bester Absicht gesagt wird, wenn man sagt, die Ansichten eines bestimmten Menschen sind noch von der Meinungsfreiheit gedeckt. Denn die Meinungsfreiheit, die Freiheit zu sagen, was immer man will, die ist ganz natürlich da und muss nicht von etwas gedeckt sein. [...] Es ist nur eins zu beachten, wenn wir uns äußern oder sonst irgendwie handeln, dann darf das den einfachen Gesetzen nicht widersprechen. Wir Bürger sind nicht an das Grundgesetz gebunden, auch das überrascht viele Leute. Das Grundgesetz adressiert nur den Staat, der Staat muss sich an das Grundgesetz halten. Wir Bürger nicht, das spricht uns gar nicht an. Wir Bür-

ger müssen uns an das einfache Gesetz halten, das Bürgerliche Gesetzbuch, an das Strafgesetzbuch.«[67]

Die Aushebelung der Grundrechte durch das Corona-Terrorregime und die zunehmende generelle Ignoranz der Herrschenden gegenüber Recht und Gesetz wurden möglich, weil der Parteienstaat heutiger Prägung zur Oligarchenherrschaft mutierte, jener Verfilzung der politischen Macht mit der internationalen Konzern-, Medien-, Militär- und innerstaatlichen Repressionsmacht. Da sich die Parteien vor strafrechtlicher Verfolgung immunisiert haben, ist dem Machtmissbrauch Tür und Tor geöffnet. Parteienstaaten können per Definition keine demokratischen Staaten sein, weil die Abgeordneten ihren Parteiführern/Fraktionsspitzen unterworfen sind. Darum gilt: »Im Parteienstaat fehlt der Vertretung des Volkes die demokratische Substanz«, schreibt der konservative Staatsrechtler Karl Albrecht Schachtschneider.[68]

> »Die Politik wird von den wenigen Parteiführern bestimmt, nicht wirklich von den Abgeordneten, die zwar formal, nicht jedoch hinreichend material Vertreter des Volkes sind. Parteienstaaten sind eben nicht demokratisch, weil die Abgeordneten nicht unabhängig nach ihrem Gewissen entscheiden, wie das Art. 38 Abs. 1 Satz 2 GG […], gebietet, sondern fraktionsgebunden, wie es ihre Parteiführer wollen.«[69]

---

67 Wie der Eliten-Konsens den Rechtsstaat beeinflusst, Jurist Ulrich Vosgerau im Gespräch mit Jasmin Kosubek: https://www.youtube.com/watch?v=5ojvzadAetY

68 Karl Albrecht Schachtschneider, *Die Souveränität Deutschlands. Souverän ist, wer frei ist*, Rottenburg 2012, S. 212

69 Ebd., S. 212

Und wenn die demokratische Basis fehlt, wachsen Parteien langsam, aber stetig ideologisch zusammen, beseitigen die »demokratische Restsubstanz«, das heißt die theoretisch denkbare Vielfalt politischer Positionen, und entarten zur Parteiendiktatur. »Bloß formale Demokratie entartet zur Parteiendiktatur«, so ebenfalls Schachtschneider.[70] Dies ist zudem das Ergebnis einer 40-jährigen – wie oben beschriebenen – neoliberalen bzw. marktradikalen Konterrevolution Deutschlands, aber auch der anderen europäischen Staaten, in der die demokratische Substanz nach Kräften zerstört wurde. In dieser Zeitspanne wurden die Parteien ideologisch und machtpolitisch gleichgeschaltet und diejenigen Parteien, die aus dem Herrschaftsspektrum herausfallen, egal ob nach links oder rechts, haben keinerlei reale Chance mehr, jemals wirkmächtig zu werden.

> »Wenn die Wahl der Kandidaten in der Hand einer oligarchischen Clique liegt, wird der demokratische Charakter des gesamten Wahlverfahrens diskreditiert. Die zunehmende Interesselosigkeit der Wähler für den Urnengang nährt sich aus der exklusiven Verfügungsgewalt der Parteiapparate über die Kandidatenauswahl.«[71]

In diesem Zusammenhang spielen auch die Medien eine entscheidende Rolle.

> »Die Asymmetrie und damit die Abkehr von der Demokratie wächst, denn die Medien sind in der Hand von Oligopolen,

---

70 Ebd., S. 212

71 Paolo Flores d'Arcais, a. a. O., S. 59

die immer öfter Teil des Establishments der Finanzwelt, der multinationalen Konzerne und der Zunft der Berufspolitiker sind.«[72]

Die logische Folge dieses Prozesses ist, dass die Deutschen »… nach wie vor nicht als Bürger geachtet, sondern von der obrigkeitlichen Parteienoligarchie zu Untertanen degradiert [werden].«[73] Obwohl die Herrschaftscliquen dem Volk *die Wirkung der Souveränität* verweigern, behält es dennoch seine Souveränität, denn der Bürger ist in Freiheit geboren und diese Freiheit ist Teil der menschlichen Würde[74], so Schachtschneider.

> »Ein Parteienstaat ist wenig geeignet, den Willen des Volkes zur Geltung zu bringen. Er ist zwangsläufig Oligarchie, eine Form der Despotie, die mehr oder weniger durch liberalistische Rechte der Untertanen moderiert ist. Der Mehrparteienstaat wahrt immerhin die Chance, einen Rest an Privatheit zu verteidigen, weil der Wettbewerb der Parteien den Wählern einen gewissen Einfluss verschafft. Wenn allerdings dieser Wettbewerb nur noch Schein der politischen Klasse ist, um den Seelen ihre Ohnmacht zu verschleiern, oder es der Parteienoligarchie im Verbund mit den Oligarchien in der Wirtschaft und vor allem in den Medien gelingt, die Opposition nicht zur Wirkung kommen zu lassen (Wahlunrecht, Redeverbot, Diskriminierung, Verfassungsschutz) wie in der Unionspolitik, wird das Mehrparteiensystem in der Substanz zum Einparteiensystem, das von Führung und Gefolgschaft bestimmt ist. Die Bürger sind dann trotz aller Wahlen entmachtet.

72 Ebd., S. 49

73 Karl Albrecht Schachtschneider, *Die Souveränität Deutschlands*, a.a O., S. 213

74 Vgl. Ebd., S. 135

Die Souveränität ist ihnen genommen. Das ist die Lage in Deutschland.«[75]

Mit diesen Worten entlarvt Karl Albrecht Schachtschneider den rechts-reaktionären Parteien- und Obrigkeitsstaat und delegitimiert ihn vollständig bezüglich der Maxime der »Freiheit«, der Bürgerrechte und Volkssouveränität. In welchem Maße sich die Parteien als Oligarchien gebärden, ergibt sich vor allem auch daraus, dass sie strafrechtlich nicht belangt werden können – und seien diese Verfolgungen auch noch so berechtigt. Dafür haben die Parteioligarchien selbst gesorgt. In § 129 StGB Absatz 3 Nr. 1 steht Folgendes zu kriminellen Vereinigungen:

»Mit Freiheitsstrafe bis zu fünf Jahren oder mit Geldstrafe wird bestraft, wer eine Vereinigung gründet oder sich an einer Vereinigung als Mitglied beteiligt, deren Zweck oder Tätigkeit auf die Begehung von Straftaten gerichtet ist, die im Höchstmaß mit Freiheitsstrafe von mindestens zwei Jahren bedroht sind. Mit Freiheitsstrafe bis zu drei Jahren oder mit Geldstrafe wird bestraft, wer eine solche Vereinigung unterstützt oder für sie um Mitglieder oder Unterstützer wirbt.«

In Absatz 3 Nr. 1 heißt es weiter:

»Absatz 1 ist nicht anzuwenden, wenn die Vereinigung eine politische Partei ist, die das Bundesverfassungsgericht nicht für verfassungswidrig erklärt hat.«

---

[75] Ebd., S. 134

Dass das Bundesverfassungsgericht Parteien erst für verfassungswidrig erklärt haben muss, bevor deren kriminelle Energie festgestellt werden kann, ist zugleich grotesk und ein Widerspruch in sich selbst. Doch eigentlich konsequente Folge der letzten mehr als 100 Jahre. Seitdem ist die Justiz mit Parteigängern durchsetzt und durch Parteieninteressen verseucht. Das bedarf hier keiner weiteren Beweise. Nicht nur die Herrschaftsparteien, sondern auch die Geheimdienste[76] und zu weiten Teilen auch das Militär bescheren der Bevölkerung mit ihren Rechtsmissachtungen und -verletzungen am laufenden Band Probleme, die sie ohne diese nicht hätte. Auf Grundlage der jetzigen Gesetzgebung brauchen die Parteioligarchen jedoch nicht zu befürchten, ihre Macht zu verlieren und für ihre angerichteten Schäden und Verbrechen zur Verantwortung gezogen zu werden.[77] Dieser Kaste kam jede Schamschwelle abhanden und jedes Bewusstsein dafür, dass sie der Dienstleister der Bevölkerung sind und deren Wohl ihre Aufgabe. Leider existiert kein formal legales Verfahren, das diese kranken Zustände ändern könnte.

Daher ist die Abschaffung des Parteienstaates, so wie er sich seit 100 Jahren herauskristallisiert hat, eine notwendige, wenngleich nicht hinreichende Bedingung, damit eine Demokratie, die den Begriff verdient, überhaupt erst entstehen kann. Dass diejenigen, die die Macht der Parteioligarchien brechen wollen, zu Verfassungsfeinden erklärt werden, einer »Verfassung«, die von

---

76 Siehe hierzu maximal instruktiv das Buch: Alexander von Bülow, *Im Namen des Staates. CIA, wie in dem die kriminellen Machenschaften der Geheimdienste*, 2. Auflage, München/Zürich 1998

77 Zum Corona-Verbrechen siehe: Gunter Frank, das Staatsverbrechen. Warum die Corona-Krise erst dann endet, wenn die Verantwortlichen vor Gericht stehen, Berlin 2023

den Herrschenden längst zertreten wurde, liegt in der Natur der Sache. Mithilfe ihrer Medien bestimmen allein »die realen Verfassungsfeinde« darüber, wer als Verfassungsfeind anzusehen ist und wer nicht.

Wandel im Selbstverständnis der politischen Kaste

Im Zeitraum von 1990 bis heute hat sich das Selbstverständnis der Politik gegenüber den Bürgern massiv gewandelt. Die gewählten Politiker verstehen sich nicht mehr als Repräsentanten des Souveräns – wie es für eine funktionierende parlamentarische Demokratie selbstverständlich wäre. Ganz im Gegenteil: Die aktuelle Regierungsführung wird von einer (Global-)Governance-Ideologie bestimmt, in der die Stimme der Bevölkerung *gar nicht mehr repräsentiert werden soll* und daher auch gar nicht mehr vorkommt. Die Demokratie, wie wir sie kannten, wurde ersetzt durch eine Stakeholder-Governance von UN und World Economic Forum, machtvoller Wirtschaftsakteure, von Regierungen, ausgewählten NGOs und für würdig erachteter Einzelakteure.

EU-Kommission, Regierungen, Parteienkader und technokratisch-bürokratische Apparatschiks verwandelten sich im Laufe der Jahre in arrogante »Erziehungsberechtigte« des Souveräns, die selbstherrlich Befehle erteilen und Gehorsam einfordern. Ein Dialog zwischen politischer Kaste und der breiten Bevölkerung findet schon lange nicht mehr statt und wurde den Herrschenden zunehmend lästig. An dessen Stelle trat eine manipulative Maschinerie aus politischer Propaganda, Verboten, Denunziationen, Bevormundungen, ja sogar Bedrohungen. Den Bürgern wird mitgeteilt, wann und wie sie zu parieren haben. Der Souverän bleibt draußen und ist das Objekt permanenter Lügen, Manipulationen und Schmähungen.[78] Obwohl das eigentlich schon lange der Fall war, scheint ein zunehmender Teil der Bevölkerung zu begreifen, dass es sich bei den gleichgeschalteten Parteien um ein Komplott handelt, das gegen die Interessen der Bevölkerung arbeitet:

> »Allgemeiner Konsens ist demnach, dass die Kluft zwischen dem politisch-gesellschaftlichen Milieu eines großen Teils der politischen Klasse und dem, was die normalen Bürger tagtäglich erleben, immer größer wird. Das muss zwangsläufig zu einer nachhaltigen Legitimationskrise des herrschenden demokratischen Systems führen, eines Systems, das wie Putz von einer seit langem nicht sanierten Hauswand abblättert.«[79]

Von einer Kluft zwischen dem Großteil der politischen Klasse und den Bürgern kann 2023 wohl kaum noch gesprochen werden. Die Diskrepanz zwischen Parteienstaat und Bürgern ist erheblich größer geworden, sodass man sie eher mit einem nicht mehr überwindbaren Canyon vergleichen kann. So ist es kaum verwunderlich, zu welchem Ergebnis selbst die regierungs- und industrienahe Körber-Stiftung im Rahmen einer Untersuchung kam. Danach ist das Vertrauen der Bürger in die Parteien immer weiter gefallen:

> »Hätten 2020 noch 29 Prozent der Bundesbürger angegeben, Parteien zu vertrauen, sei der Wert im Jahr 2021 bereits auf 20 Prozent

---

78 Siehe: Flo Osrainik, *Lügen, Lügen Lügen. Terror, Tyrannei und Weltenbrand als neue Normalität der Globalisten*, München 2023

79 Die Lage war bereits 2016 dramatisch: Jürgen Roth, *Spinnennetz der Macht. Wie die politische und wirtschaftliche Elite unser Land zerstört*, 2. Auflage, Berlin 2016, S. 42

> gefallen und habe nun [2023, U.M.] mit 9 Prozent einen Tiefpunkt erreicht.«[80]

Derartig verheerende Werte führen in den Parteizentralen nicht etwa zu einem Umdenken oder auch nur zum Nachdenken, im Gegenteil: Stattdessen treiben die Parteien die Entfremdung zwischen Bevölkerung und Parteien noch weiter auf die Spitze. Sie denken gar nicht daran, ihren diktatorischen Kurs zu verändern, sondern gehen voll auf Konfrontation und eskalieren immer weiter, über Propaganda einerseits und den Ausbau der Repressionskräfte andererseits. Damit müsste eigentlich allen Bürgern klar werden, dass Deutschland längst zu einer Parteiendiktatur entartet ist. Die Politiker in Regierungsverantwortung setzen voll auf Risiko und rechnen offensichtlich sogar damit, dass ihnen in nicht allzu ferner Zukunft das politische System um die Ohren fliegt. Darum bereiten sie nun auch den Militäreinsatz nach innen vor.[81] Das erklärt ebenfalls, warum die Bundeswehr nach Angaben des Bundesministeriums der Verteidigung (BMVg) fünf sogenannte Heimatschutzregimenter aufstellen soll.[82] Seit April 2022 ist das erste Regiment dieser Art in Bayern im Dienst, zwei weitere werden voraussichtlich noch 2023 in Mecklenburg-Vorpommern und Nordrhein-Westfalen in Dienst gestellt. Zusätzliche sind in Berlin und Hessen geplant.

---

80 Vertrauen schwindet: Nur 9 Prozent der Deutschen vertrauen noch den Parteien: https://www.epochtimes.de/gesellschaft/vertrauen-schwindet-nur-9-prozent-der-deutschen-vertrauen-noch-den-parteien-a4377044.html

81 Siehe: Susan Bonath, Militärregime für alle Fälle, 15.08.2023: https://apolut.net/militaerregime-fuer-alle-faelle-von-susan-bonath/

82 https://www.bundeswehr.de/de/suche?typeahead=Heimatschutz

»Sie sollen den jeweiligen Landeskommandos der Bundeswehr unterstehen und zentral kommandiert werden. Das bayrische ›Heimatschutzregiment 1‹ ging aus einem schon länger geplanten Pilotprojekt hervor. Es besteht aus sieben Kompanien mit je 100 Soldaten der Reserve sowie einer zusätzlichen Stabs- und Versorgungskompanie. Diese Regimenter sollen nach offiziellen Angaben die Bundeswehr bei der Katastrophenhilfe im Inland entlasten, also etwa bei Überschwemmungen, Waldbränden oder Ausbrüchen von Seuchen.«[83]

Wird hier an alte faschistische Traditionen der Heimatschutz-Freikorps angeknüpft?[84] Handelt es sich nicht um eine unterschwellige Vorbereitung des Militäreinsatzes nach innen für den Fall besonderer Gefährdungslagen? Worin diese auch immer bestehen könnten und wer diese auch immer definiert.

Zudem hat die politische Führungskaste aus Deutschland bereits ein offenes Umerziehungslager gemacht. Die Meinungskorridore sind eng abgesteckt. Die durch den Corona-Terror planvoll verschüchterten Massen dürfen sich öffentlich nur noch politisch korrekt und regimefreundlich äußern. Wer sich nicht an den verordneten Sprachkodex hält, möglicherweise ein Gendersternchen* vergisst oder das N-Wort ausspricht, bekommt ein Problem. Er, sie oder es riskiert, seinen Arbeitsplatz zu verlieren. Das ist gelebte Demokratie im Europa anno 2023/2024. Die deutsche Innenpolitik mutet mehr und mehr an wie eine Mischung aus Dauerbelästigung, Stalking und Tyrannei. Das Hinterhältige ist: Die Herrschaftscliquen erhöhen die Dosis langsam, damit sich die

83 Susan Bonath, a. a. O.; https://www.bundeswehr.de/de/organisation/streitkraeftebasis/aktuelles/bayern-erhaelt-erstes-heimatschutzregiment-5403222

84 https://de.wikipedia.org/wiki/Freikorps

Menschen an die permanenten Übergriffigkeiten und Zumutungen gewöhnen. Wie erwähnt, hat der Corona-Terror die Haltung der Politik sehr deutlich gezeigt: Die Bürger hatten wie Haushunde zu parieren, die Selbstbestimmung über ihren Körper aufzugeben und ihn stattdessen einem massenmörderischen Injektionsregime zur Verfügung zu stellen.[85] Der Impfzwang entsprang den kranken Hirnen korrupter Elemente, die »logischerweise« die Hersteller der mRNA-Injektionen von jeglicher Haftung freistellten. Die Bevölkerung hatte – symbolträchtiger geht es nicht – maskenbedeckt den Mund zu halten, wie die drei Affen: Augen zu, Ohren zu, Mund zu. Die psychischen Schäden, die offensichtlich auch beabsichtigt waren, bleiben nicht aus. So berichtet beispielsweise das Robert Koch-Institut von drei spezifischen Indikatoren: depressiven Symptomen, Angstsymptomen und subjektiver psychischer Gesundheit.

> »Depressive Symptome (Interessenverlust und Niedergeschlagenheit) gingen in der Zeit der ersten COVID-19-Welle und im Sommer 2020 gegenüber demselben Zeitraum in 2019 zunächst zurück, von Herbst 2020 bis Frühjahr 2021 und von Ende 2021 bis Frühjahr 2022 nahmen sie deutlich zu. Eine auffällige Symptombelastung über dem Schwellenwert lag im Zeitraum März-September 2019 bei 11 % der Bevölkerung vor. In den ersten Pandemiemonaten – zwischen März und September 2020 – sank er auf etwa 9 %. Der Anteil stieg auf 13 % im gleichen Zeitraum 2021 und auf 17 % im Zeitraum März bis Juni 2022. Auf eine Verschlechterung der psychischen Gesundheit weisen auch Ergebnisse zu Angstsymptomen (Ängstlich-

85 Siehe hierzu die mittlerweile kaum mehr zu überschauende Literatur zum Thema Corona.

keit und unkontrollierbare Sorgen) und subjektiver psychischer Gesundheit hin. Im Zeitraum März-September 2021 gaben 7 % der Bevölkerung eine auffällige Belastung durch Angstsymptome an, im Zeitraum März-Juni 2022 waren es 11 %. Zeitgleich sank der Anteil derjenigen, die ihre allgemeine psychische Gesundheit als ›sehr gut‹ oder ›ausgezeichnet‹ einschätzen, von 44 % auf 40 %.«[86]

So weit zu den offiziellen Daten der Auswirkungen des *Neuen Faschismus, der keiner sein will.*

Eine politische Kaste, die keine »roten Linien« mehr kennt, führt Krieg gegen die eigene Bevölkerung. Dass die drangsalierten Kinder und Jugendlichen psychische Langzeitschäden aus dem Corona-Regime in ihr Leben mitnehmen werden, gilt inzwischen als erwiesen, wie auch der deutsche Wissenschaftler Stefan W. Hockertz bereits 2021 schrieb.[87] Auch das ist verbrecherisches Kalkül der aus dem Militär- und Geheimdienstwesen stammenden Zerrüttungsstrategien gegen Zivilbevölkerungen.[88] Als Folge der Zunahme psychischer Erkrankungen, vor allem von Depressionen, wurden noch nie so viele Psychopharmaka verkauft wie in der Zeit des Corona-Regimes. Da die Globalfaschisten die Zentralisierung der Macht mit technologischen Möglichkeiten,

---

86 https://www.rki.de/DE/Content/Service/Presse/Pressemitteilungen/2022/05_2022.html

87 Siehe hierzu: Stefan W. Hockertz, *Generation Maske. Corona: Angst und Herausforderung*, Rottenburg 2021; Hockertz musste vor den staatsterroristischen Schergen aus Deutschland fliehen, nachdem ihm die wirtschaftliche Existenz ruiniert worden war.

88 Ludwig P. Fromm, *Z. wie Zersetzung. Stasi und andere Verbrechen*, Kiel 2020

Kapitalkonzentration und Weltstaats-Ambitionen immer weiter vorantreiben, bedienen sie sich, wie oben erwähnt, des Softpower-Staatsterrors. Auf diese Weise zeigte der globalisierte Hyperkapitalismus im Corona-Regime schon einmal seine internationalisierte faschistische Fratze.

Deutschland im Zentrum des Zerrüttungsprozesses

Die deutschen Regierungen stellen sich spätestens seit der Wende den USA als antideutsche Einflussagenten zur Abwicklung des eigenen Landes zur Verfügung.[89] Dies alles wäre eine eigenständige Untersuchung wert. Die Antworten auf die Frage, warum alle deutschen Regierungskoalitionen sich den USA so servil andienen, liegen in den Abgründen geheimer Vertragsverhandlungen und des »Tiefen Transatlantischen Nato- und Geheimdienst-Staates«.[90] Ganz unabhängig davon , welche Parteienkoalition die Regierung stellte, fanden die USA für den Zersetzungsprozess Deutschlands stets eifrige Helfer. Bereits die Schröder-Fischer-Administration beteiligte sich an dem illegalen Bombenkrieg gegen Belgrad im Jahre 1999.[91] Als willige Assistenten erwiesen sich

---

89 »Baerbock ist offenbar gebrieft und wird gesteuert von Einflussagenten«, transitionnews, 15.05.2022: https://transition-news.org/baerbock-ist-offenbar-gebrieft-und-wird-gesteuert-von-einflussagenten

90 Siehe: Giorgio Agamben, *Ausnahmezustand*, Frankfurt 2004, S. 62f; siehe auch: Wolfgang Bittner, *Ausnahmezustand. Geopolitische Einsichten und Analysen unter Berücksichtigung des Ukraine-Konflikts,* Höhr-Grenzhausen 2023

91 Siehe hierzu auch: Exklusivinterview Ronald Thoden/Oskar Lafontaine: Der sogenannte Ukraine-Krieg ist ein Krieg der USA gegen Russland, Hintergrund, 7/8/23, S. 4–7

auch die Merkel- sowie die Scholz-Administrationen, die Spitzen der Parteien, der gleichgeschaltete polit-mediale Komplex sowie Staatsanwaltschaften und Gerichte. Die Grüne Partei wechselte mithilfe der SPD unter Schröder von einer ursprünglich anarchisch-antimilitaristischen Position ins Nato-Lager. Das war laut Recherchen von Matthias Geyer, Dirk Kurbjuweit und Cort Schnibben die Vorbedingung für ihre Beteiligung an der Macht.[92] Nach der Merkel-Cliquenherrschaft zündete eine weitere Mannschaft, die keine »roten Linien« mehr kennt, die vorläufige Endstufe des Demokratieverfalls: jene für keinerlei Staatsämter geeigneten Figuren um den durch Finanzskandale belasteten Olaf Scholz und die »WEF-Young-Leaders-Programm-Nato-sozialisierte« Regierungspartnerin Annalena Baerbock mit »liberalen« Konsorten. Nach der Wende mutierte die SPD, vor allem seit der Bombardierung Belgrads, immer mehr zu einer machttrunkenen Neo-Noske-[93] und Kriegs(anleihen)-Partei. Sie ist sich in ihrem innenpolitischen Abwehrkampf gegen alles Linke seit nunmehr fast 100 Jahren treu geblieben. Die völlige Abkehr des Spitzensegments der Partei – allen voran Steinmeier, Scholz, Faeser und Pistorius – von jeglichem kritischen Denken wird dann deutlich, wenn man sich das außenpolitische Papier der SPD vom Januar 2023 anschaut. Penetrant geschichtsvergessen steht dort ein Satz, der den geistigen Verfall, ja die Idiotisierung der Partei zusammenfasst:

---

92 Matthias Geyer, Dirk Kurbjuweit, Cort Schnibben, *Operation Rot-Grün. Geschichte eines politischen Abenteuers*, 2. Auflage, München 2005, S. 101f

93 https://de.wikipedia.org/wiki/Gustav_Noske

> »Der russische Angriffskrieg auf die Ukraine ist der bisher brutalste Bruch mit Grundprinzipien der internationalen Ordnung, die nach dem Zweiten Weltkrieg mühsam errichtet wurde.«[94]

Wie sehr sich diese Partei mit einer solchen Aussage zum Affen der zahllosen US-amerikanischen Angriffskriege und CIA-Einmischungsinterventionen nach 1945 macht, ist evident. Diese forderten allein nach 1945 circa 20 Millionen Tote und etwa 37 Millionen entwurzelte Menschen, von den angerichteten Sachschäden ganz zu schweigen. Irgendeine Form des Ausgleichs oder gar Verhandlungen mit Russland sind von dieser Partei und ihrer antideutschen Entourage ebenso wenig zu erwarten wie von Hass-triefenden grünen Kriegstreiber(*)innen, einer Strack-Zimmermann-FDP oder einer Ex-Merkel-CDU, jenen kriegs- und rüstungsaffinen Zumutungen, die seit der Wende stets zur Stelle sind, wenn es um Feindproduktion und Aufrüstung geht, zumal dann, wenn die Speerspitze gen Russland weist.[95]

> »Strack-Zimmermann ist Mitglied des FDP-Bundesvorstands sowie im Vorstand der FDP-Bundestagsfraktion, und sie ist die Vorsitzende des Verteidigungsausschusses im Deutschen Bundestag. Zugleich ist sie Präsidiumsmitglied der Deutschen Wehrtechnischen Gesellschaft, Präsidiumsmitglied des Förderkreis

---

94 Kommission Internationale Politik, »Sozialdemokratische Antworten auf eine Welt im Umbruch«, 23.01.2023: https://www.spd.de/aktuelles/detail/news/sozialdemokratische-antworten-auf-eine-welt-im-umbruch/23/01/2023

95 https://www.epochtimes.de/suche?q=Strack-Zimmermann&sort=relevance

deutsches Heer und Vizepräsidentin der Deutschen Atlantischen Gesellschaft.«[96]

Eigentlich fehlt hier nur der Anschluss an alte Traditionen. Wie wäre es noch mit dem Vorsitz in einer klandestinen NGO: »Fremde Heere Ost«[97]?

Dass die deutsche transatlantische Unterabteilung der Globalisten – genannt Regierung – den deutschen Staat immer mehr in eine Tyrannei[98] verwandelt, stört anscheinend weder doktrinäre Linke noch die Jugendabteilungen der Sozialdemokraten oder grüne Kriegshetzerinnen. Deren neorassistischer Hass auf die »eklige weiße Mehrheitsgesellschaft«[99] schließt »die Deutschen« und ihr Land generell ein.[100] Kann man mit solchen Menschen und ihren

---

96 Wolfgang Bittner, *Ausnahmezustand. Biopolitische Einsichten und Analysen unter Berücksichtigung des Ukraine-Konflikts*, Höhr-Grenzhausen 2023, S. 57

97 https://de.wikipedia.org/wiki/Abteilung_Fremde_Heer

98 Anselm Lenz, Ullrich Mies, »Der Ausnahmezustand als Regel«, in: Ullrich Mies, *Schöne Neue Welt 2030. Vom Fall der Demokratie und dem Aufstieg an der totalitären Ordnung*, Wien 2022, S. 29–38

99 Marcel Leubecher, »Eklige weiße Mehrheitsgesellschaft« – Die Grüne Jugend und ihr Deutschlandbild, welt-online, 12. Oktober 2021: https://www.welt.de/politik/bundestagswahl/plus234372910/Parteinachwuchs-Eklige-weisse-Mehrheitsgesellschaft-Die-Gruene-Jugend-und-ihr-Deutschlandbild.html

100 »In der Salonkultur dieser parasitär auf Kosten der Gemeinschaft lebenden Luxusweiber macht man sich nicht einmal mehr die Mühe, auch nur den Anschein eines Gedankens zu wahren an all die angeblich unerlässlichen Einschränkungen, die dem Pöbel ansonsten abverlangt werden, vom Energiesparen fürs Klima und Frieren für die Ukraine über Genügsamkeit und Verschwendungsvermeidung bis zum Maskentragen und Infektionsschutz; vom Anstandsrest einer professionellen beruflichen Distanz der einstigen

Anhängern einen Staat bauen, in dem es sich zu leben lohnt? Wohl kaum!

Dieser Regime-Truppe fällt die Aufgabe zu, die marktradikale Konterrevolution nochmals zu radikalisieren, um über Chaos, Verelendung, Zensur, Lügenproduktion, Repression, Gesellschaftsspaltung, digitalen Terror, Absenkung des Lebensstandards, Russen- und Chinahass und sonstige Praktiken Deutschland in den Great Reset und die Vierte Industrielle Revolution der Transhumanisten zu pressen. Zusammengefasst: Seit der Wende fungieren die Regierungen als Dienstleister des US-Deep State. Sie lassen sich wählen und wähnen sich legitimiert, nachdem sie »das Menschenmaterial« zu einer völlig desorientierten Opfer/Täter/Angst-Masse und mit allen zur Verfügung stehenden Manipulationstechniken so formten, wie sie es brauchten. Das ist Demokratie à la anno 2023/2024! Das Berliner Politestablishment ist das wichtigste europäische Statthalterregime des neokonservativ-faschistischen Finanz- und Kriegsestablishments der USA. Es zerstört das Land, dem es zu dienen *verpflichtet ist.* Im Gegensatz hierzu ist es sein Ziel, die wirtschaftliche und soziale Substanz das Landes zu erodieren und die Schäden derart zu maximieren, dass die komplett überschuldete und von internationalen Finanzkonzernen schlussendlich vollends privatisierte Volkswirtschaft zusammen mit dem kollabier-

---

Wächtermedien ganz zu schweigen. Hier sehen wir die ganze Dreistigkeit einer abgehobenen politisch-medialen Kaste, die nicht nur ganz und gar von der Lebensrealität der Bevölkerung entrückt ist, sondern letzterer lustvoll unentwegt die Folgen ihres eigenen permanenten Versagens aufbürdet und sie mit Schikanen und Bevormundungen heimsucht.« Aus: Theo-Paul Löwengrub: Sawsan, Ricarda, Enissa & Konsorten: Berliner bffs in der linken Wohlstands-Bubble, *ANSAGE!,* 14. November 2022: https://ansage.org/sawsan-ricarda-enissa-konsorten-berliner-bffs-inder-linken-wohlstands-bubble/

ten Nationalstaat in einer New World Order/One World Order aufgeht.[101]

Die Deutschland-Hasser vollenden lediglich den 16-jährigen Auftragszyklus der Merkel-Clique als US-Statthalter zur Abwicklung des Landes. Sollten sich in den Parteiapparaten Mitglieder befinden, die die aktuelle Entwicklung intellektuell durchdringen, so dringt deren Stimme nicht nach außen. Sie sind in einer machtlosen Minderheit. Die große Mehrheit des viertklassigen Politnachwuchses hofft auf einen erfolgreichen Sprung ins hochkorrupte Milieu der Parteioligarchien, die Deutschland in geschlossenen Hinterzimmern in einen »Failed State« verwandeln. Unter den Gesichtspunkten einer demokratischen Gesellschaft sind die Staaten der EU längst Failed States. Für die EU als Bürokratiekonglomerat gilt unter Demokratiegesichtspunkten: »Failed Superstate«. Nach Abwicklung[102] der Nationalstaaten werden Bürger und Arbeiterklasse zu leibeigenen tributpflichtigen Sklaven innerhalb der angestrebten New World Order.

Aus meiner Sicht steht der Westen an der Schwelle eines internationalisierten Superfaschismus, der sich lediglich subtilerer, perfiderer und komplexerer Vorgehensweisen bedient als der »traditionelle« Faschismus mit seinen Brachialmethoden. In diesem Superfaschismus sind die USA der »Neue Führer«, unterstützt von ihren Finanzinstitutionen, dem Digital- und Pharmakomplex und vor allem dem Militär- und Geheimdienstmoloch. Sie sind das »Auge im Orkan« des *Neuen Faschismus.* Das geschichtsignorante deutsche Politestablishment könnte theoretisch wissen, dass der Weltbeherr-

---

101 Peter Orzechowski, *Durch globales Chaos in die Neue Weltordnung*, Rottenburg 2016

102 In Bezug auf die USA siehe: George Packer, *Die Abwicklung. Eine innere Geschichte des neuen Amerika*, 4. Auflage, Frankfurt am Main 2014

schungsanspruch der USA seit über 100 Jahren ganz oben auf der Agenda des Landes steht. Allein die Lektüre der Bücher Zbigniew Brzezińskis[103] müsste ausreichen, um die Gefahren zur Kenntnis zu nehmen, die mit dem Vorhaben der Weltbeherrschung verbunden sind.[104] Aber in der westlichen Welt gilt: »USA First.« Als Juniorpartner steht die EU dem US/Nato/Pentagon-Komplex mit ihrer »Global Europe Strategy«[105] zur Seite.

Wie erwähnt, sind in Deutschland die Grundfesten des Rechtsstaats zerstört.[106] Der Föderalismus als Grundprinzip des deutschen Grundgesetzes wurde ausgehebelt und verfassungsrechtlich verbriefte Bürger- und Menschenrechte wurden durch das »Vierte Gesetz zum Schutz der Bevölkerung bei einer epidemischen Lage von nationaler Tragweite« (4. Bevölkerungsschutzgesetz), das am 23. April 2021 in Kraft trat, infrage gestellt.[107] Wer die sprachliche Diktion sowie den Ungeist dieses *»Ermächtigungsgesetzes 2.0«* zur Kenntnis nimmt, erkennt unschwer die Wiederaufnahme faschistischer Traditionen. In dieser neuen Machtfülle suhlt sich das deutsche Politestablishment, zumindest aber die Exekutive als zentraler Arm des *Neuen Faschismus, der keiner sein will.*

---

103 Zbigniew Brzeziński, *Die einzige Weltmacht, Amerikas Strategie der Vorherrschaft*, Rottenburg 2015

104 Siehe hierzu Pedro Banos, *How They Rule the World. The 22 Secret Strategies of Global Power*, London 2019, S. 65ff

105 https://www.eeas.europa.eu/sites/default/files/a_global_strategy_for_the_european_union_fact_sheet.pdf

106 Siehe: Karl Albrecht Schachtschneider, *Erinnerungen ans Recht. Essays zur Politik unserer Tage*, Rottenburg 2016

107 https://www.bundesgesundheitsministerium.de/fileadmin/Dateien/3_Downloads/Gesetze_und_Verordnungen/GuV/B/4_BevSchG_BGBL.pdf; https://kenfm.de/neues-infektionsschutz-gesetz-lockdown-for-ever/

Legitimationsfrei in den Abgrund

Das Regime macht auch vor der Verwaltungsgerichtsbarkeit nicht halt und startete hier ebenfalls einen Generalangriff. Der Präsident des Düsseldorfer Verwaltungsgerichts Prof. Dr. Andreas Heusch äußerte sich bereits zuzeiten Angela Merkels wie folgt:

> »Wenn die Bundeskanzlerin es als Mehrwert sieht, dass die Verwaltungsgerichte ausgeschaltet werden, dann frage ich mich, was für ein Verständnis von Rechtsstaat sie hat.«[108]

Die Antwort ist schnell gegeben: Gar keins! Ein rechtsnihilistisches Regime will »neues Recht« schaffen, weil ihm das alte Recht Fesseln anlegt. Diese Fesseln will es abstreifen und realisiert dies mithilfe der internationalen Anwaltsindustrie – besser Anwaltsmafia mit Hunderttausenden Angestellten weltweit – über das sogenannte »Experimentelle Recht«. Das bedeutet, dass Regime, Behörden und Wirtschaft aufgrund endloser finanzieller Möglichkeiten ihre neuen rechtswidrigen Praktiken im widerrechtlichen oder rechtsfreien Raum ausüben. Sie gehen davon aus, dass sich die »Angeklagten« entweder nicht wehren können oder aber über endlose Hürden und Wohlstandsverluste durch hohe Prozesskosten vielleicht nach Jahren vor einem Gericht Recht bekommen. Dann hat man sie, wie beabsichtigt, wirtschaftlich bereits ruiniert und ihnen endlos Energie abgesaugt – das ist der Preis für ihre Widerständigkeit gegen die organisierte Politkriminalität. Da sich das Regime zudem nicht an die Grenzen des Völkerrechts hält, lautet die neue Sprachregelung im Rahmen von Nato- und

108 https://reitschuster.de/post/verwaltungsgerichtspraesident-bundesnotbremse-verfassungswidrig/

EU-Bürokratien »Rule of Law«. Ziel ist hier, das »traditionelle Recht« sowie das Völkerrecht durch ein Pseudo-Rechtssystem zu ersetzen, dessen Regeln sich die Herrschaftscliquen selbst geben.[109]

Die Rechts-, Verfassungs- und Völkerrechtsnihilisten stellen das Recht auf den Kopf und gehen sogar so weit, zum Beispiel bei Richtern Hausdurchsuchungen und Beschlagnahmen anzuordnen, wenn diese zu Urteilen gelangen, die nicht in ihr totalitäres politisches Konzept passen. Das ist im Rahmen des Corona-Regimes mehrfach geschehen.[110]

> »Der Prozess [gegen den Weimarer Familienrichter Christian Dettmar, U. M.] ist auch deshalb brisant, weil die Justiz bisher fast ausschließlich gegen Kritiker der Corona-Maßnahmen vorgeht, sowie Ärzte und Richter, die sich diesen widersetzten. Die Verantwortlichen für diese Maßnahmen schont die Justiz ebenso wie die Hetzer, die massive Vorbehalte und Hass gegen Ungeimpfte schürten.«[111]

Stellt sich die schlichte Frage: »Seit wann gehen Unterdrückungsapparate gegen sich selbst vor?« Das kann nicht erwartet werden! Hausdurchsuchungen sind generell der neue Klassiker zur Einschüchterung von Dissidenten. Während des Corona-Regimes, aber auch im Post-Corona-Regime standen bzw. stehen Einschüchterungs- und Unterdrückungsmaßnahmen ganz oben auf der Hit-

---

109 Siehe hierzu auch: Norman Paech, Gerhard Stuby, *Völkerrecht und Machtpolitik in den internationalen Beziehungen. Aktualisierte Ausgabe*, Hamburg 2013

110 https://www.tichyseinblick.de/daili-es-sentials/wir-sind-entsetzt-richter verein-sieht-hausdurchsuchung-bei-weimarer-richter-als-rechtswidrig-an/

111 https://reitschuster.de/post/schock-urteil-mutiger-maskenrichter-vonweimar-zu-zwei-jahren-haft-verurteilt/

liste der herrschaftlichen Antidemokraten und ihrer politischen Justiz.[112] Ein weiterer Klassiker ist, Dissidenten im rechtsfreien Raum formulierte Straf-/Zahlungsbefehle der Staatsanwaltschaften zuzustellen bzw. die Landesmedienanstalten wie im Falle von apolut[113] oder dem Manova-News-Vorgänger Rubikon[114] als Zensurbehörden zu missbrauchen, um so unerwünschte Publikationen mit kostenpflichtigen Abmahnungen abzustrafen. Der zensurierte Markus Fiedler schreibt:

> »Nach meiner Beobachtung geht es hier kristallklar um die Unterdrückung der freien Meinungsäußerung. Die angeblich staatsferne MABB [Medienanstalt Berlin-Brandenburg, U. M.], die sich hier wie ein Orwell'sches Wahrheitsministerium geriert, handelt eindeutig verfassungswidrig. Ziel dieses Handelns ist die Zensur regierungskritischer Publikationen.«[115]

---

112 Rudolph Bauer, Hausdurchsuchung wegen politischer Kunst, *Neue Rheinische Zeitung*, 11.08.2023: http://www.nrhz.de/flyer/beitrag.php?id=28736; https://demokratischerwiderstand.de/print/6/charaktermasken; Schock-Urteil: Mutiger Maskenrichter von Weimar zu zwei Jahren Haft verurteilt, 23.08.2023: https://reitschuster.de/post/schock-urteil-mutiger-maskenrichter-von-weimar-zu-zwei-jahren-haftverurteilt/

113 Wolfgang Effenberger, Landesmedienanstalt als neue Zensurbehörde des Politkartells?, 19.02.2021: https://apolut.net/landesmedienanstalt-als-neue-zensurbehoerde-des-politkartells/

114 Walter van Rossum, Moderne Hexenjagden, manova-news, 10.06.2023: https://www.manova.news/artikel/moderne-hexenjagden

115 Markus Fiedler, Die Landesmedienanstalt Berlin Brandenburg, 1984 und apolut, 16.08.2023: https://apolut.net/die-landes medienanstalt-berlin-brandenburg-1984-und-apolut-von-markusfiedler/

Voll ins Schema des Orwell'schen Neusprech passte auch die Äußerung des früheren deutschen Außenministers Heiko Maas, als er im Vorfeld des G7-Treffens im Juli 2021 von der Notwendigkeit einer gemeinsamen Linie »gegen autoritäre Regime in der Welt« sprach.[116] Einfach mal den Balken im eigenen Auge suchen, wäre hier die Empfehlung. Die Hasstiraden seiner Nachfolgerin Annalena Baerbock gegen Russland bleiben hier wegen ihrer intellektuellen Abgründe und ihrer tiefen Verwobenheit in den westlichen Kriegskomplex unkommentiert.

Das politische Establishment strebt auf deutschem Boden nach Hitlerfaschismus und DDR-Regime eine neue Diktatur im Rahmen der Großoperation »Global Governance« inklusive eines internationalisierten biopolitischen Sicherheitsstaates an.

Die Merkel/Schäuble/Steinmeier/Scholz/Baerbock-Connection wickelte bzw. wickelt Deutschland inklusive demokratischer Restsubstanz plus Rechtsstaat ab. Zu ihren Hilfstruppen zählen Beratungsunternehmen, internationale Anwaltskanzleien sowie das gekaperte Bundesverfassungsgericht. Aber diese »Connection« kann noch mehr: Aktuell ist sie als Hilfstruppe der US-Kriegstreiber im Rahmen der US-Weltbeherrschungsagenda unterwegs.

> »An der glühenden US-Russland-Front, wo Außenminister Sergej Lawrow den Mangel an gegenseitigem Vertrauen, ganz zu schweigen von Respekt, als viel schlimmer bezeichnet denn zu Zeiten des Kalten Krieges, stellt der Analyst Glenn Diesen fest, dass der Hegemon danach strebt, die sicherheitspolitische

---

116 https://www.welt.de/politik/ausland/plus230875409/G-7-Treffen-Eine-neue-Weltordnung-nach-Corona.html

> Abhängigkeit der Europäer in geoökonomische Loyalität umzuwandeln.«[117]

Auch das ist offensichtlich gelungen. Denn das Procedere, Demokratie und Rechtsstaat abzuwickeln, beschränkt sich nicht auf Deutschland, sondern erstreckt sich auf alle europäischen Staaten. Eines ihrer Hauptgespenster ist die Reaktivierung des Nationalstaates als Schutzraum der Bürger. Genau diesen wollen sie abschaffen, um ihr globalfaschistisches Vorhaben ins Werk setzen zu können. Und so ist es auch nur logisch, dass Herr Steinmeier – seit Jahrzehnten ein wohlwollender Freund des Großkapitals und US-amerikanischer Interessen im deutschen Polittheater – vor der Rückkehr des Horrorbildes »Nationalstaat« warnt.[118] Aber damit nicht genug, er versteht sich ganz besonders darauf, einem »Gesinnungsstaat« das Wort zu reden, um missliebige Meinungen generell ins rechte Lager zu verschieben und diese zu diskreditieren: »Dechiffriert – Hass und Hetze aus Schloss Bellevue: Steinmeier entlarvt seine Demokratie-Feindlichkeit bei Grundgesetz-Staatsakt«.[119]

---

117 Pepe Escobar, Brave New Cancel Culture World, The Saker, 01.05.2021: http://thesaker.is/brave-new-cancel-culture-world/; https://sputniknews.com/us/202103231082419948-us-hegemonydepends-on-keeping-russian-energy-chinese-technologies-awayfrom-europe-prof-says/

118 Gedenken an das Kriegsende – Steinmeier warnt vor neuem Nationalismus, 08.05.2020: https://www.handelsblatt.com/politik/deutschland/8-mai-1945-gedenken-an-das-kriegsende-steinmeier-warnt-vor-neuemnationalismus/25814490.html

119 https://rumble.com/v36t9yt-192842165.html

Hat man die Grundzüge verstanden, wie und von wem die Demokratie abgewickelt wird, schließt sich auch der Kreis zum Verständnis der sogenannten Corona-Pandemie:

Diese »Pandemie« war die »US-Operation Controlled Demolition« maßgeblich Deutschlands, aber auch ganz Europas unter der Schirmherrschaft der Globalfaschisten. Nach sich immer weiter erhärtenden Beweisen wurde ein globales Verbrechen gegen die Menschheit begangen, an dem nahezu jede Regierung, Aufsichtsbehörde, institutionelle Medienorganisation und fast alle Berufsgruppen mitschuldig sind.[120] Eines sollten wir jedoch im Auge behalten: Das Corona-Verbrechen war der multinationale Probelauf für weitere Vorhaben und Verbrechen der Akteure des Global Deep State und der mit ihm verbundenen hochkriminellen Elemente.

Die weltweite Etablierung des biopolitischen Sicherheitsstaates mit Zwangsinjektionen, Totaldigitalisierung, Geoengeneering, Smart Cities, nicht endenden Kriegen, »Strategie der Spannung«, Strategien der Lebensmittelverknappung und Logistik-Chaotisierung, Klimahysterie und vieles mehr stehen auf der dystopischen Agenda der transnationalen faschistischen Machteliten.

Aktuell ersticken die Berliner Politkaste und ihre angeschlossene Propagandameute jeden gesellschaftlichen Protest, zum Beispiel der Bauern, in ihrem »Kampf gegen rechts«. Dazu ist ihnen jede schmutzige Manipulations- und Astroturfing-Technik recht, die die breite Palette psychologischer Operationen bietet. Die größte Gefahr, die von kriminellen Politelementen und ihren medialen Schwadronen ausgeht, ist die Vorbereitung ihres Privatkrieges gegen Russland. Besoffen vor Hass gegen das eigene Land und seine Bevölkerung, elektrisiert vom Wahn, Russland und seine Ressourcen im Wege

---

[120] Siehe hierzu die Ausführungen von Marco Pizzuti im Anhang des Buches

eines »dritten Anlaufs« zu erobern, pumpen sie die Ukraine mit Waffen voll. Wie besessen folgen sie Zbigniew Brzezińskis Regieanweisung, die eurasische Platte über das Herausbrechen der Ukraine aus der russischen Interessensphäre zu erobern. Dass Deutschland nach Erstem und Zweitem Weltkrieg im heißlaufenden Dritten abermals in einen Trümmerhaufen verwandelt werden könnte, nehmen die »Neuen Faschisten, die keine sein wollen«, billigend in Kauf. In ihrer Verblendung erliegen sie der Illusion, selbst ungeschoren davon zu kommen. Den Angriff, den Russland auf eines der Mitglieder der transatlantischen »Wertegemeinschaft« führen wird, erwartet der deutsche Hellseher und Kriegsminister Boris Pistorius innerhalb der kommenden fünf bis acht Jahre. Die Operation unter falscher Flagge, die den »all-out« Krieg der Guten gegen das Reich des Bösen auslösen soll, dürfte längst in den Schubladen der Nato liegen. Dann können die Kriegsenthusiasten erneut jubeln: »Seit 5 Uhr 45 wird jetzt zurückgeschossen.«

LOST FOR
WORDS

DER TOTALE UMBAU

»Wer aber vom Kapitalismus nicht reden will,
sollte auch vom Faschismus schweigen.«

MAX HORKHEIMER

»Souverän ist, wer über den Ausnahmezustand entscheidet.«[121]

CARL SCHMITT

Im Ausnahmezustand haben die Herrschenden
den Bürgern die Abwehrrechte gegen den Staat entzogen.

ULLRICH MIES

Der totale Umbau der Gesellschaft erfolgte so unterschwellig, dass ihn die Mehrheitsbevölkerung gar nicht wahrnahm. Da kann man den globalfaschistischen Tätern eigentlich nur zurufen: Hut ab! Perfekt eingestielt! Unter dem Vorwand, den Planeten retten zu wollen, haben die Globalfaschisten unter Führung der USA stets nur ein einziges Ziel vor Augen: sich selbst und damit das globale kapitalistische System zu retten. Mit zunehmender Zentralisierung fällt

121 Carl Schmitt, *Politische Theologie. Vier Kapitel zur Lehre von der Souveränität*, 11. korrigierte Auflage, Berlin 2021, S. 13

es Ihnen leichter, dieses Ziel umzusetzen. Daher wollen die Täter die europäischen Nationalstaaten zersetzen und später in der Neuen Weltordnung aufgehen lassen. Doch damit nicht genug. Sie wollen zudem Russland und China erobern und beiden in der angestrebten unipolaren Weltordnung den eigenen Willen aufzwingen.

Darüber hinaus wollen die Globalfaschisten nicht nur die Natur, sondern ebenfalls den Menschen für ihr neues Profitregime[122] kommerzialisieren – bis hinein in die Zelle und das menschliche Genom. Eine Strategie bleibt dabei allerdings beim Alten: Alle von ihnen angerichteten Schäden werden sie weiterhin – wie bei »Bankenrettungen« vorexerziert – auf die Völker übertragen und diese zur Kasse bitten. Die völlige Kommerzialisierung des Menschen lässt sich nur in einem Gewaltregime neuer Prägung umsetzen, das den alten, seit Jahrhunderten bekannten Gewaltapparaten – Militär, Geheimdiensten und Polizeiapparaten – neue hinzufügt. Vor allem muss dieses Gewaltregime sicherstellen, dass die meisten Menschen es aufgrund seiner schleichenden krebsartigen Wucherungen nicht als neues, subtiles und ausgefeilteres Gewaltregime erkennen. Wie es aktuell aussieht, scheint ihnen auch das zu gelingen.

In diesem Gewaltregime neuer Prägung betritt der »traditionelle«, überwunden geglaubte (nationale) Faschismus in neuem Gewande die politische Bühne, als *international mutierter,* neuer *westlicher Faschismus mit Globalanspruch.* In dieser Mutation ist er ein *Neuer Faschismus,* der behauptet, keiner zu sein, während er jedoch viele Elemente des »traditionellen« enthält, einige gar nicht vorhanden sind sowie neue unbekannte hinzukommen.[123] Die Menschheit lebt aktuell in einer Übergangsphase, in den Worten des World Eco-

---

122 Hannes Hofbauer, Andrea Komlosy, *Neues Akkumulationsmodell,* a. a. O.

123 Siehe hierzu die Tabelle: traditioneller Faschismus vs. Neuer Faschismus

nomic Forum war die Corona-Krise folgerichtig das *window of opportunity*. Der totale Umbau der Nationalstaaten kann nur mit drakonisch-diktatorischen Maßnahmen zum Schaden der Völker umgesetzt werden, die der Menschheit jedoch als vernünftig, geboten, ja sogar zwingend erforderlich »verkauft« werden. Fakt ist, dass dieser von den Entscheidungszentren des Tiefen Staates vorangetriebene Transformationsprozess niemals auf der Grundlage demokratischer Prinzipien erfolgen kann.

Die Akteure des Tiefen Staates planten lange vor 2020, wohin die Reise gehen sollte, die zahllosen Agenden der Ära vor Corona sind ein Beweis hierfür. Sie haben die Corona-Krise lediglich dazu instrumentalisiert, um über Ausnahmezustände[124], Lockdowns und Infektionsschutzgesetze die Rest-Substanz der westlichen Demokratien »nachhaltig« abzuräumen. Der Ausnahmezustand soll diktatorischer Dauerzustand in der *Neuen Normalität* werden. Die westlichen Demokratien sollen von einer totalitär-dystopisch-technofeudalen Ordnung abgelöst werden.

Seit jeher wissen die Mächtigen, dass sich eine verängstigte, gespaltene, chaotisierte Gesellschaft gut beherrschen lässt. Die sogenannte breite Masse ist – seit Jahrhunderten – manipulierbarer Spielball der Mächtigen, läuft sogar aufgehetzt ins eigene Verderben, indem sie willig in inszenierte Kriege zieht. Voltaire lässt grüßen:

> »Überall verwünschen die Schwachen die Mächtigen, und doch kriechen sie vor ihnen, und die Starken wiederum behandeln jene wie eine Hammelherde, deren Fleisch und Wolle man verschachert.«[125]

124 Giorgio Agamben, *Ausnahmezustand*, Frankfurt 2004

125 Voltaire, *Candide oder der Optimismus*, München, 2005; hier: 20. Kapitel: »Was Candide und Martin auf dem Meere widerfuhr«, S. 103

Um den (transatlantischen) Kapitalismus zu erhalten, müssen sich ganze Heere an Funktionseliten über viele Jahre hinweg gefragt haben: »Was müssen wir tun, um den Kapitalismus zu retten und unsere Herrschaft als System des Herr-Knecht-Verhältnisses nicht als Neuauflage des Faschismus erscheinen zu lassen?« Und die Antwort konnte nur lauten: »Wir müssen als seine Negation erscheinen.«

Dem bekannten politisch engagierten italienischen Schriftsteller Ignazio Silone (1900–1978) wird folgendes Zitat zugeschrieben:

> »Wenn der Faschismus wiederkehrt, wird er nicht sagen: ›Ich bin der Faschismus.‹ Nein, er wird sagen: ›Ich bin der Antifaschismus.‹«[126]

Nach all seinem Terror und all seinen Verbrechen war klar: Der Faschismus konnte nie wieder im alten Gewande auftreten. Er musste seine Methoden und Verfahren vollkommen wandeln, um erneut die Herrschaft an sich zu reißen. *Der Neue Faschismus, der keiner sein will,* ist die totale Herrschaft, die »von oben« über die Menschheit kommt, über Konzerne und *privatisierte* Regierungen, internationale Institutionen etc., deren Vertreter von keinem Volk dieser Erde demokratisch legitimiert wurden. Um die Menschen zu verwirren und die totalitäre Agenda voranzutreiben, mussten zahlreiche Begriffe auf den Kopf gestellt und mit neuen propagandistischen Botschaften verknüpft werden. In Deutschland nahmen die totalitären Entwicklungen nach der Wende verstärkt seit den Bankenpleiten 2008 nochmals an Fahrt auf und die alten Begriffe mussten durch neue ersetzt werden oder eine totale Wandlung erfahren. In jedem Fall mussten sie fortschrittlich erscheinen.

126 Siehe auch: Ignazio Silone, *Der Fascismus. Seine Entstehung und seine Entwicklung*, (Original 1934), Frankfurt 1978

Aus:

- dem Nationalismus wurde der Internationalismus,
- Fremdenhass und Rassismus ➢ der Multikulturalismus,
- dem Krieg ➢ die Humanitäre Intervention,
- dem Kapitalismus ➢ die Vierte Industrielle Revolution und der Green New Deal,
- der parlamentarischen Demokratie ➢ die gefestigte Demokratie,
- den Kapitaldemokratien ➢ der Stakeholder-Kapitalismus,
- dem Regieren in den Grenzen der Verfassung ➢ der Ausnahmezustand zum Wohl aller,
- dem Recht➢ das experimentelle Recht,
- dem Völkerrecht ➢ die regelbasierte Ordnung,
- kritischer polit-ökonomischer Analyse ➢ Fakten-Checking und Wokeness,
- dem Faktischen ➢ die Regierungswahrheit[127],
- Systemkritikern ➢ Verschwörungstheoretiker und Antisemiten,
- dem Humanismus ➢ der Transhumanismus zur Optimierung des Menschen,
- der Gesellschaft ➢ das auf sich gestellte autonome Individuum[128],
- der Familie ➢ die Patchwork-Family,
- der Zweigeschlechtlichkeit ➢ der Transgenderismus.

Auch der Nationalstaat soll demnächst abgeräumt und von der Global Governance und diese letztlich von einer Weltregierung, der angestrebten New World Order (Global Government), abgelöst werden. Die bisherigen nationalen Regierungen sollen die Direktiven der New World Order in den einzelnen Staaten durchsetzen und fungieren sodann als privatisierte Repressionsregime der internationalen Konzernwirtschaft. Das Privateigentum soll der Vergangenheit angehören und die Enteignung den Besitzlosen Glück brin-

127 realiter das Postfaktische, Kontrafaktische

128 also der atomisierte und isolierte Einzelmensch im Homeoffice

gen: »Du besitzt nichts und bist glücklich.« Aus den Bürgern sollen zugerichtete Unterstützer des biopolitischen Sicherheitsstaates werden[129], Kinder und Jugendliche zu Kompetenzträgern[130] des Systems.

Die westlichen Regierungen haben die Plandemie als »Window of Opportunity« dazu benutzt, die Reste der Demokratie abzuschaffen, und den Zivilgesellschaften den Krieg erklärt. Der Ausnahmezustand wurde zur Regel des Regierens. Ein Blick in die Geschichte zeigt, dass repressive Gesetze von denjenigen, die sie erlassen haben, noch nie zurückgenommen wurden. In den USA haben beispielsweise der Patriot Act vom 26. Oktober 2001 – als Folge von 9/11 – und die Errichtung des Department of Homeland Security – eines »zweiten Pentagon« nach innen – die Bürgerrechte größtenteils bis heute außer Kraft gesetzt. Auch in Deutschland versetzte die Merkel-Regierung am 28. März 2020 mit dem »Gesetz zum Schutz der Bevölkerung bei einer epidemischen Lage von nationaler Tragweite«[131] Deutschland in den Ausnahmezustand, kurz nachdem die WHO am 11. März 2020 eine Pandemie ausgerufen hatte. Das »4. Bevölkerungsschutzgesetz« trat als »Viertes Gesetz zum Schutz der Bevölkerung bei einer epidemischen Lage von nationaler Tragweite« am 23. April 2021 in Kraft.[132] Der Ausnahmezustand ist das

---

129 also der idiotisierte, leibeigene Untertan

130 gehirngewaschene »Kompetenzträger«

131 »Gesetz zum Schutz der Bevölkerung bei einer epidemischen Lage von nationaler Tragweite« vom 27. März 2020: (BGBl. I S. 587); https://de.wikipedia.org/wiki/Gesetz_zum_Schutz_der_Bevölkerung_bei_einer_epidemischen_Lage_von_nationaler_Tragweite

132 https://www.bundesgesundheitsministerium.de/fileadmin/Dateien/3_Downloads/Gesetze_und_Verordnungen/GuV/B/4_BevSchG_BGBL.pdf https://www.bundesgesundheitsministerium.de/service/gesetze-und-verordnungen/guv-19-lp/4-bevschg-faq.html

endgültige Ende der Demokratie und der Übergang in ein offenes Gewaltregime. Zum Ausnahmezustand äußerte sich der deutsche Jurist Carl Schmitt (1888–1985) sehr treffend wie folgt:

> »Der Ausnahmefall offenbart das Wesen der staatlichen Autorität am klarsten. Hier sondert sich die Entscheidung von der Rechtsnorm, und (um es paradox zu formulieren) die Autorität beweist, dass sie, um Recht zu schaffen, nicht Recht zu haben braucht.«[133]

Wachsame Beobachter der politischen Entwicklungen bemerken die Absicht des bewusst gewählten Begriffs »4. Bevölkerungsschutzgesetz«. Diese Sprachregelung erinnert an Formulierungen des Hitler-Faschismus. De facto handelt es sich bei dem »4. Bevölkerungsschutzgesetz« um ein Ermächtigungsgesetz, das die Menschen- und Bürgerrechte einschließlich des Rechtes auf körperliche Unversehrtheit und den Schutz der Wohnung einschränkt bzw. aushebelt, wobei die Worte »wird ermächtigt« in dem Gesetz vielfach vorkommen. Das neue Willkürgesetz ermöglicht – nach erneuter Feststellung einer »epidemischen/pandemischen« Lage – jederzeit die Fortsetzung von Lockdowns und damit die Drangsalierung und Terrorisierung der Bevölkerung, inklusive der Implementierung von Impf-Regimen. Die zeitliche Beschränkung des »4. Bevölkerungsschutzgesetzes« ändert nichts daran, dass jede Regierungskoalition in Deutschland nunmehr ein machtvolles Repressionsinstrumentarium reaktivieren kann, wenn die WHO eine pandemische Lage ausruft.

Mit dem Argument der »Virus-Abwehrschlacht« zielten die Merkel-Putschisten jedoch auf die körperliche Unversehrtheit der

133 Giorgio Agamben, *An welchem Punkt stehen wir? Die Epidemie als Politik*, Wien, Berlin 2021, S. 19

Menschen. Denn das »4. Bevölkerungsschutzgesetz« erwies sich als ein Projekt zur Schwächung der »Volksgesundheit«: durch verordneten Bewegungsmangel, soziale Distanzierung und Isolierung, Hygieneterror, Schulschließungen, psychische Unterdrückung, permanente Stresserzeugung, Verbot sozialer Kontakte, Verbot von Sportereignissen, der Unterdrückung jedweder Kultur und politischen Betätigung, kurz aller Freuden des Lebens. Im Kern ging und geht es auch um die Abschaffung des gesamten öffentlichen Raumes![134]

> »Noch nie in der Geschichte – auch nicht während des Faschismus und der beiden Weltkriege – hatten die Freiheitsbeschränkungen ein solches Ausmaß angenommen. Nicht nur werden die Menschen in ihren Häusern isoliert, aller sozialen Beziehungen beraubt und auf das rein biologische Überleben reduziert, [...].«[135]

Der italienische Philosoph und Buchautor Giorgio Agamben nimmt in seinem Werk *Ausnahmezustand* dazu wie folgt Stellung:

> »Der Ausdruck ›Vollmacht‹, mit dem man manchmal den Ausnahmezustand charakterisiert, bezieht sich auf die Ausdehnung der Regierungsbefugnisse und insbesondere darauf, dass der Exekutive die Befugnis zu Erlassen erteilt wird, die Gesetzeskraft haben.«[136]

Darüber, dass das Regime die Gewaltenteilung aufhebt und Legis-

---

[134] Ebd., S. 29

[135] Ebd., S. 59, siehe auch S. 90

[136] Giorgio Agamben, *Ausnahmezustand*, Frankfurt 2004, S. 12

lative, Exekutive und Judikative immer mehr zusammenwachsen, schreibt Agamben:

> »Einer der wesentlichen Züge des Ausnahmezustandes – die vorübergehende Abschaffung der Unterscheidung zwischen Legislative, Exekutive und Jurisdiktion – zeigt hier die Tendenz, sich in eine ständige Praxis des Regierens zu verwandeln.«[137]

Agamben zitiert den deutsch-amerikanischen Politikwissenschaftler Carl Joachim Friedrich, für den dann der Schritt in ein totalitäres System nicht mehr fern ist:

> »›Daraus folgt, dass all diese Institutionen Gefahr laufen, sich in totalitäre Systeme zu verwandeln, wenn sich die Bedingungen dafür als günstig erweisen‹.«[138]

Allmächtige Exekutive

Auch das Hitlerregime hat am 28. Februar 1933 über eine Notverordnung »zum Schutz von Volk und Staat« die Weimarer Verfassung komplett außer Kraft gesetzt. Laut Giorgio Agamben dauerte dieser Ausnahmezustand insgesamt zwölf Jahre, also bis zum Ende des Zweiten Weltkriegs.

»Kaum hatte Hitler die Macht ergriffen (oder wie man genauer

---

137 Ebd., S. 14

138 C. G. Friedrich, *Constitutional Government and Democracy*, 2. revidierte Auflage, Boston: Ginn 1950, S. 828, zit. bei: Giorgio Agamben, a. a. O., S. 14

sagen müsste, kaum hatte man ihm die Macht anvertraut), da erließ er am 28. Februar 1933 die Notverordnung »zum Schutz von Volk und Staat«, die alle Artikel der Weimarer Verfassung, die sich auf die individuellen Freiheitsrechte bezogen, außer Kraft setzte. Die Notverordnung wurde nie widerrufen, so dass man das Dritte Reich vom juristischen Standpunkt aus als Ausnahmezustand betrachten kann, der sich zwölf Jahre lang hinzog.«[139]

Während Hitler sein verbrecherisches Regime legal antrat, erfolgte am 28. März 2020 in Deutschland unter Merkel ein Staatsstreich hinter dem Theatervorhang einer vorgegaukelten Pandemie. Das Merkel-Putschregime zerstörte seitdem das deutsche Grundgesetz scheibchenweise immer weiter. Es hebelte die Verwaltungsgerichtsbarkeit aus, besetzte Staatsanwaltschaften und Gerichte mit eigenen Hofschranzen und Ideologen oder hatte diese bereits besetzt – ebenso wie alle wichtigen Verwaltungsposten in den Bürokratien – und zerstörte den Föderalismus als wesentliche Grundlage des deutschen Grundgesetzes. Und dieses Erbe trat sodann die sogenannte Ampelregierung unter Bundeskanzler Scholz an und setzt als »Unterabteilung« eines großen Ganzen, das Paul Cudenec als die Weltherrschaft der »Criminocrats« bezeichnet, den antidemokratischen Amoklauf fort.

»Es ist wichtig, laut und deutlich zu sagen, dass ein einziges weltweites kriminelles Netzwerk, die Kriminokratie, hinter den Kulissen alles steuert, vom WEF bis zur WHO, von der UNO bis zur EU, von BlackRock bis zur Weltbank.«[140]

---

139 Giorgio Agamben, *Ausnahmezustand*, Frankfurt 2004, S. 8

140 https://paulcudenec.substack.com/p/converging-against-thecriminocrats?utm_source=post-email-title&publication_id=1181838&

Kennzeichnend für beide deutschen Regime ist die Kaperung der Volkssouveränität durch die Exekutive und ihre vollumfängliche Auslöschung in der Staatsräson. Hier hat das Merkel-Regime aus den vielfältigen Erfahrungen des »War on Terror« und dem Patriot Act der USA gelernt. Die Herrschaftscliquen des Westens haben mit »War on Terror« und (Corona-)Ausnahmezustand eine Lage geschaffen, »... in welcher der Notfall zur Regel geworden ist und in der eben jene Unterscheidung zwischen Frieden und Krieg (und zwischen Krieg nach außen und weltweitem Bürgerkrieg) sich als unmöglich erweist«[141]. *Im Ausnahmezustand haben die Herrschaftscliquen den Bürgern die Abwehrrechte gegen den Staat entzogen.* Die Herrschaftscliquen haben den Völkern den Fehdehandschuh des Bürgerkriegs vor die Füße geworfen – nur die meisten haben es immer noch nicht verstanden.

Kooperation mit globalen Playern

Im Laufe der letzten Jahrzehnte hat sich in den westlichen Staaten eine transnationale, bestens vernetzte Kaste herausgebildet, die den kritisch denkenden Teil der Zivilgesellschaften als Gefahr für ihre Macht erkannt hat und diesen mit allen verbrecherischen Mitteln bis aufs Blut bekämpft. Der neue Totalitarismus entfaltet sich daher nicht nur in Deutschland, sondern erfolgt in enger Kooperation mit den maßgeblichen Playern des Tiefen Staates. Kennzeichen dieser transnational abgestimmten Kooperation ist *auch* die Zerstörung der gesamten Rechtskultur, das heißt, sobald Gerichte Praktiken der

post_id=136936225&utm_campaign=email-post-title&isFreemail=true&r=a20ej&utm_medium=email

141 Giorgio Agamben, *An welchem Punkt stehen wir?*, a. a. O., S. 32

Exekutive für rechtswidrig erklären, schlägt die Exekutive sofort erneut zu. Entweder schert sie sich gar nicht um die Urteile, passt die Gesetze anschließend an, um Gerichtsurteile auf diese Weise auszuhebeln[142], oder terrorisiert gleich, wie in Deutschland geschehen, Richter mit staatsanwaltschaftlichen Ermittlungen[143].[144] Das ist nur eine Komponente des totalitären Herrschaftsterrors.

Das fundamental Neue an der aufziehenden Dritten Deutschen Diktatur ist das jederzeit aktivierbare und eskalierbare Infektionsregime. Covid-19 war der ausgerufene Bürgerkrieg im Weltmaßstab, der jederzeit um neue Varianten erweitert werden kann. Gestern Covid-19, morgen mutierte Influenzaviren, übermorgen vielleicht ein »Biological-Warfare«-Angriff. Der niemals endende »War on Terror« wurde im März 2020 um den weltweiten »War on Infection« – in die Gesellschaften hinein – erweitert. Dieser »War on Infection« ist der erklärte Bürgerkrieg gegen die gesamte Menschheit.

> »Es wundert nicht, dass man in Bezug auf das Virus von einem Krieg spricht. Die Notmaßnahmen zwingen uns de facto, unter Bedingungen der Ausgangssperre zu leben. Nur ist es ein Krieg mit einem unsichtbaren Feind, der sich in jedem Menschen ein-

---

142 Siehe hierzu: Casey Koneth, »Die internationale Offensive der Anwälte. Die Abschaffung der Menschenrechte geschieht weltweit nach den immer gleichen Mustern«, in: Demokratischer Widerstand, No. 47, 15. Mai 2021, Seite 5

143 https://corona-transition.org/hausdurchsuchung-bei-weimarer-familien richter

144 Siehe hierzu auch: Giorgio Agamben, *An welchem Punkt stehen wir?*, a. a. O., S. 55f

> nisten kann, der absurdeste aller Kriege. Es ist in Wahrheit ein Bürgerkrieg.«[145]

Wie erlebt war die Corona-Krise noch nicht beendet, da hoben die Herrschaftscliquen und ihre medialen Bürgerkriegs-Agenturen den Ukraine-Krieg, die Klimaerwärmung, die Hitzekatastrophe ganz oben auf ihre Propaganda-Agenda und eskalierten zudem den Woke-Irrsinn[146].

Fließende Grenzen

In allen kollabierten westlichen Demokratien ist die Tendenz zu beobachten, den Ausnahmezustand durch »… eine beispiellose Ausweitung des Sicherheitsparadigmas als normale Technik des Regierens« zu komplettieren.[147]

> »Angesichts der unaufhaltsamen Steigerung dessen, was als ›weltweiter Bürgerkrieg‹ bestimmt worden ist, erweist sich der Ausnahmezustand in der Politik der Gegenwart immer mehr als das herrschende Paradigma des Regierens. Diese Verschiebung von einer ausnahmsweise ergriffenen provisorischen Maßnahme zu einer *Technik des Regierens* droht die Struktur und den Sinn der traditionellen Unterscheidung der Verfassungsformen radikal zu verändern – und hat es tatsächlich schon merklich getan. Der Ausnahmezustand erweist sich in dieser Hinsicht als eine

---

145 Giorgio Agamben, *An welchem Punkt stehen wir? Die Epidemie als Politik*, Wien, Berlin 2021, S. 28

146 Siehe Unterkapitel: »Wokeness – Projekt zur Ablenkung und Umerziehung«

147 Giorgio Agamben, *Ausnahmezustand*, a. a. O., S. 22

> Schwelle der Unbestimmtheit zwischen Demokratie und Absolutismus.«[148]

Die Grenzen zwischen den Resten der Demokratie und dem totalitären Staat werden fließend. Die Corona-Krise hat einen ideologischen Kampf *im Weltmaßstab* entfacht, zwischen »nationalstaatlicher Demokratisierung« versus »totalitärer Zentralisierung«. Dabei bedienen sich die Fürsprecher der Zentralisierung aller schmutzigen Manipulationstechniken und psychologischer Operationen als Teil ihrer Kriegführung.

Das übergeordnete Ziel dieser Zentralisierung ist The Great Reset, die Große Transformation, das heißt die Vierte Industrielle Revolution im Herzen Europas und weltweit.

> »Die herrschenden Mächte unserer Zeit haben die Paradigmen der bürgerlichen Demokratien mit ihren Rechten, Parlamenten und Verfassungen völlig aufgegeben, um sie durch neue Dispositive zu ersetzen, deren Umrisse wir erst erahnen und die wahrscheinlich selbst ihre Architekten noch nicht deutlich erkennen können. Die große Transformation, die sie durchzusetzen versuchen, zeichnet sich dadurch aus, dass sie nicht auf einer neuen gesetzlichen Ordnung gründet, sondern dem Ausnahmezustand, das heißt aus der vorbehaltlosen Aufhebung jeglicher verfassungsrechtlichen Garantie hervorgeht.«[149]

> »Der Ausnahmezustand stellt das juristisch-politische und die

148 Ebd., S. 9; Hervorhebung durch den Autor

149 Giorgio Agamben, *An welchem Punkt stehen wir? Die Epidemie als Politik*, Wien, Berlin 2021, S. 8

Wissenschaft das religiöse Dispositiv der großen Transformation dar.«[150]

Vor allem hat die Corona-Krise gezeigt, dass die herrschenden westlichen Politkasten auf einen seit 1945 nicht erreichten ethisch-moralischen Verwahrlosungszustand herabgesunken sind, zum integralen Player des totalitären Globalen Tiefen Staates sowie zu offenen Feinden der Bürgerdemokratie und des Verfassungsstaates mutierten.

Kein noch so schlimmer Notstand – *und die Corona-Krise gehört ganz sicher nicht dazu* – rechtfertigt den Bruch mit Menschenrechten und Grundgesetz, die für genau diese Krisenfälle geschaffen wurden und nicht für wohlmeinende Festreden.

Wokeness – Projekt zur Ablenkung und Umerziehung

Die Verfasser des Dudens definieren Wokeness als hohe Sensibilität unter anderem für rassistische, sexistische Diskrimierung und soziale Ungleichheit. Eine vergleichbare Definition findet sich im Gabler Wirtschaftslexikon. Dort heißt es: »Wokeness ist die Haltung und Bewertung der Wachheit und Wachsamkeit. Man verfolgt aufmerksam das Geschehen in der Welt und will Antisemitismus, Rassismus, Sexismus, Gewalt, Umweltzerstörung, Massentierhaltung und andere Übel daraus entfernen, indem man seine Stimme erhebt, in den Massenmedien und den sozialen Medien, auf der Straße und auf den Plätzen, in Schulen, Hochschulen und Unternehmen. Im Englischen bedeutet ›to be woke‹, ›wachsam zu sein‹ gegenüber Ungerechtigkeiten aller Art.«[151]

---

150 Ebd. S. 11

151 https://wirtschaftslexikon.gabler.de/definition/wokeness-123231

Es dürfte schwerfallen, gegen die Haltung der sensiblen Wachsamkeit stichhaltige Einwände zu formulieren. Wer will schon abgestumpft und unempfänglich für das Leid seiner Mitwelt durchs Leben gehen? Doch genau darin liegt die Verführungskraft dieses Begriffs. Der vermeintlich »liberale Staat« hat diese Lebenshaltung als neue »Staatsreligion« für sich gekapert und missbraucht Wokeness zunehmend als Umerziehungsprojekt. Dadurch bringt sich der repressive Staat unter dem Deckmantel fortschrittlicher Gesinnung in Stellung, um Schwule, Lesben, Antirassisten, Antifaschisten und Umweltschützer in sein Projekt der Umerziehung einzubinden oder sie ihrer Autonomie zu berauben. Er vereinnahmt diese Bewegungen, indem er sie unter seine Kontrolle zwingt, zum Teil auch finanziert. Das hat er mit vielen anderen fortschrittlichen Bewegungen und deren Ideen bereits getan. Das Totalitäre an dieser Art staatlich kontrollierter, vermeintlicher Fortschrittlichkeit ist, dass der Staat andere Weltanschauungen gar nicht mehr zulässt, Wokeness totalitarisiert und so die Gleichschaltung befördert. Da, wo der Staat aktiv ist, sind die Kirchen nicht weit.[152] Wer die Zwangsregie nicht mitmacht, wird bestenfalls marginalisiert, seiner Existenz beraubt – das heißt sozial ins Abseits gestellt. Die dogmatische Sekte der Woke-Bewegung kennt keine Gnade und weiß sich stets im Recht, egal zu welchen Hassausbrüchen und Rechtsbrüchen sie sich hinreißen lässt. Alles dient dem »Kampf gegen Rechts«. Zwar bejubeln die Wokeness-Anhänger ihren eigenen Anti-Rassismus, betätigen sich jedoch selbst als Rassisten. Dass sie ihrerseits Hass säen und Menschen ausgrenzen, scheint sie – trotz aller Wachheit – nicht zu verunsichern. Beispielhaft seien nur Einladungen zu Partys erwähnt, an denen sogenannte cis-Männer, das heißt heterosexuelle Männer, explizit nicht teilnehmen dürfen.

---

152 Aischa Schluter, Die Kirche der Wokeness, 30. Juni 2023: https://ansage.org/die-kirche-der-wokeness/

An die Anfänge der Wokeness erinnern sich sicher viele. Wer hat sich nicht auf die Seite der Black-Lives-Matter-Bewegung gestellt? Sie machte allzu deutlich, wie es um den Rassismus in den USA bestellt ist. Auch mit der MeeToo-Bewegung konnten sich vermutlich viele Frauen solidarisieren, denn dieses Thema ist kein Spezifikum der US-Gesellschaft. Welche Kapitalinteressen sich hinter diesen Bewegungen verbergen, hat Ernst Wolff beschrieben:

> »Genau hier kommt die Woke-Agenda ins Spiel. Sie funktioniert, indem sie die Interessen gesellschaftlicher Minderheiten aufgreift, sie bis ins Groteske übertreibt und dann als Druckmittel gegen einzelne Personen oder ganze Bevölkerungsteile nutzt. Ein kurzer Blick auf die Geschichte der Bewegung zeigt, dass sie von mächtigen Kräften ins Leben gerufen wurde. Begonnen hat sie mit Black Lives Matter, einer vermeintlichen Bürgerrechtsbewegung, deren Unterorganisationen zwischen 2016 und 2022 allein von der Ford-Stiftung 100 Millionen Dollar erhalten haben und zu deren Geldgebern unter anderen Microsoft, IBM, Cisco, Softbank, Uber, Reddit, Shopify, Comcast, Paypal, Ben & Jerry's und Tiktok zählen. Später kam es dann zur MeToo-Bewegung, deren zahlreiche Stiftungen zweistellige Millionenbeträge einnahmen und zu deren Großspendern neben Google und dem Fernsehsender CBS ebenfalls die Ford-Stiftung gehört. Inzwischen ist es um Black Lives Matter und MeToo etwas stiller geworden. Das hat seinen Grund, denn inzwischen dürfte die LGBTQ+-Bewegung die wichtigste Rolle innerhalb der Woke-Agenda spielen.[153]

Dass die Agenda der US-Regierung zwar aufging, die Wokeness-

153 Ernst Wolff, Wer steckt hinter der Woke-Agenda?, apolut.net, 26.06.2023: https://apolut.net/wer-steckt-hinter-der-woke-agenda-von-ernst-wolff/

Bewegung jedoch nicht zu höherer Toleranz im gesellschaftlichen Miteinander führte, sondern die verschiedenen ethnischen Gruppen innerhalb der USA noch weiter voneinander entfernte, beschreibt Guido Giacomo Preparata:

> »Das suprematistische Geschwätz eines kriegstreiberischen Patriotismus ist nach wie vor fest in der ersten Reihe der US-Politik verankert; die verschiedenen ethnischen Gruppen Amerikas leben immer weiter voneinander entfernt; das gesamte schwarze Amerika steht richtungslos und kaum weniger ghettoisiert da als noch vor 30 Jahren; und eine allgemeine Nachsicht mit dem gutmütigen Umgangston am Arbeitsplatz und anderswo verdeckt die sprachlosen und unsympathischen Lücken, die durch die systematische Durchsetzung solcher Praktiken in das Netz der sozialen Beziehungen gerissen wurden. Anstatt zu versuchen, direkt miteinander zu sprechen und eine Beziehung aufzubauen, die auf Affinitäten beruht – Bindungen, die nicht durch die Sorge um rassische Zugehörigkeit oder sexuelle Neigungen beeinträchtigt werden –, haben die Amerikaner alle Rollen in einem neuen Psychodrama erhalten.«[154]

Lehrende aus Schulen und Universitäten zu »entfernen«, die sich nicht Wokeness-gerecht verhalten, erinnert an dunkle Phasen der deutschen Geschichte. Diese »Säuberungen« gab es in allen geschichtlichen Epochen, sie waren nie etwas anderes als Staatster-

---

154 Siehe hierzu: Guido Giacomo Preparata, On the Science of Discord The »Diabolic« Idiom of French Postmodernism and the »Politics of Diversity« in America: https://www.researchgate.net/publication/309448632_On_the_Science_of_Discord_The_Diabolic_Idiom_of_French_Postmodernism_and_the_Politics_of_Diversity_in_America

ror, egal in welchem Gewande sie daherkamen, ob als fromm, politisch korrekt, antirassistisch oder antifaschistisch getarnt. Die innere Logik des woken Staatsterrors erschließt sich dann, wenn man begreift, wozu Wokeness instrumentalisiert wird: Sie dient zum einen Kapitalinteressen, zum anderen soll sie die Gesellschaft auf ein absolut konformes Denken festlegen. Damit wird sie zu einem faschistoiden innerstaatlichen Kampf- und Disziplinierungsinstrument.

Ein Unternehmen, das sich für Frauen-, Schwulen- und Lesbenrechte, für Farbige, Diverse etc. einsetzt, kann doch nicht reaktionär sein – oder? Umgekehrt wird ein Schuh daraus: Der Kapitalismus hat es verstanden, Minderheiten in seine Verwertungsinteressen einzubinden. Früher war das anders, da waren Rassendiskriminierung und Apartheid integraler Bestandteil des neokolonialen kapitalistischen Projekts. Diese Zeiten sind abgelaufen, der Kapitalismus musste sich an die neuen gesellschaftlichen Bedingungen anpassen und die Großkonzerne in Verbindung mit dem Staat sind nun die Vorreiter der neuen Wokeness-Bewegung. Fakt ist, nahezu alle Konzerne beteiligen sich am verordneten autoritären Kulturwandel unter dem Signum einer »Human Rights Campaign«[155]. Anders ausgedrückt: Die Wokeness dient Großkonzernen und Regierungen dazu, sich als weltweite Menschenrechtsretter zu positionieren.[156] Dass sie das Gegenteil sind, zeigt ihre transhumanistische Agenda. Das angepeilte Ziel der politischen Kaste ist deutlich: Sie will von den gigantischen Problemlagen ablenken, die sie permanent hervorbringt. Zu diesem Zweck fordert sie nach innen maximale Konformität ein bei gleichzeitiger Produktion von Verunsicherung und Verwirrung.

155 https://www.hrc.org/about/corporate-partners

156 Guido Giacomo Preparata, a. a. O., S. 4 des Manuskripts

Die Wokeness gerät spätestens dann auf die gefährlich schiefe Ebene des Staatsterrors, wenn sie einen Kulturkrieg befördert, der zudem mit brachialen Mitteln durchgesetzt wird. Die bereits erwähnten »Säuberungen« an den Hochschulen bis hin zur Existenzvernichtung nicht-Wokeness-konformer Professoren oder Dozenten sprechen hier Bände. Viele sind bereits unter die Räder des modernen Staatsterrors geraten. Wokeness ist vor allem ein (wieder einmal aus den USA stammendes) Propagandaprogramm, um vornehmlich linke Milieus einzufangen, zu beschäftigen, ihre Energien zu absorbieren und von den fundamentalen Machtfragen wegzulenken. Der ehemals kritische Geist der Linken blieb auf dem Weg in die Wokeness-Bewegung komplett auf der Strecke, ja setzte eigentlich nur den intellektuellen Totalkollaps im Zusammenhang mit der Aufarbeitung der Ereignisse um 9/11 fort. Bereits damals, nach 2001, ignorierte sie die totalen Veränderungen der innenpolitischen Verhältnisse in den USA[157] Richtung Diktatur und des »War on Terror« als Resultat von 9/11.

In der Konsequenz wurde Wokeness zu einer faschistoiden Hilfsideologie zur Rettung des angeschlagenen Kapitalismus und seiner Herrschaftsfraktionen. Auch die linken Parteien Europas haben sich zu Trittbrettfahrern der kapitalkonformen Wokeness-Ideologie gemacht, was sie noch teuer zu stehen kommen wird. Auf ihrem Irrweg der Wokeness hat sich die Linke von ihrer Beschäftigung mit polit-ökonomischen Zusammenhängen, Herrschafts- und Macht-

157 Siehe Paul Craig Roberts, Gab es einen »Krieg gegen den Terror« oder einen Krieg gegen das amerikanische Volk?, uncut-news, 14.11.2023: https://uncutnews.ch/gab-es-einen-krieg-gegen-den-terror-oder-einen-krieg-gegen-das-amerikanische-volk/

fragen komplett verabschiedet und damit überflüssig gemacht.[158] In welchem Maße die europäische Linke unterwandert wurde, um sie ihres eigentlichen Wesensgehalts zu berauben, wird dann deutlich, wenn man sich die Finanznetzwerke in Kooperation mit dem WEF anschaut. In einem langjährigen »Coup von oben« wurde die Linke zersetzt und zerstört.[159] Das Hauptproblem der Transformation der europäischen Linken hin zum woken Establishment besteht darin, dass die linken Parteien im Bewusstsein »echter« Linker – das heißt polit-ökonomisch orientierter Linker – derart abgewirtschaftet haben, dass es unter Umständen viele Jahre dauern könnte, bis sie sich wieder erholen und zu ihrer früheren gesellschaftlichen Bedeutung zurückfinden. Bis dahin haben sie sich selbst im Parteienspektrum überflüssig gemacht. »Seit Beginn der modernen politischen Geschichte hat das Grundrecht auf individuelle Freiheit für die Mehrheit der Vertreter der Linken nie Priorität gehabt, während eine religiöse Verehrung des Staatsgewandes in der Linken tief verwurzelt ist, und dies umso mehr bei ihren Extremen. Darüber hinaus neigen die »progressiven« linken Wohlstandskreise seit dem 19. Jahrhundert zu Elitismus und Klassenverachtung. Vor allem, weil die lästigen Plebejer dazu neigen, sich auf lächerliche Weise an ihr kleines Heimatland zu klammern, obwohl die Logik des menschlichen Fortschritts zu Globalisierung, Internationalismus, Mobilität und ›Weltbürgertum‹ führt. Schlimmer noch, sie begreifen nicht, dass

158 Siehe hierzu: Sven Brajer, *Die (Selbst)Zerstörung der deutschen Linken. Von der Kapitalismuskritik zum woken Establishment*, promedia-Verlag, Wien 2023; siehe ferner: Ullrich Mies, Die Überflüssigen, 04.Mai 2023: https://apolut.net/die-ueberfluessigen/

159 Paul Cudenec, Controlling the left: the impact edgenda, 10. Februar 2021: https://winteroak.org.uk/2021/02/10/controlling-the-left-the-impactedgenda/

ihr wahrer Weg zum Glück darin besteht, dass sie zu geschlechtslosen, besitzlosen und ethnisch homogenisierten Netzwerkknoten werden, die für zwölf Token pro Stunde in einer Amazonfabrik herumlaufen [...] Dieser Anspruch, Teil einer überlegenen kulturellen Klasse zu sein, vermittelt – vielleicht unbewusst – ein Gefühl der Verwandtschaft mit der Führungsklasse der Konzerne, insbesondere wenn letztere dazu neigt, mit hochrangigen nationalen oder internationalen »Staatsdienern« zu verschmelzen.«[160]

Dem *Neuen Faschismus* sind basisdemokratische Initiativen oder Aktivitäten grundsätzlich zuwider. Sollten diese in den Gesellschaften entstehen, so werden sie von oben attackiert, infiltriert, umgedreht und übernommen, um ihnen die potenziell gesellschaftsverändernde Stoßkraft zu rauben. Zahllose Organisationen, offene Initiativen, ja sogar Parteien wurden auf diese Art und Weise zerstört, manche wurden sogar extra gegründet nach dem Motto: »Schaffe dir deine eigene ›Opposition‹, dann hast du sie unter Kontrolle.«

> »Um den politisch orientierungslosen, zumeist jugendlichen Segmenten der Gesellschaft Plattformen vermeintlicher Sinnerfüllung sowie der Frustrations- und Aggressionsentladung zu eröffnen, erfanden oder flankierten die PsyOp-Krieger der Herrschaftsetagen ›Wokeness‹, ›political correctness‹, ›Genderism‹«, LGBTQIA+, #MeToo, ›Black Lives Matter‹, ›blockupy‹, ›occupy‹, ›Cancel-culture‹, ›Extinction Rebellion‹, ›Last Generation‹. Wen wundert es da, dass viele von kapitalstarken Fraktionen und NGOs getragen oder unterstützt werden? Auch unter-

160 Matt Smyth, Wie und warum sich Global Governance auf die »Linke« stützt, uncut-news, 12. November 2022: https://uncutnews.ch/wie-undwarum-sich-global-governance-auf-die-linke-stuetzt/

wanderten sie Greenpeace, attac und viele andere Bewegungen, um ihnen die ›revolutionäre Kraft‹ zu nehmen. Diese Bewegungen werden zumeist im angelsächsischen Raum ›geboren‹, beherrschen kurzzeitig die mediale Landschaft und sterben nach einem steilen Aufstieg zumeist einen ebenso schnellen Medien- und Propaganda-Tod. In jedem Fall benutzen die PsyOp-Krieger der professionellen Gehirnwäsche diese Bewegungen, um insbesondere junge Menschen maximal zu verwirren und ihre Empörungsenergien totlaufen zu lassen (= Empörungsmanagement). Auf diese Weise schöpfen die Herrschaftskasten Energien der jungen Generation ab und kanalisieren diese in für sie ungefährliche Richtungen.«[161]

Kein System kommt ohne geeigneten Nachwuchs aus, ohne die jungen Funktionsagenten des *Neuen Faschismus, der keiner sein will*. Auf diesem Feld sind die Globalisten besonders aktiv. Daher überlassen sie nichts dem Zufall und spannen ein globales Netzwerk, das allein ihren Interessen dient. Ziel der national angelegten und global wirkenden Young-Global-Leaders-Programme[162] ist, alle leitenden Funktionen in Wirtschaft, Politik, Kultur und sozialen Institutionen mit den eigenen Kadern zu besetzen. Diese sollen daran mitarbeiten, die Welt zugunsten der internationalen Konzernwelt im Sinne des Great Reset und der Vierten Industriellen Revolution umzubauen. Unter den zahllosen Young-Global-Leaders-Programmen sind die des World Economic Forum die umfangreichsten

---

161 Ullrich Mies, »Einleitung: Die westliche Welt im Ausnahmezustand«, in: Ders. (Hg.), *Auswandern oder Standhalten – Politisches Exil oder Widerstand?*, Groningen 2023, S. 23f

162 C.E. Nyder, *Young Global Leaders. Die Saat des Klaus Schwab*, Rottenburg 2022

und sicher auch die erfolgreichsten. Die vom Weltwirtschaftsforum ins Leben gerufene Global-Shapers-Bewegung[163] vertritt nicht die Ansichten der Jugend der Welt, sondern die der großen Unternehmensnetzwerke, die die Vierte Industrielle Revolution vorantreiben. Tatsächlich machen die Global Shapers die Jugend zu ihren nützlichen Idioten. Und genau darum geht es im Kern. So schreibt beispielsweise Simon Elmer in seinem Buch: *The Road to Fascism – For a Critique of the Global Biosecurity State*[164]:

> »So wie die neoliberale Ideologie des Multikulturalismus eine globale Monokultur geschaffen hat, so hat die staatliche und unternehmerische Finanzierung sowie die institutionelle und bildungspolitische Hegemonie der Woke-Ideologie konträre soziale und politische Meinungen und Praktiken unter die Homogenität gezwungen, die von monopolisierten Kulturmärkten geschaffen wurde. In der Tat war keine andere Bewegung seit dem Faschismus so geschickt darin, einen Nexus für kulturelle, rechtliche und politische Veränderungen zu schaffen, um einen scheiternden Kapitalismus zu stützen, oder hat schneller die ideologische Hegemonie im Westen erlangt. Und wie der Faschismus vor ihm bestand die erste Aufgabe des Woke darin, die Linke als lebensfähige Opposition zu zerstören.«[165]

---

163 SHAPERS OF SLAVERY: THE AWAKENING, 13. Januar 2021: https://winteroak.org.uk/2021/01/13/shapers-of-slavery-the-awakening/

164 Simon Elmer, *The Road to Fascism – For a Critique of the Global Biosecurity State*, lulu.com 2022

165 Ebd., S. 117

»Woke ist nicht liberal, und schon gar nicht sozialistisch: Woke ist faschistisch.«[166]

In manchen Ländern ist der Prozess der Faschisierung schon sehr weit fortgeschritten, so beispielsweise in Großbritannien: Dort gelten Demonstranten fortan als Straftäter, wenn sie »Unbehagen«, »Belästigungen« oder »Störungen« verursachen. Sie können sodann mit bis zu zehn Jahren Gefängnis bestraft werden. Tatsächlich kommt dies einem Verbot von Protesten im Vereinigten Königreich gleich und verstößt eindeutig gegen Artikel 11, Versammlungs- und Vereinigungsfreiheit, der Europäischen Menschenrechtskonvention.[167] Völlig unbeeindruckt von der Kritik an der Behandlung Julian Assanges verstärkt der britische Staat zudem seine Einschüchterungsmaßnahmen gegen regimekritische Journalisten, wie Max Blumenthal im Mai 2023 am Beispiel von Kit Klarenberg schreibt.[168]

Nach Simon Elmer leben wir im Westen inzwischen in einer Gesellschaft, in der jeder Bürger die politischen Positionen »seiner« Regierung übernehmen und deren politische Erklärungen respektieren muss. Jede Abweichung von oder noch so kleine Kritik an der Orthodoxie wird zensiert und bestraft.[169] Das ist *ein Merkmal* des Faschismus. Willkommen in der »Neuen Normalität«!

---

166 Ebd., S. 121

167 Paul Cudenec, Woke is Fascist, 04.06.2023: https://winteroak.org.uk/2023/06/04/woke-is-fascist/

168 Siehe hierzu Max Blumenthal, British police detain journalist Kit Klarenberg, interrogate him about The Grayzone, 30. Mai 2023: https://thegrayzone.com/2023/05/30/journalist-kit-klarenberg-britishpolice-interrogated-grayzone/

169 Simon Elmer, *The Road to Fascism*, a. a. O., S. 99

Eine neue Perversion hat sich das gleichgeschaltete Parteienkartell in Deutschland ausgedacht. Kaum ein Tag vergeht, an dem das Kartell die Bevölkerung nicht mit einer neuen Schweinerei, einer neuen Drangsal konfrontiert. Der Stasi-Staat 2.0 lässt grüßen. Der neueste Kalauer ist der geplante Passentzug für Unbotmäßige, die nicht auf der Grundlage der »freiheitlich-demokratischen Grundordnung« stehen.[170] Vermeintlichen Rechtsextremen soll nach den Plänen der Parteien des Berliner Verfassungsputschregimes der Pass entzogen werden können, wenn diese zu Veranstaltungen ins Ausland reisen wollen.[171] Dass nach der Lesart dieser Parteien alles »rechts« ist, was nicht ihren marktradikalen, transhumanistischen und Nato-imperialistischen Weltvorstellungen entspricht, bedarf hier nicht der Erwähnung.

Wenn also jede von der herrschenden (Wokeness-)Ideologie abweichende Meinung, jede Kritik am globalen Kapitalismus, am Aufrüstungsirrsinn, am Parteienstaat, an organisierter Friedlosigkeit oder der Aufruf, die Hassproduktion gegen Russland und China zu beenden, zu einer Bedrohung für die Staatssicherheit, ja zu einer Form des Verrats am Staate umgelogen wird, dann sind wir bereits in faschistisch-staatsterroristischen Verhältnissen angekommen. Die Dogmen der neuen Staatssicherheit sind das Mittel, »mit dem die Gewalt des globalen Biosicherheitsstaates gerechtfertigt wird«.[172]

Folgerichtig fasst Paul Cudenec, Autor und Anarchist, in einer

---

170 Neue »Mauer«? Ampel will Ausreiseverbote für Regierungskritiker. »Ausreiseantrag abgelehnt« – kommt das bald wieder?, 18.07.2023: https://reitschuster.de/post/neue-mauer-ampel-will-ausreiseverbote-fuerregierungskritiker/

171 https://www.bundestag.de/resource/blob/955896/7c26a7d20644d9824d733ca90159c172/20-4-259-data.pdf

172 Simon Elmer, a. a. O.,S. 120

7-Punkte-Liste zusammen, welche politischen Versprechen der gehorsame Bürger von heute ablegen muss, um von der Regierung und der in Feigheit und Opportunismus versunkenen Gesellschaft akzeptiert zu werden:[173]

1. *Ich gelobe, der Wissenschaft zu folgen.* Die Epidemie war nicht nur real und die Impfstoffe sicher und wirksam, sondern jede technologische Innovation ist notwendigerweise wünschenswert, und diejenigen, die dies bestreiten, sind antisoziale Reaktionäre, die uns in die Steinzeit zurückversetzen wollen.

2. *Ich stehe zur Ukraine.* Niemand kann bestreiten, dass es moralisch richtig ist, die Ukraine zu unterstützen. Die Verbündeten meiner Regierung sind gut, die Feinde oder Rivalen sind böse. Ihre Soldaten sind mörderische Terroristen, unsere sind Helden. Wer diese Darstellung infrage stellt, ist ein feindlicher Kombattant und/oder ein Verräter.

3. *Ich gehe auf die Knie.* Ich tue zwar nichts gegen die Rassendiskriminierung im wirklichen Leben, aber ich zeige gerne meine Tugend und meine Unterwerfung unter den globalistischen Glauben, indem ich an organisierten, kollektiven Ritualen teilnehme.

4. *Ich werde die Realität verleugnen, wenn mir dies befohlen wird.* Ich akzeptiere, dass der Begriff der »Wahrheit« gefährlich essentialistisch ist. Ein Mann, der sagt, er sei eine Frau, ist wirklich eine Frau. Eine Frau, die sagt, sie sei ein Mann, ist wirklich ein Mann. Frauen können Penisse haben und Männer können Vagi-

173 Paul Cudenec, *Woke is Fascist*, a. a. O.

nas haben. Wenn du das nicht wirklich glaubst, musst du es trotzdem sagen, weil du sonst ein transphober Hassverbrecher bist.

5. *Ich gelobe, alles zu schlucken, was mir als Rettung des Planeten verkauft wird.* Das einzige Umweltproblem von Bedeutung ist der vom Menschen verursachte Klimawandel, der eine unwiderlegbare wissenschaftliche Tatsache ist. Die einzige Möglichkeit, diesen zu bekämpfen, besteht darin, Billionen [...] öffentlicher Gelder in riesige Industrieprojekte zu stecken, die mit massiver Umweltverschmutzung, Zerstörung und Ausbeutung einhergehen und die Menschen weltweit von ihrem angestammten Land vertreiben.

6. *Ich gelobe, blind für die Existenz von Verschwörungen zu sein.* Nur die Verrückten oder die Böswilligen stellen sich vor, dass die Welt von einem öffentlich-privaten Machtgeflecht regiert wird, das absichtlich Ereignisse manipuliert und die Öffentlichkeit in die Irre führt, um seine eigenen Ziele zu erreichen. Jeder Hinweis, der in diese Richtung geht, sollte automatisch als Desinformation verboten und diejenigen, die ihn verbreiten, sollten bestraft werden.

7. *Ich gelobe, den Faschismus nicht zu erkennen, wenn er mir ins Gesicht starrt.* Meine Regierung hat immer gesagt, dass sie gegen Faschismus ist und daher in keiner Weise als faschistisch angesehen werden kann. Es ist respektlos gegenüber den Opfern des historischen Faschismus, heute eine Gleichsetzung zu suggerieren, und daher können diejenigen, die das derzeitige System als faschistisch bezeichnen, ohne weitere Rechtfertigung als »faschistisch« bezeichnet werden.

Willkommen im Gesinnungs- und Gleichschaltungsstaat

Am 2. Juli 2023 trat in Deutschland ein neues Gesetz in Kraft: das Gesetz für einen besseren Schutz hinweisgebender Personen, kurz »Hinweisgeberschutzgesetz« oder HinSchG genannt[174]. Offiziell wird es als Schutz für Whistleblower getarnt. Korrekter müsste es aus meiner Sicht heißen: »Spitzelunddenunziantengesinnungsförderungsgesetz« oder SpiDeGeFöG. Wie so häufig bei neuen Gesetzen geht die Initiative für dieses Gesetz nicht von der Bundesregierung aus, sondern von der EU. Die EU-Vorgabe lautete: Die Richtlinie 2019/1937 des Europäischen Parlaments und des Rates vom 23. Oktober 2019 sei bis zum 17. Dezember 2021 in den Mitgliedstaaten umzusetzen. Wie sehr die aktuelle Bundesregierung dieses Gesetz begrüßt, geht aus der Äußerung des Parlamentarischen Staatssekretärs bei dem Bundesminister der Justiz Benjamin Strasser hervor:

> »Wer Missstände in seinem beruflichen Umfeld aufdeckt, hat Anerkennung verdient, keine Drangsalierung. Denn eine Kultur des Schweigens und Vertuschens ist brandgefährlich: Ohne Aufklärung gibt es oft keine Besserung! Viele Unternehmen und Behörden haben dies zum Glück längst erkannt. Doch noch nicht überall ist ein Schutz von Hinweisgebern Standard. Deshalb braucht es klare gesetzliche Vorgaben. Die letzte Bundesregierung hat es versäumt, Whistleblower gesetzlich zu schützen – obwohl auch das europäische Recht dies verlangt. Wir beheben diesen Missstand jetzt. Der heute vom Kabinett beschlossene Gesetzent-

174 https://www.gesetze-im-internet.de/hinschg/BJNR08C0B0023.html; https://www.bmj.de/SharedDocs/Pressemitteilungen/DE/2022/0727_Hinweisgeberschutz.html

wurf enthält eine stimmige Lösung für den Hinweisgeberschutz. Wir vermeiden unnötige Bürokratie – und stellen zugleich sicher, dass couragierte Whistleblower wirkungsvoll geschützt sind. Profitieren wird die Gesellschaft insgesamt.«[175]

Eine derart verlogene Aussage ist kaum noch zu toppen. Tatsächlich geht es nicht um den Schutz von Whistleblowern, die Verbrechen der Herrschaftscliquen öffentlich machen, sonst säße Julian Assange nicht in einem britischen Hochsicherheitstrakt und Edward Snowden hätte nicht nach Russland emigrieren müssen. Dutzenden von Whistleblowern wurde ein normales Leben unmöglich gemacht, viele sitzen als Geheimnisverräter in Gefängnissen. Beim SpiDeGeFöG geht es einzig und allein darum, dass sich die Bürger gegenseitig denunzieren. Aber zumindest die Minderheit der wachen Menschen hat sich daran gewöhnt, dass man bei Politikeraussagen stets das genaue Gegenteil von dem annehmen muss, was sie sagen: Wenn sie vom Frieden sprechen, meinen sie Krieg; wenn sie von Entbürokratisierung sprechen, meinen sie die Aufblähung der bürokratischen Apparate; wenn sie von Minsk II sprechen, meinen sie Aufrüstung und so weiter.

Laut Vorgaben des Gesetzes müssen interne und externe Meldestellen eingerichtet werden. Die Pflicht zur Einrichtung interner Meldestellen betrifft sowohl die Privatwirtschaft als auch den gesamten öffentlichen Sektor, sofern bei dem jeweiligen Arbeitgeber in der Regel mindestens 50 Personen beschäftigt sind. Das geht aus § 12 des Gesetzes hervor.[176] Unternehmen mit bis zu 249 Beschäftigten sollen für die Einrichtung interner Meldestellen bis zum 17.

175 https://www.bmj.de/SharedDocs/Pressemitteilungen/DE/2022/0727_Hinweisgeberschutz.html

176 https://www.gesetze-im-internet.de/hinschg/BJNR08C0B0023.html

Dezember 2023 Zeit haben. Auch können Unternehmen mit bis zu 249 Beschäftigten mit anderen Unternehmen zusammen eine gemeinsame Meldestelle betreiben. § 20 des Gesetzes schreibt vor:

> »Jedes Land kann eine eigene externe Meldestelle einrichten für Meldungen, die die jeweilige Landesverwaltung und die jeweiligen Kommunalverwaltungen betreffen.«

Eine zentrale externe Meldestelle soll beim Bundesamt für Justiz (BfJ) eingerichtet werden. Daneben sollen die bestehenden Meldesysteme bei der Bundesanstalt für Finanzdienstleistungsaufsicht sowie beim Bundeskartellamt als weitere externe Meldestellen mit Sonderzuständigkeiten weitergeführt werden. Die externe Meldestelle des Bundes beim BfJ soll mit einer Bund-Länder-übergreifenden Zuständigkeit ausgestattet werden, die sowohl den öffentlichen Sektor als auch die Privatwirtschaft betrifft. Der externen Meldestelle des Bundes soll darüber hinaus die Aufgabe zukommen, Personen, die eine Meldung erwägen, umfassend über die zur Verfügung stehenden Verfahren zu informieren und zu beraten. Den Ländern steht es frei, für Meldungen, die die jeweilige Landesverwaltung und die jeweiligen Kommunalverwaltungen betreffen, eigene externe Meldestellen einzurichten.[177]

So viel zur Vermeidung unnötiger Bürokratien, wovon der Herr Staatssekretär sprach. Und zur unabhängigen Tätigkeit und Schulung schreibt § 25:

(1) Die externen Meldestellen arbeiten im Rahmen ihrer Aufgaben und Befugnisse fachlich unabhängig und von den internen Meldestellen getrennt. Die Aufsicht über sie erstreckt sich auf die Beachtung von Gesetz und sonstigem Recht.

---

[177] Ebd.

(2) Die für die Bearbeitung von Meldungen zuständigen Personen werden regelmäßig für diese Aufgabe geschult. Sie dürfen neben ihrer Tätigkeit für eine externe Meldestelle andere Aufgaben und Pflichten wahrnehmen. Es ist dabei sicherzustellen, dass derartige Aufgaben und Pflichten nicht zu einem Interessenkonflikt führen.

Der § 36 verbietet Repressalien.

(1) Gegen hinweisgebende Personen gerichtete Repressalien sind verboten. Das gilt auch für die Androhung und den Versuch, Repressalien auszuüben.

Das neue SpiDeGeFöG[178] mit geplanten 100.000 »Anschwärz- und Petz-Stellen[179] hat vor allen Dingen ein Ziel: das Land mit einem flächendeckenden Spitzelnetz zu überziehen, um das Klima der Angst und Verunsicherung zu verstärken, die Bevölkerung gegeneinander aufzuhetzen und weiter zu spalten. Wer die »Gesprächskultur« in Deutschland aufmerksam beobachtet, bemerkt bereits jetzt schon, dass sich sehr viele Bürger wegen zu befürchtender Nachteile gar nicht mehr trauen, ihre Meinung zu sagen. Das ist das gelungene Ergebnis des exzessiven Gender-Bullshits[180], Political Correctness-Wahns, Kinder-Geschlechtsumwandlungsirrsinns, Cancel-Culture-Terrors und einer Zeitenwende-Ideologie »Russland-ist-an-allem-Schuld«[181]. Das ist die

---

178 https://tkp.at/2023/08/29/denunzianten-bekommen-in-deutschland100-000-meldestellen/

179 Zum Beispiel: https://www.berliner-register.de

180 https://www.epochtimes.de/gesellschaft/experte-warnt-voremotionaler-erpressung-gender-industrie-schamlos-profitorientierta4384250.html

181 Siehe: Michael Ewert, Die Kontinuität der Feindseligkeit. Ein zu Unrecht vergessenes Buch Erich Kubys zeigt: 1945 war für Deutschland keine »Stunde Null«. Russlandhass und Militarismus der Nazijahre setzten sich

neue Staatsreligion. Ziel dieses Gesetzes ist selbstverständlich nicht, den Bürgern die Möglichkeit zu eröffnen, die zahllosen Verbrechen und Lügen der Politkaste anzuzeigen. Das wäre angesichts des kollabierten Rechtsstaates ohnehin zwecklos. Dieses Denunziantengesetz ist ein weiterer Baustein des zentral gesteuerten Bürgerkrieges.

> »Mit anderen Worten: Die Menschen müssen mit ihren Steuern dafür bezahlen, dass sie denunziert werden können, auf eigene Rechnung, sozusagen.«[182]

Nicht nur das: Die Bürger zahlen für den gesamten von der herrschenden Klasse angerichteten Unrat. In der trüben Suppe des Denunziantentums rühren neben den Mainstream-Hetzern selbstverständlich die sogenannten Verfassungsschutzbehörden nach Kräften mit. Sie reiten ein Steckenpferd der besonderen Art: die Delegitimierung des Staates. Wie erwähnt können Menschen, die sich um die Erhaltung der Verfassung sorgen, einen Staat gar nicht delegitimieren. Dessen herrschende Politcliquen sind seit 30 Jahren damit beschäftigt, das Land und seine Bevölkerung auf zahllosen Ebenen nach Kräften zu beschädigen und die Spannungen nach außen zu fördern. Es sind exakt diese Politcliquen, die sich als Verfassungsfeinde, ja Hochverräter, geoutet und den von ihnen okkupierten Staat[183] delegitimiert haben. Aber derartige Gedankenkonstruk-

---

nahtlos fort, 01.09.2023: https://www.manova.news/artikel/die-kontinuitat-der-feindseligkeit

182 https://reitschuster.de/post/demnaechst-auch-in-ihrer-stadt-staatlichfinanzierte-pranger/

183 Siehe die Kapitel »Der Parteienstaat« und »Der totale Umbau«

tionen überfordern Staatsschützer ganz offensichtlich, schließlich werden sie über den Umweg des Steuerraubs alimentiert.[184]

Da der Ausnahmezustand im sogenannten freien Westen zunehmend zum »Regelzustand des Regierens« wird[185], stellt sich die Frage: Warum macht das Berliner Politestablishment nicht endlich tabula rasa mit dem Demokratieschmierentheater und greift sogleich umfassend zur faschistischen Vollkeule? Warum hält sie sich also noch weiter mit kleinen Repressions-, Angstmach- und Denunziantenfördergesetzen auf? Die neo-faschistischen Staatsschutzelemente könnten sich doch an Gesetzesvorläufern wie dem »Gesetz zum Schutz von Volk und Staat« vom 28. Februar 1933[186] orientieren. Die per Notverordnung außer Kraft gesetzten Artikel der Weimarer Verfassung müssten nur durch die entsprechenden Grundgesetzartikel ausgetauscht werden. Das 4. Infektionsschutzgesetz, alias Ermächtigungsgesetz 2.0, erinnert doch an diesen alten Geist. Allein, es bliebe der schale Geschmack einer Neugründung des faschistischen Nationalstaates und die Schimäre des »Kampfes gegen Rechts« würde sich vollends auflösen. Davon muss maximal abgelenkt werden. Die heutigen Methoden zur Refaschisierung der westlichen Staaten werden, wie unten ausgeführt, von den Globalfaschisten zentral gesteuert und von oben implantiert. Parallel dazu wird die Öffentlichkeit, die immer noch einen Restglauben an die Demokratie und die Unabhängigkeit der Medien hat, von einer

---

184 Dietrich Murswiek, Wer delegitimiert hier wen?, 24.11.2022: https://www.lto.de/recht/hintergruende/h/verfassungsschutz-kritikextremismus-delegitimierung-verfassung-bericht/

185 Siehe Unterkapitel »Allmächtige Exekutive«

186 https://de.wikipedia.org/wiki/Verordnung_des_Reichspräsidenten_zum_Schutz_von_Volk_und_Staat

Medienmafia »betreut«, die für Deutschland vom Berliner Politestablishment nach Kräften mit Steuergeldern geschmiert[187] wird:

> »Insgesamt ließ die Bundesregierung von 2018 bis 2022 über 2,3 Millionen Euro an ausgewählte Journalisten überweisen …«[188]

Die um ihre weitere Existenz bangenden Medienhäuser lassen sich auch über den Umweg der Anzeigenschaltung sowie über den Digitaljounalismus[189] fördern. Zu Propagandazwecken schleust das Regime Hunderte Millionen Euro in die Kassen der Medienkonzerne. Die Öffentlich-Rechtlichen hat es ohnehin unter Kontrolle. Die Schaltzentrale der medialen Desinformation in Deutschland – unter anderem in Sachen Ukraine-Krieg – ist das SPD-gesteuerte Innenministerium unter Nancy Faeser. Aber damit nicht genug: Fast alle Ministerien unterhalten ihre eigenen Propagandaabteilungen, um der Öffentlichkeit die Gehirne zu waschen. Ein Whistleblower aus den Tiefen des Staatsapparates beschreibt die ekelerregenden Zustände wie folgt:

> »In meinen Augen ist es ein Blick in den Abgrund der gebündelten Aktivitäten einer horizontalen (ressort-übergreifenden) und vertikalen Integration moderner Staatspropaganda. Von den Ministerien und ihren Partnerschaften mit transatlantischen Denkfa-

---

187 Florian Warweg, Staatsfern? Anfrage ergibt: Bundesregierung zahlte Hunderttausende Euro an Journalisten von ARD und ZDF, 08.03.2023: https://www.nachdenkseiten.de/?p=94769

188 Ders.: Bundesregierung erklärt Zahlungen an Journalisten von ARD, ZDF und Deutsche Welle zur geheimen »Verschlusssache«, 07.07.2023: https://www.nachdenkseiten.de/?p=98938

189 https://taz.de/Bundesregierung-will-Presse-foerdern/!5694306/

> briken wie dem ISD [Institute for Strategic Dialogue, U.M.] bis hinab in die Presse, ›Faktenchecker‹, Social Media, ›Multiplikatoren‹, ›kritische Zivilgesellschaft‹ und so weiter. Selbst vor der Einbindung von Schulen und Kindern im Grundschulalter machen sie nicht halt.«[190]

Was unterscheidet die aktuelle Herrschaftsclique *in ihrer volksverhetzenden und manipulativ-russophoben Propagandapraxis* eigentlich von denen der Zeit zwischen 1933 und 1945? Inhaltlich entdecke ich keinen Unterschied! Das ist nur ein Vergleich, keine Gleichsetzung!

Der Cancel-Culture-Staatsterror bedient sich zahlreicher Mechanismen. Norbert Häring führt seit Februar 2023 ein Cancel-Culture-Tagebuch[191]. Darin dokumentiert er Vorkommnisse, mit welch schmutzigen Methoden Menschen, die sich den herrschenden Meinungen und Regierungsnarrativen nicht unterwerfen, drangsaliert und aus dem öffentlichen Leben gedrängt werden. Der Cancel-Culture-Terror richtet sich maßgeblich gegen Abweichler in den Universitäten, aber nicht nur gegen diese. Unbotmäßige, das heißt kritische Menschen hat das politische Establishment als potenzielle Unruheherde und Gefahr erkannt. Daher müssen alle, die nicht auf Linie sind, aussortiert oder zumindest maximal unter Stress gesetzt werden, siehe hierzu unter anderem die von Häring gelisteten Personen. Die in aller Regel nie bewiesenen oder nachgewiesenen Standard-Totschlagskeulen heißen »Antisemitismus« und »Rassismus«. Eine der vielen dreckigen Praktiken ist, die zum Abschuss Freigegebenen in Verbindung zu bereits Verfehmten zu stellen. Vor allen Dingen ist anzumerken, dass sich die Berufsdreckschleudern niemals

---

190 Zit. bei: Florian Warweg a. a. O.

191 https://norberthaering.de/cancel-culture-dokumentation/

inhaltlich mit den Opfern auseinandersetzen, da sie ihnen intellektuell nicht das Wasser reichen können. Darum müssen sie als mediale Heckenschützen auftreten.

Eine aggressiv-intolerante Minderheit übt zudem Druck auf Veranstalter aus, damit Daniele Ganser et al. keine Vorträge mehr halten können. Der Klassiker: »Antisemit« oder »Rassist« muss gar nicht mehr bewiesen werden. Wer nicht auf Linie ist, ist automatisch reif für den Abschuss, das kommt bei Dummköpfen, die nichts wissen und nichts können, immer gut an. Ein weiterer Hit ist die Verleumdung bei Arbeitgebern. Diesem wird geheim nahegelegt, den »Bösewichten« zu kündigen. Häring nennt seine Auflistung nur die »Spitze des Eisberges«.[192] Faktisch agiert in aller Regel eine selbsternannte Sittenpolizei, zumeist aus dem Hintergrund, unter anderen die medialen Heckenschützen »... wobei die Initiatoren oft anonym bleiben oder sich in der Masse verstecken«.[193]

Offensichtlich laufen die hochkriminellen Herrschaftscliquen nach dem Corona-Regime immer mehr aus dem Ruder und bekommen den Hals mit Staatsschutz-Gesetzen nicht voll genug. Da ist nur folgerichtig, dass sie diejenigen unter Dauerfeuer nehmen, die sie als Gefahr für ihre antidemokratischen und dystopischen Praktiken erkannt haben. Nach dem Netzwerk-Durchsuchungsgesetz, der Wandlung der Landesmedienanstalten zu Zensurbürokratien[194] und dem EU-Zensurgesetz[195] geht der als »Kampf gegen Rechts« getarnte Amoklauf gegen Geist und Freigeist im freiesten Wes-

---

192 Ebd.

193 https://norberthaering.de/propaganda-zensur/6-monate-cancel-tagebuch/

194 Siehe: Markus Fiedler, Die Landesmedienanstalt Berlin Brandenburg, 1984 und apolut, 16.08.2023: https://apolut.net/die-landesmedienanstalt-berlin-brandenburg-1984-und-apolut-von-markus-fiedler/

195 https://eur-lex.europa.eu/eli/reg/2022/2065/oj

ten und besten Deutschland aller Zeiten weiter. Er bestätigt vor allem: Die Globalfaschisten bereiten ihre angestrebte New World Order vor, inklusive biopolitischem Sicherheitsstaat und weiteren staatsterroristischen Maßnahmen im Dauerausnahmezustand, bis die »Republik« auf das verlogen-armselige Niveau von Neo-Stalinisten-, Neo-Staatssicherheits- oder Neo-Gestapo-Bürokraten und ihrer politischen Auftraggeber herabgesunken ist. Mit all diesen Gesetzen und Verfahrensweisen will sich die der Staatsräson verpflichtete Staatskaste vor den Bürgern schützen. Wehe diese erkennen, dass die Obrigkeit ihnen längst den Bürgerkrieg erklärt hat.

Im gesamten Wertewesten erleben die Bürger – bei Abstufungen zwischen den einzelnen Ländern – überall durchgehende Initiativen zur Gleichschaltung und Zensurpraxis gegen abweichende Meinungen. Wenngleich sich die deutschen Regime im Sinne des Abbaus von Bürger- und Grundrechten als besonders eifrig erweisen. Am 25. August 2023 trat der »Digital Services Act« (DSA) der EU, das EU-Gesetz über digitale Dienste in Kraft.[196] Große soziale Netzwerke und Onlinehändler müssen sich nun weitreichenden Kontrollen ihrer Inhalte unterwerfen. Dieses Gesetz zieht »die Daumenschrauben der Diskurseinschränkung noch einmal kräftig an«.[197]

> »Der Digital Services Act der EU, das gefürchtete Zensurgesetz, […] verleiht damit zukünftig staatlichen und überstaatlichen

---

196 Patrik Reitler, EU-Gesetz gegen »Desinformation«: Droht das Ende der Meinungsfreiheit?, 24.08.2023: https://www.epochtimes.de/politik/eu-gesetz-gegen-desinformation-droht-das-ende-der-meinungs freiheit-a4319911.html

197 David Boos, EU-Zensurgesetz tritt in Kraft: Ab Freitag bestimmt Brüssel, was Sie zu sehen bekommen, 24.08.2023: https://www.tichyseinblick.de/daili-es-sentials/dsa-tritt-in-kraft/

Organen offiziellen Zugriff auf die Diskurshoheit im Internet Europas. Es ist nur ein Schritt von vielen in Richtung internetbasierter Dystopie. […] Der DSA ist ein typisch trojanisches Pferd aus Brüssel, mit dem den Nutzern im Internet größere Transparenz über personalisierte Werbung versprochen wird, das sich aber vor allem durch seine Regulierung von ›Hass‹ und ›Desinformation‹ sowie die dezidierte Einführung staatlicher und überstaatlicher Kontrollorgane auszeichnet. Wo bislang unterschwellige Abhängigkeiten zwischen Unternehmen und Regierungen dafür sorgten, dass Facebook & Co. mehr oder weniger das machten, was Regierungen und ihre Partner sich von ihnen in Sachen Zensur wünschten, werden diese Strukturen nun mit dem DSA in Stein gemeißelt.«[198]

Neunzehn sehr große Online-Plattformen, darunter TikTok, Snapchat, Instagram und Twitter, jetzt X, müssen ab September 2023 neue gesetzliche Verpflichtungen erfüllen, um die Verbreitung illegaler und schädlicher Inhalte einzudämmen. Plattformen mit mehr als 45 Millionen Nutzern in der EU müssen der Kommission außerdem eine detaillierte Bewertung ihrer größten Risiken für die Nutzer vorlegen. Wer das verweigert, riskiert potenzielle Geldbußen von bis zu 6 % seiner weltweiten Einnahmen.[199] Dass es Vollspinner gibt, die zu allem möglichen Wahnsinn aufrufen, bestreite ich keinesfalls, im Gegenteil! Das Hauptproblem ist und bleibt jedoch, dass ausgerechnet diese Gesetzesinitiatoren darüber befinden, was Hass und Desinformation sind. So, wie die Dinge liegen, und das haben die Löschorgien wichtiger Informationen im Zusammenhang mit

198 Ebd.

199 Vgl.: https://www.politico.eu/article/social-media-riot-shutdowns-possible-under-eu-content-law-breton-says/

dem Corona-Regime unter Beweis gestellt, wird alles gelöscht, was in irgendeiner Weise nach Regierungskritik aussieht – und allein darum geht es.

Aber der Zensur- und Kontrollwahn der Herrschenden geht über UN, WHO, EU und den deutschen Staatsapparat hinaus. Auch (oder vor allem) die USA und die Nato sind als Super-Zensoren aktiv. Sie möchten verhindern, dass ihre Art der Wirklichkeitsinterpretation, wie zum Beispiel die des Ukraine-Krieges, in Zweifel gezogen werden kann. Darin stimmen sie mit dem deutschen Regime selbstverständlich überein, wie im Folgekapitel zur Zeitenwende ausgeführt. Und so ist es kein Wunder, dass in den USA seit März 2023 ein neues Gesetz in der Pipeline ist, der »Restrict Act«.

> »Das Gesetz sieht vor, dass der Handelsminister die Befugnis erhält, Geschäftsvorgänge im Zusammenhang mit bestimmten Produkten oder Dienstleistungen der Informations- und Kommunikationstechnologie zu überprüfen, wenn diese mit einem ›ausländischen Gegner‹ der Vereinigten Staaten in Verbindung stehen und ein ›unangemessenes und unannehmbares Risiko‹ für die nationale Sicherheit der Vereinigten Staaten oder ihrer Bürger darstellen.«[200]

Die *Staatssicherheit* ist der absolute Hit und muss nicht nur für die Geheimhaltung von Verbrechen der politischen Klassen und ihrer Geheimdienste herhalten, sondern wird in immer größerem Ausmaß auch dafür herangezogen, Kritik an Regierungen generell zum Hochrisiko zu erklären. Und darum wurden Strategic Culture Foun-

---

200 https://en.wikipedia.org/wiki/RESTRICT_Act

dation, The Grayzone[201] und andere auf die Abschussliste gesetzt.[202]

Der Krieg gegen die Völker geht – so viel steht fest – in eine neue Phase. Daher ist es auch kein Zufall, dass der Staatsschutz Staatsschutz heißt, weil er dazu da ist, die Staatsapparate zu schützen. Er heißt nicht Demokratieschutz, was ja der Logik entspricht, denn welche Demokratie wollte er in Deutschland oder in der EU auch schützen?

Geschichtsklitterung – »Zeitenwende«[203]

In seiner Regierungserklärung vom 27. Februar 2022[204], gerichtet an die sehr geehrte Frau Präsidentin, die verehrten Kolleginnen und Kollegen und an die »lieben Mitbürgerinnen und Mitbürger«, legt sich Olaf Scholz richtig ins Zeug. Sein Redenschreiber zeigt, welche Prostitutions- und Propagandaleistung ein tributpflichtiges

---

201 USA wollen aus Ukraine »Kriegsstaat« machen – unter Inkaufnahme extrem hoher Menschenopfer, 07.09.2023: https://transition-news.org/usa-wollen-aus-ukraine-kriegsstaat-machen-unter-inkaufnahme-extrem-hoher

202 Declan Hayes, The Costs and Benefits of Banning The Strategic Culture Foundation, 05.09.2023: https://strategic-culture.su/news/2023/09/05/the-costs-and-benefits-of-banning-the-strategic-culture-foundation/

203 Siehe hierzu über die Konsequenzen in Richtung Sozialabbau: Jürgen Wagner, Zeitenwende heißt Sozialabbau! Die Auseinandersetzungen über Sozialkürzungen zugunsten von Militärausgaben und 2%-Ziel sind eröffnet, 28.08.2023: https://www.imi-online.de/2023/08/28/zeitenwende-heisstsozialabbau/

204 https://www.bundesregierung.de/resource/blob/992814/2131062/78d39dda6647d7f835bbe76713d30c31/bundeskanzler-olaf-scholz-reden-zurzeitenwende-download-bpa-data.pdf?download=1; alle nachfolgenden Zitate stammen aus der Regierungserklärung.

Vasallen-Regime der USA und der Nato zu liefern hat. Worum es in dieser penetranten Selbstverleugnung unter der Überschrift »Zeitenwende« geht, ist einzig und allein, die Öffentlichkeit auf die geopolitische Neuordnung des Westens unter US-Führung gegen Russland und China einzustimmen und neue Kriegspflöcke einzurammen. Im Folgenden kann ich mich aus Platzgründen nur zu wenigen Passagen mit ihren expliziten und impliziten Lügen, Täuschungen, Geschichtsklitterungen oder ihrer puren Propaganda äußern.

Wie verlogen ist bereits die Anrede. Fakt ist nicht erst seit Corona: Die Bürger sind einzig freie Verfügungsmasse einer selbstmandatierten politischen Putschistenkaste, die sich den Staat unterworfen und wider Recht und Gesetz gegen den Souverän – die »lieben Bürger« – im Ausnahmezustand[205] regiert.

> »Der 24. Februar 2022 markiert eine Zeitenwende in der Geschichte unseres Kontinents. Mit dem Überfall auf die Ukraine hat der russische Präsident Putin kaltblütig einen Angriffskrieg vom Zaun gebrochen – aus einem einzigen Grund: Die Freiheit der Ukrainerinnen und Ukrainer stellt sein eigenes Unterdrückungsregime infrage.«

Lüge und Geschichtsklitterung bestehen darin, Putin habe »kaltblütig einen Angriffskrieg vom Zaun gebrochen«, dessen einziger Grund darin bestehe, dass die »Ukrainerinnen und Ukrainer […] sein eigenes Unterdrückungsregime infrage [stellen, U. M.]«. Putin ist alles Mögliche, aber kein politischer Hasardeur.

---

205 Ullrich Mies, Die westliche Welt im Ausnahmezustand, Einleitung zum Buch. In: Ders. (Hg.), Ullrich Mies (Hg.), *Auswandern oder Standhalten …*, a. a. O.

Der Intervention Russlands vom 24. Februar 2022 ging eine lange Geschichte voraus, in der der sogenannte freie Westen alles getan hat, um Russland als alten Feind des Kalten Krieges zum neuen Feind im Kalten Krieg 2.0[206] zu machen, das heißt, die alten Kontinuitäten westlicher Russophobie sicherzustellen. Dieser Kalte Krieg droht nunmehr vollkommen aus den Fugen zu geraten und in den heißen Dritten Weltkrieg überzugehen. Über die beabsichtigte Nato-Osterweiterung wurden die Russen nach Strich und Faden belogen. Ihr Verbündeter Ex-Jugoslawien wurde 1999 mit deutscher Hilfe nach vorheriger wirtschaftlicher Ruinierung in den 1980er Jahren und staatlicher Zersplitterung bombardiert. Im Kosovo errichteten die USA mit Camp Bondsteel nach Ramstein in Rheinland-Pfalz ihren größten Militärstandort in Europa. Und in der Ukraine vollzogen die USA einen lange vorbereiteten Putsch. Dieser fügte sich nahtlos in die jahrzehntelange weltweite Aggressionspolitik der USA[207] ein, insbesondere in die außenpolitischen Planungen mit dem Ziel, um Russland einen Cordon sanitaire[208] zu legen und das Land vom »weichen Unterbauch« her zu destabilisieren.[209] Scholz weiter:

»Das ist menschenverachtend. Das ist völkerrechtswidrig. Die

---

206 Ullrich Mies, Wie die »westliche Wertegemeinschaft« den Kalten Krieg 2.0 installierte, in: Ders. (Hg.) *Der Tiefe Staat schlägt zu. Wie die westliche Welt Krisen erzeugt und Kriege vorbereitet*, Wien 2019 S. 163–192

207 https://crsreports.congress.gov/product/pdf/R/R42738

208 Siehe hierzu die Rede von George Friedman aus dem Jahre 2015: https://www.youtube.com/watch?v=tsNQN62tyI8

209 Hier ist nicht der Ort, um die Regime-Change-Geschichte, die Geheimdienstoperation auf dem Maidan 2014 und den nachfolgenden, sich entfaltenden Krieg gegen die Ost-Ukraine, die russische Annektierung der Krim und so weiter zu untersuchen.

schrecklichen Bilder aus Kiew, Charkiw, Odessa und Mariupol zeigen die ganze Skrupellosigkeit Putins. Die himmelschreiende Ungerechtigkeit, der Schmerz der Ukrainerinnen und Ukrainer, sie gehen uns allen sehr nahe.«

Eine weitere Lüge besteht darin, Putin eine Art Exklusivität im Hinblick auf Menschenverachtung und Völkerrechtswidrigkeit zu attestieren. Das ist bestenfalls lächerlich, tatsächlich widerwärtige Propaganda, um den Feind – nach alten Mustern – zu dämonisieren. Auf fünf bis sieben Millionen schätzte Nicolas J. S. Davies[210] die Todeszahlen allein der völkerrechtswidrigen US- und westlichen Kriege nach dem 11. September 2001, die die westlichen »Menschenrechtsfreunde« in Afghanistan, Jemen, Libyen, Irak, Pakistan, Somalia und Syrien führten. Hiermit möchte ich nicht den Krieg Russlands gegen die Ukraine rechtfertigen, ich weise lediglich den versuchten »White-Wash« der westlichen Kriegstreiber schärfstens zurück.

»Wir erleben eine Zeitenwende. Und das bedeutet: Die Welt danach ist nicht mehr dieselbe wie die Welt davor. Im Kern geht es um die Frage, ob Macht das Recht brechen darf, ob wir es Putin gestatten, die Uhren zurückzudrehen in die Zeit der Großmächte des 19. Jahrhunderts, oder ob wir die Kraft aufbringen, Kriegstreibern wie Putin Grenzen zu setzen. Das setzt eigene Stärke voraus. [...] Präsident Putin redet dabei stets von unteilbarer Sicherheit. Tatsächlich aber will er gerade den Kontinent mit Waffengewalt in altbekannte Einflusssphären teilen.«

---

210 Nicolas J. S. Davies, Die Blutspur der US-geführten Kriege seit 9/11: Afghanistan, Jemen, Libyen, Irak, Pakistan, Somalia, Syrien, in: Ullrich Mies (Hg.), *Der Tiefe Staat schlägt zu. Wie die westliche Welt Krisen erzeugt und Kriege vorbereitet*, Wien 2019 S. 131–152, hier S. 151

Scholz und sein außenpolitischer Stab – allen voran jene grünlackierte 360°-Servierkraft US-außenpolitischer Interessen in Deutschland – halluzinieren sich eine Zeitenwende herbei. Wie bereits kurz ausgeführt, gibt es keine »Zeitenwende« in der US-amerikanischen Außenpolitik, sondern eine Kriegskontinuität seit weit über 100 Jahren, in die die europäischen Nato-Staaten mit eingewoben sind. Die »Zeitenwende« bezieht sich allein darauf, dass Russland zuschlägt und sich die Zumutungen des Westens nicht länger bieten lässt. Hass und Putin-Hetze sowie sämtliche Voraussetzungen für den Ukraine-Krieg wurden bereits vor etwa 20 Jahren, mit zunehmender Intensität vor dem 24. Februar 2022 gelegt. Die kriegsaffinen Politelemente sitzen im westlichen politischen Establishment, das nach der Wende keinen dauerhaften Frieden mit Russland wollte, sondern Nato und EU dazu benutzte, alle Staaten des früheren Ostblocks in die eigene Interessensphäre zu überführen.

> »Ja, wir wollen und wir werden unsere Freiheit, unsere Demokratie und unseren Wohlstand sichern.«

Absolute Lüge! Wer ist überhaupt »wir«? Freiheit, Demokratie und Wohlstand wurden mit der Ausrufung des Corona-Ausnahmezustands final abgeschafft und zwar von demselben Establishment, das nun zum heißen Krieg gegen Russland trommelt. Die USA haben weit mehr als 100, der »freie Westen« insgesamt 160 Milliarden US-Dollar in die Ukraine investiert. Ende offen. Sie werden versuchen, sich an den russischen Ressourcen schadlos zu halten. Ob das gelingt, wird sich zeigen.

> »Sie [die Ukrainer, U. M.] kämpfen für Freiheit und ihre Demokratie, für Werte, die wir mit ihnen teilen. Als Demokratinnen

und Demokraten, als Europäerinnen und Europäer stehen wir an ihrer Seite, auf der richtigen Seite der Geschichte.«

Die USA und ihre westlichen Helfer haben den Geheimdienstputsch 2014 auf dem Maidan mit über 100 Toten inszeniert. Sie bedienen sich der faschistischen Stoßtrupps, der Asow-Kräfte. Sollte die russische Kultur nicht ausgemerzt werden? Sollte es keine ethnischen Säuberungen im Osten der Ukraine geben? Sollte Russland nicht von seinem Hafen Sevastopol abgeschnitten werden? So viel zu den westlichen Werten und der »richtigen Seite der Geschichte«. Fakt ist: Das westliche Establishment hatte in der Vergangenheit nie Probleme mit Faschisten! Weder in Mittelamerika, weder in Südamerika noch in Indonesien oder auf den Philippinen und so weiter. So viel zu Freiheit, Demokratie und westlichen Werten.

»Ohne Wenn und Aber stehen wir zu unserer Beistandspflicht in der Nato. [...] Unsere Sanktionen wirken. Und wir behalten uns weitere Sanktionen vor, ohne irgendwelche Denkverbote. [...] Mit der Aufnahme eines Landes in die Nato ist unser Wille als Bündnispartner verbunden, dieses Land zu verteidigen, und zwar so wie uns selbst. [...] Angesichts der Zeitenwende, die Putins Aggression bedeutet, lautet unser Maßstab: Was für die Sicherung des Friedens in Europa gebraucht wird, das wird getan. [...] Wir müssen deutlich mehr in die Sicherheit unseres Landes investieren, um auf diese Weise unsere Freiheit und unsere Demokratie zu schützen.«

Eine Beistandspflicht Deutschlands zur US-Nato in der Causa Ukraine – mit der Absicht, Russland maximal zu schädigen und zu vernichten – gibt es nicht. Scholz konstruiert lügenhaft eine »Beistandspflicht gegenüber der Ukraine«, obwohl die Ukraine gar nicht zur Nato gehört. Russland hat darum keinen Nato-Staat, vielmehr jedoch die westlichen geopolitischen Interessen in der Ukraine angegriffen. Allein darum geht es. Die Sanktionen sind eher ein Schuss ins eigene Knie, eine unkalkulierbare Selbstbeschädigung. Die ganze westliche Politik ist ein einziges Desaster, nichts anderes. Andernfalls würde das Politestablishment die sicherheitspolitischen Interessen Russlands berücksichtigen.

Das widerwärtigste Schmierentheater besteht darin, dass sich ausgerechnet jene dazu aufwerfen, »unsere Demokratie zu schützen«, die sich aller demokratischer Prinzipien entledigt haben, wie weiter unten noch ausgeführt wird.[211]

Wenn man den Begriff der Zeitenwende dennoch bemühen möchte, so trifft dieser insbesondere auf die exponentielle Zunahme der Elitenverkommenheit zu. Eine Verkommenheit, die vor den eigenen Verbündeten nicht haltmacht. Automatisch denkt man hier an die Sprengung der Nordstream Pipelines durch die USA und weitere Helfer.[212] Mit diesem Themenkomplex werde ich mich hier jedoch nicht weiter auseinandersetzen. Allein die Tatsache, dass das deutsche Regime diesen Kriegsakt gegen das eigene Land und Europa nicht zum Gegenstand intensivster Untersuchungen macht,

---

211 Siehe hierzu insbesondere auch die Tabellenübersicht zum Faschismus

212 Siehe hierzu: https://seymourhersh.substack.com/p/how-america-tookout-the-nord-stream?utm_source=direct&utm_campaign=post&utm_medium=web; https://free21.org/wp-content/uploads/2023/04/Free21_Magazin_2023-2_WEB.pdf … ab S. 29 … weitergehende Recherchen von Ola Tunander zu Seymour Hersh und zur Beteiligung Norwegens. Foto: Victoria Nuland und Anthony Blinken, zwei zentrale Täter bei der Nord-Stream-Sprengung, die eine massive Verarmung der Bundesrepublik zur Folge haben wird. Sie sind ebenfalls zentrale Täter beim Ukraine-Krieg. Das geostrategische Ziel ist die ökonomische und politische Zerstörung Russlands.

spricht Bände. Fakt ist, dass die USA mit diesem verbrecherischen Akt unter Beweis gestellt haben, dass sie entschlossen sind, sogar Kriege gegen die eigenen Verbündeten in Europa zu führen. Ob das deutsche Regime unter Scholz über diesen Kriegsakt informiert war, darüber kann man nur spekulieren.

WAS KENNZEICHNET DEN FASCHISMUS NACH RICHARD LÖWENTHAL?[213]

Im Europa des 20. Jahrhunderts ermöglichten spezifische historische Bedingungen und die damalige Krise des kapitalistischen Systems die Entstehung einer Vielzahl faschistischer Regime, worunter der italienische Faschismus und der deutsche Nationalsozialismus die bedeutsamsten Ausprägungen waren. Doch auch in anderen europäischen Staaten kamen – hauptsächlich in den 1930er und 1940er Jahren – faschistische Regierungen an die Macht: in Litauen von 1926 bis 1940, in Ungarn von 1932 bis 1945, in Portugal von 1933 bis 1974, Bulgarien von 1934 bis 1935, Lettland von 1934 bis 1940, Österreich von 1934 bis 1945, Griechenland von 1936 bis 1944, Rumänien von 1937 bis 1944, in Albanien von 1939 bis 1943 und Spanien von 1939 bis 1975,[214] um einige zu nennen. Teilweise entstanden die Regime unter Einfluss des deutschen Nationalsozialismus. Darüber hinaus schufen die USA in ihrem amerikanischen Hinterhof, das heißt in Südamerika, aber auch in Asien und Afrika nach dem Zweiten Weltkrieg zahlreiche (faschistische) Militärdiktaturen. Die Begründung war stets, den Kapitalismus zu schützen. Und so stürzten sie sozialistisch-kommunistische Regie-

---

213 Richard Löwenthal alias Paul Sering, 1908–1991. Deutscher Politikwissenschaftler. 1961 bis 1974 Professor an der Freien Universität Berlin. Er beschäftigte sich unter anderem mit Problemen der Weltpolitik, des Faschismus, der Demokratie und des Kommunismus.

214 Simon Elmer, *The Road to Fascism*, S. 4

rungen, liquidierten zum Teil deren Führungen und installierten in den Ländern stattdessen Diktatoren, die die eigenen Bevölkerungen unterdrückten.[215] Der deutsche Schriftsteller und Philosoph Carl Amery (1922–2005), schrieb dazu in seinem Buch *Hitler als Vorläufer*:

> »Hier offenbart sich der grundsätzliche Unterschied zwischen dem Hitlerismus und fast allen anderen, jedenfalls allen anderen erfolgreichen Faschisten. Was Hitler mit Mussolini, mit Franco, mit den faschistischen Ansätzen von Pilsudski Pétain, Salazar, Antonescu und wie sie alle hießen, verband, ist klar: die grundsätzliche Verachtung der Mehrheitsdemokratie, die Abschaffung unparteiischen Rechts und, daraus folgend, die Entrechtung des politischen Gegners, die Parallelmacht militärischer und paramilitärischer Formationen. Aber all die anderen Diktaturen sahen und betrieben diese Art von Politik als Stärkung des Staates, als Herstellung oder Wiederherstellung seiner Erhabenheit und Schreckensmacht. […] Soweit ›Rasse‹ in ihren Doktrinen, in ihrer Propaganda überhaupt eine Rolle spielte, dann als das Produkt eines langen geschichtlichen Verschmelzungsprozesses, auf den man stolz war.«[216]

Auch wenn die oben genannten Regime im Zusammenhang mit

---

215 Siehe hierzu: *William Blum, Zerstörung der Hoffnung. Globale Operationen der CIA seit dem 2. Weltkrieg*, 2. erw. Aufl., Frankfurt a. M. 2014;
Armin Wertz, *Die Weltbeherrscher. Militärische und geheimdienstliche Operationen der USA*, aktualisierte und erweiterte Neuausgabe 2017;
James A. Lucas, US Has Killed More Than 20 Million People in 37 »Victim Nations« Since World War II, 24. October 2018: https://www.globalresearch.ca/us-has-killed-more-than-20-million-people-in-37victim-nations-since-world-war-ii/5492051

216 Carl Amery, *Hitler als Vorläufer*, München 2002, S. 63f

der Entwicklung des kapitalistischen Systems des 20. Jahrhunderts stehen und als Beispiele für den traditionellen Faschismus gelten, bleibt die Frage: Trifft der Faschismusbegriff bei den derzeitigen Entwicklungen des kapitalistischen Systems, also auch auf unsere aktuelle Situation zu? Welche Gründe sprechen dafür, die aktuelle Machtkonstellation innerhalb des global ausgerollten biopolitischen Sicherheitsstaates als *Neuen Faschismus* zu bezeichnen? Für den britischen Autor Simon Elmer besteht darüber kein Zweifel. Er ist davon überzeugt, dass sich der Westen auf dem Weg in einen neuen Faschismus befindet:

> »[…] wir sollten keinen Zweifel daran haben, was diese Revolution antreibt, was ihre politischen Ziele sind und welche Mittel sie einsetzen wird, um sie zu erreichen, und uns nicht scheuen, sie als das zu bezeichnen, was sie ist. Ich glaube, dass sie nicht in ihrer wirtschaftlichen Infrastruktur, sondern in ihrem ideologischen Überbau, das heißt in den sich herausbildenden staatlichen, juristischen und kulturellen Formen, ›Faschismus‹ genannt werden muss.«[217]

Um keine falschen Erwartungen zu wecken: Es ist nicht mein Anliegen, eine neue Faschismustheorie zu präsentieren. Noch werde ich mich damit befassen, wie der Faschismus in Italien und Deutschland vor 1933 zur bestimmenden politischen Kraft werden konnte. Weltweit stehen die Bibliotheken voll mit Analysen zur Entstehung des Faschismus sowie zum Dritten Reich, seinen Eroberungsfeldzügen und Verbrechen. Mir geht es allein darum, einige grundsätzliche Merkmale des Faschismus herauszuarbeiten.

---

217 Simon Elmer, *The Road to Fascism*, a. a. O., S. 5

Dazu beziehe ich mich hauptsächlich auf die Aussagen Richard Löwenthals zum Faschismus, die er 1947 in seinem Buch *Jenseits des Kapitalismus*[218] publizierte. In diesem und dem Folgekapitel gehe ich ausschließlich der Frage nach, welche Merkmale des traditionellen Faschismus sich auf heute übertragen lassen und welche nicht. Andererseits benenne ich weitere, die einem *Neuen Faschismus* in die Hände spielen, aber im alten Faschismus noch gar nicht auftauchen konnten. Ob der Begriff *Neuer Faschismus* die aktuelle Situation treffend beschreibt, kann jeder Leser, jede Leserin nach Lektüre des Buches selbst entscheiden.

Der traditionelle Faschismus schaffte die Demokratie mithilfe massiver Gewaltanwendung ab und setzte sich an ihre Stelle. Die faschistischen Parteien demonstrierten in ihren martialischen Auftritten, dass sie bereit und fähig waren, ihre Macht mit allen Mitteln durchzusetzen. Die nach außen vermittelte Botschaft war eindeutig: Sie würden jeden vernichten, der auch nur den Versuch startete, sie an der Machtgewinnung zu hindern und sie aus ihrer einmal gewonnenen Machtposition zu vertreiben.

> »Sie waren terroristische Kampforganisationen, aufgebaut mit militärischem Zentralismus, zur Demonstration ihrer Stärke, zur Einschüchterung ihrer Gegner und zur Übernahme des Staatsapparates im Augenblick des Regierungseintritts. Die Gewaltakte der Squadristi und der SA und der SS waren nicht der bloße Ausdruck spontaner Brutalität, sondern Teil eines wohl durchdachten Systems, das darauf abzielt, das stärkste aller Propagandaargumente in einer Situation verzweifelter politischer und

---

218 Richard Löwenthal, *Jenseits des Kapitalismus*, Berlin, Bonn-Bad Godesberg 1977 (Original 1947)

ökonomischer Unsicherheit zu demonstrieren: ›Wir wollen die Macht und sind stark genug, sie zu erobern‹.«[219]

Der faschistische Staat regierte im (Dauer-)Ausnahmezustand. Er bestimmte das Leben der Menschen in seinen territorialen Grenzen. Der faschistische Staat alter Prägung, der Staat Hitlers und Mussolinis, ist Führerstaat und der Führer seine heroische Figur. Der Führer, die Nation und die faschistischen Organisationen mit ihren Symbolen sowie die faschistische »Blut und Boden«-Ideologie stehen im Zentrum der Propaganda. Der »Kampf ums Überleben«, der »Sieg der Starken«, des »auserwählten Volkes« bzw. der Rasse ist Kern dieser Ideologie. Rassenhomogenität und Fremdenhass sind integrale Bestandteile des faschistischen Staates. Das Volk wird als homogenes Kollektiv gedacht, für Führer und Nation zu jedem Opfer und zu jedem Verbrechen bereit. Für ihn zieht es in Eroberungskriege, um »neuen Lebensraum« zu erschließen, den »Untermenschen« ihren angestammten Lebensraum streitig zu machen, sie zu unterjochen, zu versklaven oder auszurotten. Faschismus ist ohne Krieg undenkbar, sowohl gegen die inneren als auch gegen die äußeren Feinde.

Gigantische Massenveranstaltungen im Dunkeln bei Fackelschein sind integraler Teil der faschistischen Propaganda. Emotional äußerst aufgeladen sollen sie nach außen die Botschaft vermitteln: Wir sind ein Volk, wir ziehen alle an einem Strang und wir sind stark! Die Choreografie war perfekt geplant. Der Führer trägt die Massenbewegung und die begeisterte, fanatische bis hysterische Massenbewegung trägt den Führer und den Führerstaat. Filmaufnahmen aus der damaligen Zeit lassen die Zuschauer auch

219 Ebd., S. 116f

heute noch nicht kalt. Propaganda und Zensur sind im Faschismus allgegenwärtig.

Obwohl im faschistischen Staat auch Männer aus »einfachen« Bevölkerungsschichten in höhere Staatsfunktionen aufsteigen konnten, gilt trotzdem, dass im traditionellen Faschismus Aristokraten, Industrielle, Militärs und Großgrundbesitzer die Führungsspitze stellen. Als »Spezialität deutsch-faschistischer Gründlichkeit« entstehen im nationalsozialistischen Deutschland – im Gegensatz zum italienischen Faschismus – Konzentrationslager für Juden und »unliebsame« Dissidenten, die in eine bürokratisch und industriell organisierte Vernichtung ausarten. Dass Hitler die Volksmassen auf einen Eroberungskrieg, insbesondere in Richtung Osten, einschwor, ist dem Kapitalismus inhärent, so Löwenthal:

> »Die kapitalistische Planung tendiert ihrer Natur nach zur Rüstung und zur imperialistischen Expansion. Die monopolkapitalistischen Trusts [...] drängen bewusst in diese Richtung, die ihren Interessen entspricht. Doch diese Tendenz des Plankapitalismus, dieses Drängen des Großkapitals setzt sich nicht automatisch durch. Ob eine – technisch erfolgreiche – imperialistische Planung oder eine – notwendig unvollkommene – Wohlfahrtsplanung tatsächlich eintritt, ist eine Frage des konkreten Kampfes der verschiedensten Interessen um die Führung in der Planung des politischen Kampfes unter jeweils gegebenen Bedingungen.«[220]

[220] Richard Löwenthal, a. a. O., S. 114

Die Dimitroff-These

Nach der Dimitroff-These haben die Monopolkapitalisten den Kampf um die Führung gewonnen, nicht nur in den 1930er und 1940er Jahren des vorigen Jahrhunderts, sondern auch aktuell. Eine berühmt gewordene Faschismus-Definition stammt von dem bulgarischen Kommunisten Georgi Dimitroff (1882–1949)[221], der schrieb:

> »Der Faschismus an der Macht […] ist die offene, terroristische Diktatur der reaktionärsten, chauvinistischsten, am meisten imperialistischen Elemente des Finanzkapitals.«[222]

Die These Dimitroffs sei für den italienischen und den Hitlerfaschismus keine »zureichende Beschreibung seiner tragenden Kräfte«, so Löwenthal. Nach Löwenthal waren beide faschistischen Regime *nicht die logischen Ergebnisse* des damaligen Finanzkapitals bzw. dessen aggressivster Kreise. Er schrieb dazu:

> *»Das nationalsozialistische Regime in Deutschland als Faschismus zu bezeichnen und den Faschismus als die Herrschaft der aggressivsten und reaktionärsten Teile des Monopolkapitals zu definieren, ist daher keine Erklärung seines Sieges von 1933 und seiner 12jährigen Herrschaft – nicht einmal eine zureichende Beschreibung seiner tragenden Kräfte. Das unzureichende einer solchen Formel geht schon daraus hervor, dass der italienische Faschismus von 1922–1934 auf*

221 https://de.wikipedia.org/wiki/Faschismustheorie#Die_Dimitroff-These

222 https://de.wikipedia.org/wiki/Faschismustheorie#Die_Dimitroff-These

einem wesentlich anderen ökonomischen Hintergrund regierte als der deutsche Nationalsozialismus später…« [223]

Dimitroff ist jedoch fest von einem direkten Zusammenhang zwischen Wirtschaftskrise des Kapitalismus und dem Entstehen eines faschistischen Staates überzeugt, wenn er schreibt:

> »… dass ›bürgerliche Demokratie‹ und Faschismus zwei verschiedene Ausprägungen des *Kapitalismus* seien, diese Herrschaftsformen also auf der gleichen ökonomischen Basis beruhen […]: In dem Moment, in dem der Kapitalismus bedroht sei – etwa durch eine drohende revolutionäre Bewegung, wie in den frühen 1920er Jahren in Italien oder während der *Weltwirtschaftskrise* in Deutschland –, wandele sich die bürgerliche Demokratie (teilweise auch nur als ›pseudodemokratische Maske‹ verstanden[224]) zur faschistischen Diktatur, die auch mit brutalsten Mitteln die Kapitalverwertung aufrechterhalte.«[225]

In dem soeben zitierten Zusammenhang scheint sich die Dimitroff-These in unserer aktuellen Lage jedoch vollumfänglich zu bestätigen: Während der Corona-Krise hat der *Neue Faschismus, der keiner sein will,* nämlich schon einmal gezeigt, zu welchen brutalen Mitteln er greift, wenn er den Kapitalismus nicht nur retten, die Kapitalverwertung nicht nur aufrechterhalten, sondern auf ganz neue Füße stellen will, *obwohl er von keiner revolutionären Bewegung bedroht war.*

---

223 Richard Löwenthal, a. a. O., S. 114f, Hervorhebung im Original

224 Siehe: Ullrich Mies, Jens Wernicke (Hg.) *Fassadendemokratie und Tiefer Staat. Auf dem Weg in ein autoritäres Zeitalter*, Wien 2017

225 https://de.wikipedia.org/wiki/Faschismustheorie#Die_Dimitroff-These

Die soziale Basis

Den treibenden Kräften des italienischen Faschismus und Nationalsozialismus war es gelungen, die unterschiedlichsten Schichten aus der Bevölkerung hinter den Zielen der Partei in einer Massenbewegung zu vereinen. Alle gemeinsam setzten ihre Hoffnung auf den starken Staat.

> »*Beide Bewegungen [die des italienischen Faschismus und des deutschen Nationalsozialismus, U. M.] waren Krisenprodukte; beide sammelten in ihren Reihen die Opfer der politischen und ökonomischen Unstabilität aus allen Klassen* – bankrotte Unternehmer und arbeitslose Intellektuelle, deklassierte Offiziere und verschuldete Bauern, konkurrenzunfähige Kleinbürger und verzweifelnde Dauerarbeitslose, Frontsoldaten, die den Weg in das desorganisierte bürgerliche Leben nicht zurückfinden konnten, und Jugendliche, die es unmöglich fanden, in eine normale Berufsarbeit hineinzuwachsen. Die Hoffnungen aller dieser Elemente konnten sich nicht mehr auf ihre Stellung in der Produktion stützen – sie richteten sich auf den ›Retter‹ Staat, und zwar auf einen ›starken‹, nationalen Staat. […]«[226]

Im *Neuen Faschismus, der keiner sein will,* spielt die Arbeiterbewegung als maßgebende linke politische Kraft gegen Kapitalismus und Reaktion, vor allem auf globaler Ebene, keine Rolle mehr. Zudem wurde der Nationalismus vom Internationalismus der Capitalist Class, der Power Elite, dem Militär- und Geheimdienstestablishment und damit vom Deep State abgelöst. Oberflächlich betrachtet fehlt im *Neuen Faschismus* eine alles bestimmende Einheitspar-

---

226 Richard Löwenthal, a. a. O., S. 115f, Hervorhebung im Original

tei. Doch realiter wurde die parlamentarische Demokratie durch das oben beschriebene ideologisch gleichgeschaltete, marktradikale Parteienkomplott[227] ersetzt, das sich in den Deep State integrierte.

Das Herrschaftssystem des totalen Staates ist die zentralistische Einheitspartei. Der deutsche Nationalsozialismus hat auf seinem Weg an die Macht »... zunächst alle anderen Parteien, einschließlich seiner eigenen ursprünglichen Koalitionspartner, verboten und dann alle anderen Organisationen von den neu geschaffenen staatlichen Zwangsorganisationen der Arbeiter und Bauern bis zum letzten Sportclub und Sparverein der Leitung eingesetzter nationalsozialistischer Führer unterworfen«[228], so Löwenthal. Doch damit nicht genug: Zudem wurden die Presseorgane der oppositionellen Parteien verboten und alle parteilich nicht gebundenen Zeitungen nicht nur zensiert, sondern

> »... in Werkzeuge staatlicher Propaganda verwandelt. *Dieses Netz von Zwangspropaganda und Zwangsorganisation, das sich nicht nach der Art alter Polizeistaaten mit der bloßen Unterdrückung der gegnerischen Meinung und der oppositionellen Organisation begnügte, sondern den letzten Untertanen propagandistisch und organisatorisch zu erfassen und für die Staatszwecke zu mobilisieren suchte, ist das eigentliche Kennzeichen des totalen Staates des 20. Jahrhunderts.«*[229]

Wie an anderer Stelle herausgearbeitet,[230] war eine neuartige Mas-

---

227 Siehe Kapitel: »Neoliberale/marktradikale Konterrevolution als Fundament des Neuen Faschismus«

228 Richard Löwenthal, a. a. O., S. 117

229 Richard Löwenthal, a. a. O., S. 117f, Hervorhebung im Original

230 Ullrich Mies (Hg.), *Schöne Neue Welt 2030. Vom Fall der Demokratie und dem Aufstieg einer totalitären Ordnung*, Wien 2021

senbewegung die Grundvoraussetzung für das totalitäre Corona-Regime ab März 2020, die – propagandistisch erzeugt – auf der Angst vor einem todbringenden Virus beruhte. Waren die Massenbewegungen des traditionellen Faschismus die Krisenprodukte der 1920er und 1930er Jahre, so handelt es sich bei der heutigen Massenbewegung um eine degenerierte, autoritätshörige »Angstbewegung«, die zur Erlösung von allen Übeln gleichfalls auf Autoritäten und den »starken Staat« setzt. Dieser durch und durch korrupte kapitalistische Staat erwies sich als Retter und hatte die ersehnte »Befreiungsspritze« parat: die Injektion eines mRNA-Experimentalstoffs unter Ausschluss jeder Herstellerhaftung. Unter diesen vermeintlichen Schutzschirm des Kapitalstaates krochen mit aller Vehemenz auch sogenannte Linke, die sich ihrer ureigenen kritischen Position gegenüber politischen und ökonomischen Machtverhältnissen – dem bürgerlichen Staat – selbstverschuldet beraubten. Ihrem eigenen staatsautoritären Charakter treu bleibend schluckte diese Scheinlinke den Propagandaköder, den die internationale Kapital-, Pharma- und Medienmafia in enger Umarmung mit dem kapitalistischen Staat ausgeworfen hatten. In ihrer Nützlichkeit für die Stabilisierung des Systems unterscheidet sich diese Sorte Linker in keiner Weise von den dumpfen manipulierten Massen. Ja mehr noch: Sie macht sich zum Ideologietransporteur der Herrschaftsfraktionen. Das ist das traurige heutige Bild der deutschen Linkspartei ebenso wie der Grünen, von denen ohnehin nichts mehr zu erwarten ist außer Machtbesessenheit und Nato-Affinität. Die Sozialdemokratie ist sich als Verräterpartei à la Gustav Noske und Kriegsanleihen anno 1914 treu geblieben. Mit ihrer 100.000.000.000 Euro Kriegsanleihe macht sie sich als US-Anhängsel zum nützlichen Idioten der Globalfaschisten im geopolitischen Ringen um die Weltvorherrschaft.

Neue Techniken und Methoden

Die faschistischen Parteien zuzeiten Hitlers und Mussolinis nennt Löwenthal

> »*... terroristische Kampforganisationen, aufgebaut mit militärischem Zentralismus, zur Demonstration ihrer Stärke, zur Einschüchterung ihrer Gegner und zur Übernahme des Staatsapparats im Augenblick des Regierungseintritts.* [...] Denn die Technik des faschistischen Machtkampfes ist ungesetzlich, aber nicht revolutionär: Sie scheut vor keinem Verbrechen zurück, aber sie erstrebt nicht, den Staatsapparat zu stürzen, sondern sich seiner ›streng legal‹ zu bemächtigen.«[231]

Der Neue Faschismus hat keine brutalen Schlägertrupps, keine Paramilitärs, keine Militäreinheiten zur Durchsetzung seiner Ziele mehr nötig. Diese hält er als Reserve im Hintergrund. Er benötigt keine Blutbäder auf den Straßen, um sich die Macht anzueignen. Das letzte Großmodell dieser Art war Chile 1973. Für den *Neuen Faschismus* führt der Weg zur zentralistischen Macht über multinationale Großkonzerne in Kooperation mit Regierungen und internationalen Organisationen. Dem Nationalstaat verbleibt die Rolle der Repression und der Steuereintreibung nach innen. Dazu bedient sich der *Neue Faschismus* modernster Techniken und Methoden.

Diese neuen Methoden und Techniken sind zumal sehr viel erfolgreicher und wirksamer – weil subtiler. Dazu gehören beispielsweise Maßnahmen wie das leise Abräumen missliebiger Regierungen, die Unterwanderung von Volksbewegungen, »Bunte Revolutionen« und die Infiltrierung der innergesellschaftlichen Opposition.

---

231 Richard Löwenthal, a. a. O., S. 116f, Hervorhebung im Original

Den Führer als heroische Figur ersetzt eine transnationale Technokraten- und Bürokratenkaste in UN, WHO, EU und Nato. Wie oben ausgeführt, wurde der Staatsapparat im Wege eines »Langzeitputsches«, der neoliberalen/marktradikalen Konterrevolution, nicht gestürzt, sondern schleichend und systematisch von gleichgeschalteten Parteiapparaten und Deep State-Akteuren übernommen. Insoweit hat sich der *Neue Faschismus* für die Übernahme des Staates lediglich mehr Zeit gelassen und auf den blutigen Umsturz verzichtet.

Der totale Staat

Schaut man sich die westlichen Staaten nach der selbst inszenierten Corona-Krise an, so zeigen sich erhebliche Parallelen zum »totalen Staat«. Auf die ideologisch gleichgeschalteten Parteien habe ich bereits mehrfach hingewiesen. Im Verlaufe der neoliberalen Konterrevolution gelang es den marktradikalen Kräften, in Volk und Staat eine neue »alternativlose« totalitäre Ideologie zu implantieren. Diese ideologische Ausrichtung führte während der Corona-Krise zu einem immer radikaler agierenden Staat, der sich zur Durchsetzung seiner biopolitischen Diktatur aller nur denkbarer totalitärer Maßnahmen bediente – vom politisch motivierten Mord bis hin zu Gerichtsurteilen nach Gutdünken des Staates, willkürlichen Überfällen auf Corona-»Leugner«, von Zensur und Hassproduktion, Denunziation und vielem mehr. Doch der Ausnahmezustand kann auch nach der Plandemie jederzeit neu ausgerufen werden, der Putsch gegen das Grundgesetz wurde, wie ausgeführt, vollzogen. Löwenthal schreibt zur totalen Diktatur bzw. zu totalen Regimen in Bezug auf die Rechte des Individuums:

»Totale Diktatur ist die totale Aufhebung der Rechte des Individuums

nicht nur während eines Notstandes, sondern als dauerndes System: die Rechte bestehen nur, solange sie mit den Staatszwecken nicht in Konflikt kommen – es gibt in einem totalitären Regime keine Rechte gegen den Staat. Schutzhaft und Konzentrationslager, Sondergerichte und Urteile nach ›Volksempfinden‹ auf politische Anweisung, willkürliche Morde, willkürliche Inhaftierungen und willkürliche Enteignungen aus Gründen der nach Gutdünken interpretierten ›Staatsräson‹ sind nur ebenso viele unvermeidliche Konsequenzen des fundamentalen Prinzips der totalen Diktatur.«[232]

Stellt sich die Frage: Wie weit ist der unfreie Westen von diesen Zuständen eigentlich noch entfernt? Nicht mehr sehr weit, so meine Antwort. Es bestehen allenfalls noch einige Unterschiede in wichtigen Details. Quarantänelager lassen sich jederzeit einrichten, Sondergerichte sind insofern gar nicht notwendig, als die politische Justiz bereits ihre Arbeit aufgenommen hat.

Faschismus und Kapitaleigentum

Ein wichtiges Merkmal faschistischer Diktaturen ist, dass sie das Eigentum der Kapitalisten nicht antasten. So hat der Nationalsozialismus keinen einzigen privaten Industriezweig verstaatlicht. Auch der Neoliberalismus hat kein einziges Unternehmen in privater Hand verstaatlicht, sondern hat das genaue Gegenteil gemacht: immer mehr Unternehmen im Staatsbesitz privatisiert. Und im Marktradikalismus Pleite gegangene Spekulantenbanden wurden als Banken – »too big to fail« – zudem mit dem Geld der Steuerzahler gerettet. Es erfolgte also eine nochmalige Radikalisierung und Pervertierung des Kapitalverhältnisses. Den marktradikalen

232 Ebd., S. 117f, Hervorhebung im Original

Ideologen im Staatsapparat war es wichtig, die politische und soziale Unterordnung zu zementieren, die Staatsunternehmen nicht auf Dauer sicherstellen können.

> »*Wer die Autorität des Staates unangreifbar errichten will, der erschwert seine Aufgabe nur, wenn er die Autorität der Ausbeuterklasse erschüttert.* […] *Die faschistische Bewegung mitsamt ihren Führern ist ein Zersetzungsprodukt der Krise des freien Kapitalismus und der von ihr bedingten Krise der demokratischen Institutionen. Doch eine solche Bewegung, einmal entstanden, ist ihrer Natur nach zum Verbündeten der aggressiv-imperialistischen Gruppen des Monopolkapitals geschaffen.* Es ist daher unwesentlich, ob der einzelne faschistische Führer an seine Ideen ehrlich glaubt oder von vornherein für ihre Verbreitung bezahlt wird: Früher oder später wird er auf alle Fälle die Unterstützung des Monopolkapitals finden.«[233]

Übersetzt auf die heutige Zeit könnte es heißen: Der biopolitische Sicherheitsstaat ist ein Zersetzungsprodukt (Ergebnis) der Krise des freien Kapitalismus und der demokratischen Institutionen. Der biopolitische Sicherheitsstaat, einmal entstanden, ist seiner Natur nach der Verbündete der aggressiv-imperialistischen Gruppen des internationalen Monopolkapitals unter Führung der USA. Das ist die heutige Sachlage und was wesentlich anzumerken ist: Der *Neue Faschismus, der keiner sein will,* ist ebenso Krisenprodukt des freien Kapitalismus wie der traditionelle Faschismus zu seiner Zeit.

Faschismus und Planimperialismus

Die politischen Bedingungen für den *Neuen Faschismus, der kei-*

---

233 Ebd., a. a. O., S. 118f, Hervorhebung im Original

ner sein will, sind längst vorhanden: Die Krise des Kapitalismus ist ebenso total wie das kriegerische Ausgreifen von USA und Nato-Staaten in Richtung Russland (und China), um deren Ressourcen in Besitz zu nehmen und die unipolare Weltordnung aufrechtzuerhalten. Die Globalfaschisten können es offensichtlich gar nicht erwarten, den europäischen Kontinent vollends in den Krieg zu stürzen, auch wenn einige Propagandamedien vom »Hineinschlittern« in die Kriegswirtschaft fabulieren. Selbstverständlich »schlittert« niemand. Die Umstellung des Westens auf Kriegswirtschaft – und damit im Sinne des Planimperialismus – ist in vollem Gange.[234] Trotz seiner immensen Bedeutung für den *Neuen Faschismus* beziehe ich eine Untersuchung des Pentagon-basierten Nato- und EU-Militarismus nicht in die Untersuchung ein, da dies eine eigenständige Analyse erforderlich machen würde.

Dennoch hier einige Beispiele aus der Regime-konformen Kriegstrommler-Presse:

> »Muss Europa auf Kriegswirtschaft umstellen? – Fabrikübernahmen? Preiskontrollen? Rationierung von Lebensmitteln? Wovon sprechen europäische Politiker, wenn sie eine Kriegswirtschaft fordern – oder ablehnen?«[235]

---

234 Susan Berg, Bundesregierung will in die Kieler U-Boot-Werft einsteigen – Auftakt zur Kriegswirtschaft?, Epochtimes, 14.09.2023: https://www.epochtimes.de/wirtschaft/bundesregierung-will-in-die-kieler-u-boot-werft-einsteigen-auftakt-zur-kriegswirtschaft-a4408031.html?utm_source=koppreport&utm_medium=web&utm_campaign=nowall

235 https://www.dw.com/de/muss-europa-auf-kriegswirtschaft-umstellen/a-65807395

»Deutschland stellt sich auf Kriegswirtschaft ein. Das mächtigste Land der EU bereitet seine Wirtschaft für den Ernstfall vor. Das Wachstum sinkt bereits, die Inflation steigt. Es könnte noch schlimmer kommen.«[236]

»Wird Deutschland zu einer Kriegswirtschaft? Immer mehr Wirtschaftsbereiche werden für die Notwendigkeiten der aktuellen Krise umgestellt. Das ist notwendig, muss aber zeitlich begrenzt werden.«[237]

»Europa schaltet auf Kriegswirtschaft. Abschotten in der Festung Europa? Das wäre ein Fehler: Wo wir jetzt Rohstoffe und Energie herbekommen – und was die richtige Strategie für die Zukunft ist.«[238]

»Deutschland schlittert von der Krisen- in die Kriegswirtschaft. Wir bereiten uns mit Notfallplänen auf den kriegsbedingten Ausnahmezustand vor: Die Grenzen zwischen Krise und Krieg verschwimmen.«[239]

Einer der übelsten transatlantischen Kriegstreiber, steter Jubler

---

236 https://www.diepresse.com/6125298/deutschland-stellt-sich-auf-kriegs wirtschaft-ein

237 https://www.berliner-zeitung.de/mensch-metropole/wird-deutschlandzu-einer-kriegswirtschaft-li.254239

238 https://www.spiegel.de/wirtschaft/eu-schaltet-auf-kriegswirtschaft-was-uns-jetzt-blueht-und-wie-uns-die-krise-staerken-koennte-a-daf4d311-f569-4684-a8fc-a66fb330d57e

239 https://www.berliner-zeitung.de/open-mind/energiekrise-deutschland-schliddert-von-der-krisen-in-die-kriegswirtschaft-li.250813

weltweiter US-amerikanischer Interventionen, der deutsche Diplomat und Jurist Wolfgang Ischinger, forderte bereits im November 2022:

»Deutschland braucht die ›Kriegswirtschaft‹!«[240]

»Imperialistische Planung bedeutet, dass in Friedenszeiten und ohne äußeren Zwang Produktivkräfte systematisch von der Produktion nützlicher Güter, die zur Hebung des Lebensstandards dienen könnten, abgelenkt werden; [...] *Die totale Kriegsvorbereitung erfordert die totale organisatorische Einspannung und propagandistische Bearbeitung der Massen durch den totalen Staat; nur ein Regime, dass sich über den Staatsapparat hinaus auf die freiwillige Hilfe einer Massenbewegung stützt, die Funktionäre für die Leitung und Überwachung aller Massenorganisationen stellt, kann diese Aufgabe lösen.* [...] *der Sieg des Faschismus ist die Voraussetzung für die Möglichkeit konsequenter imperialistischer Planung: Der Faschismus ist die klassische politische Form des Planimperialismus.*«[241]

Allerdings – und das unterscheidet den traditionellen Faschismus vom *Neuen Faschismus* – stehen der Kriegsproduktion heute keine »freiwilligen Helfer« aus dem Segment der »Massenangstbewegung« zur Verfügung. Da muss sich der *Neue Faschismus, der keiner sein will*, noch etwas einfallen lassen, will er die totale Kriegswirtschaft in Form eines Planimperialismus umsetzen. Ob und in welchem Maße die westlichen Staatsapparate noch auf Kriegszwangs-

240 https://www.bild.de/politik/inland/politik-inland/knallhart-forderungvon-wolfang-ischinger-deutschland-braucht-die-kriegswirtscha82012636.bild.html

241 Richard Löwenthal, a. a. O., S. 119f, Hervorhebung im Original

produktion und die Rekrutierung Arbeitsloser bzw. die Installation eines neuen Sklavensystems zurückgreifen werden, bleibt abzuwarten. Nichts ist ausgeschlossen.

Die Revolte gegen das Leben

Die nihilistische Revolte der Faschisten gegen europäische Traditionen und das Leben wurde spätestens seit Corona zu einer Revolte der Transhumanisten gegen den Humanismus insgesamt. *Die Transhumanisten sind die neue Bedrohung des Lebens.* Sie bedrohen die Menschheit mit Chaos und Untergangsszenarien. Die Transhumanisten sind es, die die bindenden Kräfte der kulturellen Werte außer Kraft setzen und unsere Zivilisation in einem Maße zerrütten, wie es bisher undenkbar war. Sie sprengen unser Wertesystem, da eine Einordnung des Transhumanismus in humanistische und demokratische Traditionen nicht gelingen kann.

Dieser Prozess ist in der Geschichte des Faschismus nicht neu. Zum Hereinbrechen des Chaos und der Zerstörung europäischer Werte schreibt Löwenthal:

> »*Besonders der deutsche Nationalsozialismus hat eine zerstörende explosive Wucht, eine Berserkerwut in der Verneinung anerkannter Werte der europäischen Tradition entfaltet, deren Wurzeln wir in einer anderen Dimension des geschichtlichen und gesellschaftlichen Geschehens suchen müssen.* [...] Die humanistische Tradition [...] ist wie jede Errungenschaft menschlicher Gesittung immer wieder vom Hereinbrechen des Chaos bedroht. [...] Jede Epoche akuter sozialer Transformation ist eine Epoche akuter Bedrohung der Zivilisation. Jedes neue gesellschaftliche Gebilde, jede Bewegung oder Institution, die die Ergebenheit und Opferbereitschaft von Menschen an sich bindet, kann zum Faktor der

Sprengung des gesamten Wertesystems werden, wenn ihre Einordnung nicht gelingt.«[242]

Die politischen Systeme des Westens sind heute in keiner Weise auf die volle Entfaltung des einzelnen Menschen ausgerichtet. Sondern es gilt das komplette Gegenteil: Vor allem während der Corona-Plandemie wurde jeder Einzelne dem neuen Notstands-Regime untergeordnet, ja er wurde zum Objekt.

Der deutsch-amerikanische Psychoanalytiker, Philosoph und Sozialpsychologe Erich Fromm hat als Zeitzeuge die totale Unterdrückung der gesamten Bevölkerung während des Nationalsozialismus miterlebt. 1941 schrieb er in seinem Buch *Die Furcht vor der Freiheit*:

»Die Demokratie ist ein System, das die wirtschaftlichen politischen und kulturellen Voraussetzungen für die volle Entfaltung des einzelnen Menschen schafft. Der Faschismus ist ein System, das – seines Namens ungeachtet – den Einzelnen äußeren Zwecken unterordnet und der Entwicklung einer echten Individualität abträglich ist.« [243]

Genau da stehen wir! Zusammenfassend können wir festhalten, dass der überwiegende Teil der Aussagen Richard Löwenthals sich unter veränderten geschichtlichen Bedingungen auch auf heute übertragen lässt. Aber gehen wir nun weiter zu dem, was Umberto Eco zu sagen hat.

---

242 Ebd., S. 121f

243 Erich Fromm, *Die Furcht vor der Freiheit*, 27. Auflage, München 2022, S. 198

DER UR-FASCHISMUS NACH UMBERTO ECO PLUS ZWEI WEITERE MERKMALE

»Auch wenn Umberto Eco keine 27 Jahre in die Zukunft schauen konnte, um unsere Gegenwart mit hoher Genauigkeit zu beschreiben, so beschrieb er doch die latente Präsenz des Faschismus im Westen, die heute mit all ihren historischen Merkmalen wieder zum Vorschein tritt.«[244]

SIMON ELMER

Der bekannte italienische Schriftsteller und Medienwissenschaftler Umberto Eco (1932–2016) hat im Jahr 1995 einen Artikel über den Ur-Faschismus geschrieben[245] und darin 14 Merkmale herausgearbeitet. Nach seiner Auffassung kennzeichnen diese Kriterien in der einen oder anderen Form alle faschistischen Systeme, wobei nicht alle 14 gemeinsam auftreten müssen. Nach Eco reicht aber bereits ein Kriterium der nachfolgend genannten aus, damit sich ein neuer Faschismus herausbilden kann. Im Folgenden möchte ich abgleichen, wie viele bzw. welche der Merkmale, die Eco herausgearbeitet hat, auf einen *Neuen Faschismus, der keiner sein will*, hinweisen.

---

244 Simon Elmer, *The Road to Fascism*, a. a. O., S. 32

245 Umberto Eco, *Der ewige Faschismus*, 5. Auflage, München 2020, S. 30–39, alle Hervorhebungen im Original. Das Original erschien am 22. Juni 1995 in der New York Review of Books.

Erstes Merkmal: Kult der Überlieferung (Synkretismus)

»Das erste Merkmal des Ur-Faschismus ist ein *Kult der Überlieferung*. Natürlich ist der Traditionalismus viel älter als der Faschismus. Er war nicht nur typisch für das gegenrevolutionäre katholische Denken nach der französischen Revolution, er war bereits in späthellenistischer Zeit als Reaktion auf den klassisch-griechischen Rationalismus entstanden. Im ganzen Mittelmeerraum begannen damals Völker mit verschiedenen Religionen [...] von einer Offenbarung zu träumen. Diese Offenbarung war der überlieferten Mystik zufolge lange Zeit [...] verborgen geblieben – sie steckte in den ägyptischen Hieroglyphen, den keltischen Runen, den Schriftrollen nicht bekannter asiatischer Religionen. Daher musste die neue Kultur zwangsläufig *synkretistisch* sein. Synkretismus[246] ist nicht nur [...] die Vermischung verschiedener Religionen, Glaubens- oder Kulturformen; [...] Jede der ursprünglichen Botschaften enthält einen Splitter der Weisheit, und wenn sie Unterschiedliches oder Unvereinbares zu besagen scheinen, liegt es nur daran, dass sie allesamt allegorisch auf eine Ur-Wahrheit anspielen.

Infolgedessen kann es keinen Fortschritt des Wissens geben. Die Wahrheit ist ein für alle Mal offenbart worden [...]. Man braucht nur

---

246 »Synkretismus« = [griechisch] der, in der Philosophie die unkritische Übernahme verschiedenartiger Denkansätze und Lehren (Eklektizismus) und ihre oft bestimmten Zeitgeistströmungen folgende Verschmelzung; in der Religionsgeschichte die Verschmelzung verschiedener Religionen bzw. einzelner Elemente von ihnen als Folge der geschichtlichen ›Überlagerung‹ von historisch gewachsenen Religionen oder der gezielten Gründung von neuen Religionen«: Bibliographisches Institut & F. A.
Brockhaus AG, Mannheim, 2004

einen Blick in den Kanon jeder faschistischen Bewegung zu werfen, um die wichtigsten traditionalistischen Denker zu finden. Die Nazi-Gnosis[247] speiste sich aus traditionalistischen, synkretistischen und okkulten Elementen. […] Gerade der Umstand, dass die italienische Rechte kürzlich, um ihre geistige Offenheit zu beweisen, ihren Kanon um Werke von De Maistre, Guénon und Gramsci erweitert hat, ist ein schlagender Beweis ihres Synkretismus. […].«

Ein wichtiges Mantra in Bezug auf Ecos erstes Faschismus-Kriterium ist die von Regierungen immer wieder hervorgebrachte Argumentation, im alleinigen Besitz der Wahrheit zu sein. Eine penetrantere Anmaßung ist eigentlich nicht vorstellbar. Aber diesen Alleinvertretungsanspruch auf Wahrheit haben wir bereits oben im Kapitel über den Neoliberalismus/Marktradikalismus als »totalitäre Ideologie« kennengelernt. Während der Corona-Krise hob die frühere Bundeskanzlerin Angela Merkel zudem die »Leopoldina«, die deutsche Akademie der Naturforscher, auf den Sockel eines heiligen Grals. Die »Ur-Wahheiten« werden vom heiligen Gral verkündet, allein von ihm oder anderen »Berufenen«, wie zum Beispiel der weitgehend von privaten Geldgebern abhängigen Johns Hopkins University. Die Leopoldina ist die älteste naturwissenschaftlich-medizinische Gelehrtengesellschaft im deutschsprachigen Raum und die älteste dauerhaft existierende Akademie der Welt.[248] Die Menschen sollen »der Wissenschaft folgen« und allein die Aussagen »der Wissenschaft« gelten lassen bzw. ausschließlich ihren Vertretern Glauben schenken. Damit ist selbstverständlich nichts

247 Gnosis ist ein religionswissenschaftlicher Begriff und bezeichnet Wissen und Erkenntnis, später ein geheimes Wissen über Gott und die Welt.

248 www.leopoldina.org

anderes gemeint als die Aufforderung, ausschließlich der offiziellen Definition dessen zu folgen, was Gesundheitsministerien und deren Ministerialbeamte sowie die Durchführungsbeauftragten der pharmazeutischen Konzerne als Wissenschaft ausgeben bzw., was die WHO sagt. Anders ausgedrückt: »Wir bestimmen, was Wissenschaft ist und was wissenschaftliche Aussagen sind.«

So sagte beispielsweise der frühere Chef des deutschen Robert Koch-Instituts Lothar H. Wieler sinngemäß, die offiziellen Darstellungen zu Corona »dürften nicht hinterfragt werden«. Gegenteilige wissenschaftliche Expertisen zu Corona wurden folglich systematisch aus der öffentlichen Debatte gedrängt. Diese Verfahrensweise hat mit Wissenschaft nicht das Geringste zu tun, sondern ist das schlichte Gegenteil. Wer ex cathedra allein »die Wahrheit« verkünden und bestimmen will, was »Wissenschaft« bedeutet, wer also keinen Diskurs zulässt, blockiert den Fortschritt des Wissens. Faktisch handelt es sich um einen neuen Glauben, eine neue »Theologie«. Und wer zudem weiß, dass es sich bei der etablierten Wissenschaft um korrupte Zitierkartelle handelt, macht sich keinerlei Illusionen mehr.

Das erste Merkmal des Ur-Faschismus ist erfüllt.

Zweites Merkmal: Irrationalismus

> »Traditionalismus impliziert *Ablehnung der Moderne.* Sowohl die Faschisten wie die Nazis verehrten die Technik, während traditionalistische Denker sie gewöhnlich als Negation der überlieferten geistigen Werte ablehnen. Doch so stolz der Nazismus auch auf seine industriellen Leistungen war, sein Lob der Moderne war nur die Oberfläche einer auf »Blut und Boden« gegründeten Ideologie. Die Ablehnung der modernen Welt tarnte sich als Ver-

urteilung der kapitalistischen Lebensweise, aber sie richtet sich in erster Linie gegen den Geist von 1789[249] (und natürlich von 1776[250]). Die Aufklärung und das Zeitalter der Vernunft wurden als Beginn der modernen Verderbnis gesehen. In diesem Sinne lässt sich der Ur-Faschismus als Irrationalismus definieren.«

Wenn wir dieses zweite Merkmal in Beziehung zur aktuellen Wirklichkeit setzen, sind die westlichen Regierungen im Rahmen von Corona dazu übergegangen, Verfahren mit quasi kriegsrechtlichen Mitteln durchzusetzen und dies alles ohne hinreichende medizinische Basis oder logische Argumentationen. Diese Tatsache korrespondiert voll mit einer Aussage Angela Merkels, dass die Maßnahmen im Rahmen von Corona »politische Entscheidungen« seien und nicht auf der Abwägung eines Pro und Contra wissenschaftlicher Diskussionen basierten. Dieser Regierungsirrationalismus hat aber dazu geführt, Maßnahmen der sozialen Distanzierung zu verordnen, den Maskenzwang staatsterroristisch durchzusetzen, groteske Hygienemaßnahmen in Supermärkten, Restaurants, Schulen, Krankenhäusern, Altenheimen etc. zu rechtfertigen, Menschen, vor allem die Kinder, mit Masken zu quälen. Bei den verordneten Maßnahmen handelte es sich fast durchweg um kultische Diktate, um puren Irrationalismus gepaart mit Willkür. Fakt war und ist, dass die meisten dieser Zwangsmaßnahmen einzig und allein darauf ausgerichtet waren, in der Öffentlichkeit Angst zu produzieren,

249 Französische Revolution

250 Am 4. Juli 1776 erklärten die 13 Kolonien ihre Unabhängigkeit von England.
Es kam zu einer Revolution, und die Vereinigten Staaten von Amerika entstanden. Die Verfassung, die damals für die Vereinigten Staaten beschlossen wurde, gilt bis heute.

Gehorsam und Unterwerfung einzufordern,[251] damit weite Teile der Bevölkerung gegen die Beschränkung ihrer Menschen- und Bürgerrechte nicht aufbegehrten.

Hochgradig irrationale Elemente tauchten auch nach 9/11 in der offiziellen außenpolitischen Herrschaftsideologie der USA insofern auf, als nun der »weltweite und nie endende Kampf gegen den Terrorismus« vor allen Dingen auch als »Kreuzzug gegen das Böse« dargestellt wurde. George W. Bush bezeichnete zudem einige Staaten (Iran, Irak und Nord-Korea) als »Achse des Bösen«. Ronald Reagan bezeichnete die Sowjetunion seinerzeit als »Reich des Bösen«. Zu dieser Kreuzzugsmentalität passt die Selbststilisierung der USA als »God's Own Country«. Alles völliger Irrationalismus.

Das zweite Merkmal des Ur-Faschismus ist erfüllt.

Drittes Merkmal: Kult der Aktion um der Aktion willen

»Irrationalismus hängt auch mit einem *Kult der Aktion um der Aktion willen* zusammen. Damit eine Aktion an sich schön ist, muss sie ohne jedes vorherige Nachdenken erfolgen. [Danach ist, U.M.] Denken [...] eine Form der Kastration. Darum ist Kultur suspekt, sobald und soweit sie mit kritischen Haltungen identifiziert wird. Misstrauen gegenüber der intellektuellen Welt war stets ein Symptom des Ur-Faschismus, von der berühmten, Goebbels zugeschriebenen Erklärung »Wenn ich von Kultur reden höre, ziehe ich den Revolver« bis zum häufigen Gebrauch von Ausdrücken wie »degeneriertes Intellektuellenpack«, »Eierköpfe«, »radikale Snobs«, »Ratten und Schmeißfliegen«. Die offiziellen faschistischen Intellektuellen waren hauptsächlich

251 Siehe hierzu das Unterkapitel: Brechung des Willens und Erzeugung von Gehorsam: »Weiße Folter« nach Albert Bidermann

damit beschäftigt, der modernen Kultur und der liberalen Intelligenz vorzuwerfen, sie hätten die überlieferten Werte verraten.«

In diese Kategorie des Ur-Faschismus fällt die öffentliche Denunziation Andersdenkender, vor allem jener Intellektueller, die aufgrund ihres Wissens und ihrer Expertise dem offiziellen Narrativ widersprachen. Schließlich wurden in perversen Medienkampagnen all diejenigen in den Schmutz gezogen und ihrer Würde beraubt, die irgendeine kritische Haltung gegenüber den verordneten Maßnahmen zeigten. Die sogenannten Fakten-Checker der Konzern- und Regierungsmedien haben mit geradezu Orwell'scher Verve die Maßnahmen des biopolitischen Sicherheitsstaates unterstützt und all diejenigen in der Verschwörungstheoretiker-Ecke entsorgt, die dem allgemeinen Irrsinn nicht folgten. Die von niemandem gewählte EU-Kommission hat einen »Guide« herausgegeben, wie man Verschwörungstheorien identifizieren kann.[252] Sie definiert Verschwörungstheorien »als Glauben darüber, dass bestimmte Ereignisse und Situationen auf geheime Weise hinter dem Vorhang durch starke Mächte mit negativen Absichten manipuliert werden«. Da möchte man fragen, wie weit neben der Realität lebt die EU-Kommission? Hat sie schon einmal etwas vom militärisch-industriellen Komplex und seinen Einflussnahmen, von Insiderabsprachen der Finanzbranche, vom internationalen Rauschgift- und Waffenhandel in Kooperation mit Geheimdiensten gehört? Wie steht es mit Geheimdienstoperationen und ihren Folgen generell? Der Inszenierung von Putschen und politischen Morden und so weiter, um nur wenige Punkte anzuführen? Welchen Grad an Realitätsverweigerung und Irrationalismus muss man eigentlich

252 https://europainfo.at/kampf-der-eu-gegen-fake-news-und-desinformation/

erreicht haben, um eine derartige Definition von »Verschwörungstheorie« aufzustellen? Aber um sinnfällige Antworten geht es den *Neuen Faschisten* nicht. Sie fordern Gefolgschaft und Unterwerfung unter ihre schwachsinnigen kulthaften Dogmen.

Das dritte Merkmal des Ur-Faschismus ist erfüllt.

Viertes Merkmal: Dissens ist Verrat

> »Kein synkretistischer Glaube kann Kritik hinnehmen. Der kritische Geist trifft Unterscheidungen, und zu unterscheiden ist ein Zeichen von Modernität. In der modernen Kultur preist die wissenschaftliche Gemeinschaft den Dissens als ein Mittel zur Vermehrung des Wissens. Für den Ur-Faschismus ist Dissens Verrat.«

Wäre allein dieses Kriterium ein hinreichendes, um Faschismus zu identifizieren, so bestehen Faschismus bzw. dessen Vorstufen bereits seit circa 40 Jahren. Etwa zu diesem Zeitpunkt begann die neoliberale Konterrevolution, sich vor jeder Kritik abzuschotten und als alternativlos darzustellen. Das Einpeitschen des Begriffs »Alternativlosigkeit« ist geradezu kennzeichnend für diese Epoche. Erinnern wir uns an die Aussage von Margret Thatcher während der Hochblüte der neoliberalen Ära »There Is No Alternative«, abgekürzt wurde dieser Slogan mit »TINA«. Auch Angela Merkel, die in vielem Thatcher nachfolgte, machte durch den Begriff »alternativlos« von sich reden.

Die marktradikalen Elemente in Regierungen und Konzernwirtschaft ließen keine Gelegenheit aus, um ihre »alternativlose Modernität« herauszustellen, die darauf basierte, den Sozialstaat und die Demokratie von den Füßen auf den Kopf zu stellen, den Staat zu

»entschlacken und zu verschlanken«, womit primär die Absenkung des Lohnniveaus der breiten Bevölkerung und die Senkung der Steuerlast für Konzerne und Reiche gemeint war. Das System Roland Koch in Hessen lässt als Beispiel grüßen, insbesondere die staatsterroristische Verfolgung und Psychiatrisierung von Steuerfahndern, die ihre Aufgabe ernst nahmen.[253]

Ein weiterer staatsterroristischer Akt war, Gustl Mollath in Bayern zu psychiatrisieren und für sieben Jahre in einer Anstalt zu »deponieren«, weil er staatliche Schweinereien und Durchstechereien publik machte.[254] Die Unterdrückung und Denunziation aller Intellektueller, die nicht auf Linie sind, ist die dunkle Wirklichkeit im sogenannten freien Westen. Kritische Wissenschaftler können ein Lied davon singen. Alle, die sich gegen die herrschenden Corona-Interpretationen auflehnten, wurden zu Missetätern erklärt, wurden zu einer Gefahr für Leib und Leben der Allgemeinheit sowie der öffentlichen Sicherheit gemacht. Das Ergebnis dieses irrationalen Anti-Intellektualismus ist das homogene Narrativ des globalen biopolitischen Sicherheitsstaats, das niemand infrage stellen darf. Heute ist Dissens mindestens existenzbedrohend!

Das vierte Merkmal des Ur-Faschismus ist erfüllt.

Fünftes Merkmal: Konsens und Rassismus

»Außerdem ist Dissens immer auch ein Zeichen für Vielfalt. Der Ur-Faschismus wächst und sucht sich Konsens, indem er

---

253 Siehe hierzu: Wolf Wetzel, Der Tiefe Staat und der konzerneigene Untergrund – eine Symbiose, in: Ullrich Mies, Jens Wernicke, *Fassadendemokratie und tiefer Start. Auf dem Weg in ein autoritäres Zeitalter*, Wien 2017, S. 167–184

254 https://www.sueddeutsche.de/kolumne/gustl-mollath-justizskandalpsychiatrie-1.5663792

die natürliche *Angst vor dem Andersartigen* ausbeutet und vertieft. Der erste Appell einer faschistischen oder vorfaschistischen Bewegung richtet sich immer gegen die Eindringlinge. Daher ist der Ur-Faschismus per Definition rassistisch.«

Dieses Merkmal gilt – nahezu wie kein anderes – für die 40-jährige neoliberale Gehirnwäsche der Bevölkerungen durch Regierungen, Konzerne und deren Medien. Ihr gemeinsames Ziel: eine homogenisierte Kultur herzustellen, die mittlerweile fast jeden Winkel der Erde erreicht hat. Dieser Prozess kolonisiert indigene Völker insofern, als er ihnen eine eigenständige Kulturentwicklung abspricht oder sie durch reale Handlungen, wie Eindringen in deren Gebiete, unmöglich macht. Der Multikulturalismus zerstört indigene, homogene Kulturen unter dem Zeichen des Fortschritts. Insofern erleben indigene Völker den Multikulturalismus als Neokolonialismus. Tatsächlich hat der biopolitische Sicherheitsstaat einen Neo-Rassismus hervorgebracht, der nicht entlang völkischer Kriterien verläuft oder durch Rassenunterschiede gekennzeichnet ist. Stattdessen richtet sich der Neo-Rassismus gegen Andersdenkende, oder »böse alte weiße Männer«, vor allem gegen diejenigen in der Corona-Zeit, die gegen den Staatsterror eines Experimentalinjektionsstoff-Impfregimes kämpften.

Dasselbe gilt für die woke Einheitsblase, die abweichendes Denken generell nicht erträgt. Um totalen Konsens herzustellen, ist es daher nur folgerichtig, dass alle »Abweichler«, völlig egal welcher Völkergemeinschaft sie angehören oder welche Hautfarbe sie haben, zensuriert, bestraft, ausgegrenzt, verbannt, ihrer Existenz beraubt und am besten sofort den Sicherheitskräften überstellt werden. Die Vorgaben dafür diktieren die Konzerne der Informationstechnologie und die Regierungen sorgen für entsprechende Gesetze.[255]

Ziel der Vertreter des globalen biopolitischen Sicherheitsstaates ist es, alles gleichzuschalten, die sozialen Medien-Plattformen zu kontrollieren, Angst vor Widersprüchen zu säen, Angst vor dem Körper, Angst vor dem Tod und die Spaltung der Gesellschaft voranzutreiben. Tatsächlich breitete sich in den westlichen Gesellschaften eine Art neues Apartheid-System aus. Freiheit soll fortan nur noch für Impfpass-Besitzer gelten. Der biopolitische Sicherheitsstaat unterwirft sich die heterogenen Völker der Nationen und beabsichtigt, sie in einem neofaschistischen Superstaat zu homogenisieren.

Das fünfte Merkmal des Ur-Faschismus ist erfüllt.

Sechstes Merkmal: Frustrierte Mittelklassen

> »Der Ur-Faschismus entspringt individueller oder gesellschaftlicher Frustration. Darum war eines der typischen Merkmale der historischen Faschismen der *Appell an die frustrierten Mittelklassen*, die unter einer ökonomischen Krise und/oder einer politischen Demütigung litten und sich vor dem Druck subalterner gesellschaftlicher Gruppen fürchteten. Heute, da die einstigen »Proletarier« Kleinbürger werden (und die »Lumpenproletarier« sich vom politischen Leben selbst ausschließen), wird der Faschismus sein Publikum in dieser neuen Mehrheit finden.«

Der Corona-Terror fand seine penetrantesten Unterstützer im Umfeld der Mittelklassen der westlichen Staaten, den sogenannt Besser-Situierten, darunter öffentlich Bedienstete jeder Couleur, insbesondere Beamte, Lehrer, Juristen und Journalisten. Mit von

255 https://europainfo.at/kampf-der-eu-gegen-fake-news-und-desinformation/

der Partie war auch jener Riesenpool derjenigen, die von zu Hause aus arbeiten und sich ihre Konsumgüter oder was auch immer nach Hause liefern lassen. Unabhängig davon entfernen und entfremden sich die verschiedenen Gesellschaftsschichten in der sich vertiefenden Krise des westlichen Kapitalismus immer mehr voneinander. Die Folgen der Lockdowns und die immer größeren Auswirkungen der Inflation treffen die unterschiedlichen Sektoren der Gesellschaft, aber auch der Mittelklasse unterschiedlich hart. Hier driften die Interessen von Staatsbediensteten und sonstigen abhängig Beschäftigten und selbstständigen Kleinunternehmern völlig auseinander, weil die kleinen Unternehmen – Betriebe und Einzelhandel – immer weiter in den Ruin getrieben werden. Daher stößt der biopolitische Sicherheitsstaat in dem Segment des Klein- und Mittelstandes auf immer stärkeren Widerstand.

Die widerlichsten Schreier des Corona-Terrors stammten aus dem sich selbst als »links« definierenden Mittelklassensegment, sämtlich abhängig beschäftigt von des Staates oder der Politik Gnaden an Hochschulen, in Parteizentralen und pseudo-linken Gewerkschaften. Diese Klientel unterwarf sich den Narrativen, Orthodoxien, Programmen und Technologien mit großem Enthusiasmus. Ja manchen gingen die Zwangsmaßnahmen des Regimes nicht weit genug. Sie forderten »Zero-Covid« unter dem Tarnmantel: »Solidarität in den Zeiten der Pandemie«. So schrieben diese Hardliner in Nummer 1 der Zeitung »Zero Covid« vom Februar 2021:

> »100.000 Menschen haben den Aufruf #ZeroCovid: Für einen solidarischen europäischen Shutdown in nur einem Monat unterschrieben. Wir laden alle ein, die für eine nachhaltige und solidarische Pandemiebekämpfung einstehen, den Aufruf zu unterzeichnen. Wir setzen mit diesem Aufruf ein politisches Signal

zum Handeln. Wir richten uns an die Zivilgesellschaft und an die Gewerkschaften. Wir wollen die Regierungen unter Druck setzen, weil für uns die sozialen und gesundheitlichen Interessen der Mehrheit der Menschen zählen. Aus der Initiative für den Aufruf hat sich eine lebhafte und aktivistische Kampagne entwickelt. Hunderte von Menschen in Deutschland, Österreich und der Schweiz beteiligen sich an den Aktivitäten. Uns ist es wichtig, auch unter den Bedingungen der Pandemie, politische Aktivitäten zu ermöglichen – wir haben viele themenbezogene Arbeitsgruppen gegründet. Es treffen sich in digitalen Räumen bereits lokale ZeroCovid-Gruppen. Was du tun kannst? Unterschreib den Aufruf https://zerocovid.org/ und leite ihn an Freund*innen und Bekannte weiter.«[256]

Das sechste Merkmal des Ur-Faschismus ist nur unter modifizierten Bedingungen gültig, insofern als die »frustrierte Mittelklasse« sich in »angstbesetzte« und Corona-kritische Mittelklasse spaltete.

Siebtes Merkmal: Nationalismus

»Denen, die jeder gesellschaftlichen Identität beraubt sind, sagt der Ur-Faschismus, dass ihr einziges Privileg das allgemeinste von allen ist, nämlich im selben Land geboren zu sein. Das ist der Ursprung des »Nationalismus«. Zudem sind die Einzigen, die der Nation eine Identität geben können, ihre Feinde. Daher liegt an der Wurzel der ur-faschistischen Psychologie die *Obsession einer Verschwörung*, nach Möglichkeit einer internationalen. Die Anhänger müssen sich belagert fühlen. Am einfachsten lässt sich

256 https://zerocovid.org/; nicht mehr abrufbar

> eine Verschwörung durch einen *Appell an die Fremdenfeindlichkeit* hervorzaubern. Allerdings muss die Verschwörung auch von innen kommen. Daher sind die Juden gewöhnlich das beste Ziel, da sie den Vorteil bieten, gleichzeitig innen und außen zu sein.«

Das Merkmal, im selben Land geboren zu sein, spielt heute keine Rolle mehr, das heißt, die national-chauvinistische Ideologie des Faschismus entfällt heute weitestgehend. Die ur-faschistische Psychologie bediente sich vor allem der Vorstellung einer nationalen Verschwörung durch Juden, Nichtarier und/oder politische Feinde aller Art. Das Element der Verschwörung zieht sich durch die Geschichte des Faschismus wie ein roter Faden. In diesem Sinne wurden alle, die sich dem herrschenden Narrativ der Corona-Zeit nicht unterwarfen, als NAZIs, als Verschwörungstheoretiker, unsolidarische Volksfeinde und Antisemiten gebrandmarkt. Denn sie hatten es gewagt, die medizinische Effizienz, die politischen Ziele der Gesundheitsdiktatur und die verfügten Maßnahmen des biopolitischen Sicherheitsstaates infrage zu stellen. Die Unmaskierten, diejenigen, die sich nicht von anderen distanzieren wollten, die sich nicht tracken lassen wollten, die Ungetesteten und die, die sich nicht impfen ließen, wurden zu Aussätzigen der Gesellschaft erklärt. Sie wurden von den »Anständigen« als die wahre Gefahr für die Gesellschaften abgestempelt. Diese Verschwörungstheorie wurde von den Herrschaftsfraktionen der Staatsapparate, den Regierungen, Parlamenten, nationalen Sicherheitsdiensten, den Gesundheitsbehörden, der Pharmaindustrie sowie den Schreihähnen und Schreihennen der gleichgeschalteten Medien in die Welt gesetzt. Selbstverständlich muss die Gesellschaft vor »Verschwörern« beschützt werden, sie müssen isoliert und mit allen Mitteln und mit der ganzen Härte des Gesetzes bekämpft werden. Da ein gemeinsames Feindbild die

Nation eint, wie Eco beschrieb, wurden nun die »Abweichler von der Norm«, die Unmaskierten und Ungetesteten zur Gefahr für den Rest der Gesellschaft, zum neuen Abschaum, denn laut Narrativ verweigerten sie sich der »allgemeinen Solidarität«.

Das siebte Merkmal des Ur-Faschismus im Sinne des Nationalismus entfällt, dafür tritt an seine Stelle die massive Ausgrenzung der Abweichler von der Norm.

Das siebte Merkmal des Ur-Faschismus ist teilweise erfüllt.

Achtes Merkmal: Feindesstärke

> »Die Anhänger müssen sich vom offen gezeigten Reichtum und von der Stärke ihrer Feinde gedemütigt fühlen. Als ich ein Junge war, lehrte man mich, die Engländer seien das ›Volk der fünf Mahlzeiten‹, weil sie öfter aßen als die armen, aber nüchternen Italiener. Die Juden gelten als reich und helfen einander – heißt es – durch ein geheimes Unterstützungsnetz. Die Anhänger müssen jedoch auch überzeugt sein, dass sie die Feinde besiegen können. So kommt es, dass die Feinde durch eine ständige Verlagerung des rhetorischen Brennpunkts *gleichzeitig zu stark und zu schwach sind.* Die Faschismen sind dazu verurteilt, ihre Kriege zu verlieren, weil sie konstitutionell unfähig sind, die Stärke des Feindes richtig einzuschätzen.«

Der Rückblick auf die zwei Weltkriege des letzten Jahrhunderts bestätigt Ecos These, dass faschistische Staaten ihre Kriege verlieren. Der Größenwahn der Führer Adolf Hitler und Benito Mussolini, unbesiegbar zu sein, erwies sich als tödlicher Fehlschluss. Für einen Staat, der die Weltherrschaft beansprucht, wie die USA, ist jeder andere Staat, der über wichtige Ressourcen verfügt, folgerichtig ein Feindstaat, den es zu bekämpfen und niederzuringen gilt. Auch mit allen Mitteln der Propaganda wird in der Bevölkerung das Feindbild permanent aufrechterhalten. Das Schlimmste, was dem Westen nach der Wende 1990 passierte, war, dass dem US-Imperialismus der Feind abhandenkam. Um den eigenen militärisch-industriellen- und Geheimdienst-Komplex jedoch nicht untergehen zu lassen, musste der alte Feind als neuer revitalisiert werden.[257] Doch auch Widerstandsgruppen innerhalb der westlichen Werteordnung, wie zum Beispiel die Trucker in Kanada, können zu einer Gefahr für den biopolitischen Sicherheitsstaat werden. Dann schlägt der Sicherheitsstaat mit aller Macht zu, nicht nur mit seinem Polizeiapparat, sondern vor allem konfisziert er die Millionen Dollar der GoFundMe-Initiative der Trucker, um den Widerstand zu zerstören. Dass die Nato-Verbündeten die Stärke Russlands im Ukraine-Krieg notorisch unterschätzen, zeigt die Realität.

Das achte Merkmal des Ur-Faschismus ist erfüllt.

Neuntes Merkmal: Das Leben als Kampf

> »Für den Ur-Faschismus gibt es keinen Kampf ums Überleben, sondern vielmehr ein ›Leben für den Kampf‹. Daher ist Pazifismus *Kollaboration mit dem Feind.* Pazifismus ist schlecht, weil das Leben ein permanenter Krieg ist. Das erzeugt jedoch einen Armageddon-Komplex[258]. Da die Feinde besiegt werden müs-

---

257 Siehe hierzu: Ullrich Mies (Hg), *Der Tiefe Staat schlägt zu. Wie der Westen Krisen erzeugt und neue Kriege vorbereitet*, Wien 2019

258 Harmagedon = [griechisch, wohl aus hebräisch har-Magiddo »Berg von Megiddo«] das, (Armageddon), nach Apokalypse des Johannes 16,16 der Ort, an dem sich die gottfeindlichen Mächte (die »Könige der ganzen Welt«, zusammengeführt durch drei »unreine« Geister) zum endzeitlichen

sen und können, muss es einen Endkampf geben, nach dem die Bewegung die Weltherrschaft antreten wird. Eine solche »Endlösung« impliziert jedoch eine anschließende Zeit des Friedens, ein goldenes Zeitalter, das im Widerspruch zum Prinzip des permanenten Krieges steht. Keinem faschistischen Führer ist es jemals gelungen, diesen Widerspruch aufzulösen.«

In der Ideologie des Ur-Faschismus gibt es keinen Kampf um ein besseres Leben, sondern nach seiner Vorstellung ist das Leben nichts anderes als permanente Kriegsführung. Das erinnert fatal an die Aussage von Präsident George W. Bush vom niemals endenden Krieg gegen den Terror – den »never ending war on terrorism«. Damit aber längst nicht genug: In allen US-amerikanischen außen-, sicherheits- bzw. verteidigungs- und geheimdienstpolitischen Strategiepapieren findet sich die Aussage, dass die USA eine »exzeptionelle Nation« sind, »God's Own Country« sowie die Inkarnation »demokratischer Werte« und dass sie vor diesem Hintergrund zur Weltführerschaft auserkoren sind, um der übrigen Welt »Demokratie, Freiheit und die Zivilisation« zu bringen. Allerdings lauert nach dieser kranken Ideologie der Feind überall: im Landesinnern wie überall im Außen. Feindfixierung nach innen und Weltherrschaftsanspruch können daher nichts anderes bedeuten als permanenten Krieg gegen alle, die den Vorstellungen des Hegemon nicht entsprechen und sich nicht beugen: »Either you are with us, or you are with the terrorists«. Wäre das neunte Merkmal hinreichend zur Qualifizierung des Faschismus, so sind die USA faktisch ein faschistischer Staat. Dieselbe Geisteshaltung manifestierte sich beim Kampf

---

letzten großen Kampf versammeln; im englischen Sprachgebrauch auch Begriff für (politische) Katastrophe. (aus: Bibliographisches Institut & F. A. Brockhaus AG, Mannheim, 2004)

gegen Corona: Es war ein Krieg gegen COVID. Und da ein Krieg gegen Viren niemals gewonnen werden kann – so die logische Verlängerung –, befinden wir uns seit Corona nun in einem laufenden, niemals endenden Krieg gegen Viren. Der biopolitische Sicherheitsstaat hat sich damit der permanenten Mobilmachung in Richtung neuer Lockdowns und weiterer Terrormaßnahmen – getarnt als Gesundheitsvorsorge – gegen die Weltbevölkerung verschrieben. Die faschistische Grundhaltung benötigt für die Dauer-Kriegführung ständig neue Objekte, diese sind beliebig austauschbar. Gestern Corona, heute das Klima, morgen die notwendige »bunte Revolution« in einem x-beliebigen Staat, um dort »die Demokratie einzuführen« bzw. »die Menschenrechte zu retten«, übermorgen Hitzeschutzpläne und so weiter.

Das neunte Merkmal des Ur-Faschismus ist erfüllt.

Zehntes Merkmal: Elite

»Elitedenken ist ein typischer Aspekt jeder reaktionären Ideologie, insofern es seinem Wesen nach aristokratisch ist, und jedes aristokratische und militaristische Elitedenken impliziert die *Verachtung der Schwachen*. Der Ur-Faschismus kann nur ein »völkisches Elitedenken« predigen: Jeder Bürger gehört zum besten Volk der Welt, die Parteimitglieder sind die besten Bürger, und jeder Bürger kann (oder sollte) Parteimitglied werden. [...] Da der Führer weiß, dass er die Macht nicht demokratisch verliehen bekommen, sondern gewaltsam an sich gerissen hat, weiß er auch, dass seine Stärke auf der Schwäche der Massen beruht – sie sind so schwach, dass sie einen Herrscher brauchen und verdienen. Da die Bewegung hierarchisch organisiert ist (nach militaristischem Vorbild), verachtet jeder Unterführer die eigenen

Untergebenen, und jeder von diesen verachtet die unter ihm Stehenden. All dies stärkt das Gefühl einer Massenelite.«

Nach Eco ist der Ur-Faschismus hierarchisch organisiert und somit eine Ideologie des Denkens in Eliten, die wiederum einen Führer an ihre Spitze gestellt haben. Der Führer und seine zumeist aristokratisch-militaristische Korona leiten die Massen, die Massen tragen den Führer und erwarten von ihm umfangreiche Heilsversprechen. Die Stärke des Führers basiert auf der Schwäche der erwartungsvollen Massen. Doch nicht nur die Angehörigen der Führungseliten verstehen sich als die Besten der Welt, sondern auch alle Gesellschaftsmitglieder gehören zum besten Volk der Welt. In einem Ein-Parteienstaat sind Parteimitglieder die besten Bürger, also sollten alle folgerichtig in die Einheitspartei eintreten. Da der faschistische Staat streng hierarchisch organisiert ist, hat jeder Unterführer einen weiteren Unterführer und so weiter. Und alle dürfen sich der Illusion hingeben, sie gehörten zur »Elite«. Dieser interne Gesellschaftsaufbau nach streng hierarchischen Kriterien kennzeichnet auch heute noch alle sogenannten demokratischen Systeme.

Das zehnte Merkmal des Ur-Faschismus ist erfüllt.

Elftes Merkmal: Heldenverehrung

»In dieser Perspektive *werden alle zum Heldentum erzogen*. In jeder Mythologie ist der Held ein Ausnahmewesen, aber in der Ideologie des Ur-Faschismus ist Heroismus die Norm. Dieser Kult des Heroismus ist eng mit dem *Kult des Todes* verbunden – nicht zufällig war das Motto der Falangisten »Viva la Muerte!«. In nichtfaschistischen Gesellschaften wird den Leuten gesagt, der Tod sei etwas Unangenehmes, dem man jedoch mit Würde begegnen müsse [...]. Der urfaschistische Held dagegen ersehnt den Heldentod, der ihm als die beste Belohnung eines heroischen Lebens gepredigt wird. [...] In seiner Ungeduld gelingt es ihm dann nicht selten, andere in den Tod zu schicken.«

Aus meiner Sicht trifft das elfte Merkmal Umberto Ecos auf die heutigen westlichen Gesellschaften im Wesentlichen nicht zu. Angesichts einer offiziell gepuschten Staatsreligion in Richtung Schwulen-, Lesben-, Transvestiten-, Diversen- und Geschlechtsumwandlungsideologie sehe ich hier eher einen Widerspruch zu dieser These. In den herrschenden Cliquen spielt der Zerrüttungsaspekt nach innen zur Konsolidierung ihrer Herrschaft eine sehr viel wichtigere Rolle als das Heldentum. Zudem gehen die Neofaschisten in den Führungsetagen von Politik und Konzernwirtschaft davon aus, dass mit der fortschreitenden Automatisierung, Computerisierung unter Einsatz künstlicher Intelligenz der »Held« bzw. die Heldenverehrung als Notwendigkeit der Identifikation mit Volk und Nation nicht mehr gebraucht wird, ja gar nicht mehr gewünscht ist und der Vergangenheit angehört. Der im Militär verankerte, gut verdienende Tölpel am Computer-Joystick, der von gesellschaftlichen und politischen Zusammenhängen nichts versteht und auch gar nichts verstehen soll, ist als nützlicher Idiot der ideale Soldat zukünftiger moderner Kriegsführung. Die Neofaschisten in den Führungsetagen benötigen zur Durchsetzung ihrer Neuen Weltordnung weder Nationen noch Helden. Der innere Zusammenhalt der westlichen Gesellschaften – soweit überhaupt noch vorhanden – ist ihnen ein Dorn im Auge, darum auch die gesteuerte Massenzuwanderung.

Das elfte Merkmal des Ur-Faschismus ist nicht erfüllt.

Zwölftes Merkmal: Waffenfetischismus

> »Da sowohl permanenter Krieg als auch Heldentum schwierige Spiele sind, überträgt der Urfaschist seinen Willen zur Macht auf das sexuelle Gebiet. Dies ist der Ursprung des *Machismo* (der nicht nur Frauenverachtung bedeutet, sondern auch Ablehnung und Verurteilung aller nicht zum Standard gehörigen Sexualgewohnheiten, von der Keuschheit bis zur Homosexualität). Da aber auch Sexualität ein schwieriges Spiel ist, neigt der urfaschistische Held zum Spiel mit Waffen, die dann sein Phallus-Ersatz werden.«

Die zwangsweise Durchsetzung neuer Regeln des globalen biopolitischen Sicherheitsstaates hat zu einer massiven Erhöhung der innerstaatlichen Gewalt westlicher Polizeieinheiten geführt. Schon seit Langem werden »normale Polizeieinheiten« durch paramilitärische Einheiten zur »Bekämpfung des Terrorismus« ersetzt oder ergänzt. Zu deren Bewaffnung gehören neben Pfefferspray und Tränengas, Gummikugelgeschossen und Wasserwerfern seit Neuem auch Panzerwagen, bewaffnet mit Sonar- und Hitzewaffen, um den zivilen Protest gegen Lockdowns, Zwangsimpfungen oder sonstige Aufstände niederzuschlagen. All diese Entwicklungen in Richtung Faschisierung der Polizei- und Sicherheitsapparate sind der indirekte Ausfluss des »Kampfes gegen den Terror« im Gefolge von 9/11. Seit 9/11 befürchten die Herrschaftscliquen weltweit Aufstände gegen ihre perverse Politik und haben zu ihrem eigenen Schutz Polizei und Sicherheitseinheiten umstrukturiert und die Polizei paramilitarisiert. In Deutschland können sich die Unsicherheitspolitiker von ihrem feuchten Traum des Einsatzes des Militärs im Innern gar nicht trennen.

Dass sich Jugendliche, ja sogar Kinder an Waffen und kriegerische Auseinandersetzungen gewöhnen sollen, zeigt die Vielzahl an Gewalt- und Kriegsvideos sowie -Videospielen. Wer im Internet »Videospiele mit Waffen« eingibt, findet dort eine reichhaltige Auswahl an sogenannten »Ballerspielen« sowie das Angebot, mit Freunden online Krieg zu spielen. Ob all diese Entwicklungen mit dem zu tun haben, was Umberto Eco als Phallusersatz bezeichnet, sei dahingestellt. Aber die unverschämte Einmischung der Herrschaftskasten in das Privatleben der Bürger geht immer weiter, insbesondere was die jungen Menschen anbelangt. Aus Anlass der Infektiosität von SARS-CoV-2 wurde jungen Menschen dringend Safer Sex empfohlen oder am besten sollten sie gleich jeglichen Kontakt mit einem Sexualpartner vermeiden, für das »Allgemeinwohl« und den »Schutz der Gesundheit«, versteht sich. Alle faschistischen Regime haben sich für die Manipulation und Überwachung der menschlichen Sexualität interessiert. Diese war stets Gegenstand autoritärer bzw. totalitärer Regime. Hinzu kam und kommt das immer penetrantere Eindringen des Staates in die Privatsphäre der Menschen: So wird seit Neuem die Geschlechtsumwandlung junger Menschen propagandistisch mit Staatsgeld promotet. So weit, so schlecht, aber genau da stehen wir.

Das zwölfte Merkmal des Ur-Faschismus ist teilweise erfüllt.

Dreizehntes Merkmal: Das Volk als gemeinsamer Wille

»Der Ur-Faschismus beruht auf einem *selektiven oder qualitativen Populismus.* In Demokratien haben die Bürger individuelle Rechte, aber politischen Einfluss können sie nur gemeinsam unter einem quantitativen Gesichtspunkt ausüben – die Mehrheit entscheidet. Für den Ur-Faschismus dagegen haben Individuen als Individuen keinerlei Rechte, während das »Volksganze« als eine Qualität begriffen wird, eine monolithische Entität, die den gemeinsamen Willen aller zum Ausdruck bringt. Da jedoch eine große Zahl von Menschen keinen gemeinsamen Willen haben kann, wirft sich der Führer zu ihrem Interpreten auf. Nachdem sie ihre Delegationsmacht verloren haben, handeln die Bürger nicht mehr. Sie werden nur noch von Zeit zu Zeit als *Pars pro Toto* zusammengerufen, um die Rolle des Volkes zu spielen. Das Volk ist also nur eine Theaterfiktion. Um ein gutes Beispiel für qualitativen Populismus zu haben, brauchen wir nicht mehr die Piazza Venezia in Rom (wo Mussolini seine Reden »ans Volk« hielt) oder das Nürnberger Reichsparteitagsgelände zu bemühen. In unserer Zukunft bietet sich ein TV- oder Internet-Populismus an, bei dem die emotionale Antwort einer Gruppe ausgewählter Bürger als »Stimme des Volkes« präsentiert und akzeptiert werden kann. Aufgrund eines qualitativen Populismus muss sich der Ur-Faschismus *gegen die »verrotteten« parlamentarischen Regime stellen*. […] Wann immer ein Politiker die Legitimität des Parlaments in Zweifel zieht, weil es nicht mehr die »Stimme des Volkes« repräsentiere, riecht es nach Ur-Faschismus.«

Dieses Merkmal sollte man sehr differenziert betrachten. Parlamente, die angeblich den Willen der Bevölkerung repräsentieren, sind durchaus gefährdet, von faschistischen Elementen übernommen zu werden. Die heutige Realität sieht aber so aus, dass zum Beispiel der Deutsche Bundestag seit Jahrzehnten im Wesentlichen die Interessen neoliberaler bzw. marktradikaler Akteure bedient. Viele Parlamentarier und Parteipolitiker sind vornehmlich Wirtschaftslobbyisten. Von einer Repräsentanz der Bevölkerung kann also gar nicht mehr gesprochen werden. Diese Sorte Politiker repräsentiert einzig und allein sich und die eigenen Interessen sowie die des eigenen Parteiapparates. Dies gilt umso mehr, als viele Abgeordnete sich nicht mehr als Interessenvertreter der Bevölkerung verstehen. Annalena Baerbock, deutsche Außenministerin, ist dafür ein hervorragendes Beispiel, denn ihr ist es völlig egal, was ihre Wähler denken.[259] Zudem sind die Parteien unter den Gesichtspunkten der Wirtschaftspolitik, aber auch der Außenpolitik weitestgehend gleichgeschaltet, das heißt, sie vertreten mehr oder weniger dieselben Positionen. Das Grundprinzip parlamentarischer Demokratie muss jedoch sein, dass die Parteien echte Alternativen bieten und der Bürger die nach seiner Ansicht beste Partei wählen kann. Tatsächlich jedoch sind die Bürger mit einem geschlossenen parteipolitischen Einheitsbrei konfrontiert und können daher nicht zwischen Alternativen wählen, die dann auch zu einer anderen Politik führen könnten. War da nicht etwas? Hatten die Politiker aller Parteien nicht jahrzehntelang von der angeblichen »Alternativlosigkeit« ihrer Politik schwadroniert? Nach Simon Elmer beseitigte der biopolitische Sicherheitsstaat zum Beispiel in Großbritannien fundamentale Freiheiten und Menschenrechte, unter anderem das Recht auf Freiheit (Art. 5 der europäischen Konvention über Menschenrechte), das Recht auf Privat- und Familienleben (Art. 8), die Freiheit des Gedankens und des Gewissens (Art. 9), die Freiheit der Rede (Art. 10), die Freiheit, sich zu versammeln und zu vereinen (Art. 11), das Verbot der Diskriminierung (Art. 14), das Recht auf Bildung (Protokoll 2). Nach Elmer wurde alles dies nur möglich, weil dem Parlament Fundamentalrechte auf der Grundlage eines politischen Ausnahmezustandes aberkannt wurden. Daher war es Ministern gestattet, Gesetze per Verordnung zu erlassen. Am Beispiel von Corona mit 537 Einzelentscheidungen, ohne dass

259 https://www1.wdr.de/nachrichten/baerbock-waehler-zitat-ukraine-russland-sanktionen-energiepreise-100.html

das Parlament daran beteiligt wurde.[260] Dennoch versuchte Großbritannien ebenso wie andere Länder Europas, die Illusion einer Demokratie aufrechtzuerhalten. In Deutschland sollten zudem Umfragen von PR-Agenturen suggerieren, dass die Mehrheit der Bevölkerung die rigorosen Maßnahmen der Regierungen befürwortet.[261]

Das dreizehnte Merkmal des Ur-Faschismus ist erfüllt.

Vierzehntes Merkmal: Orwell'scher Neusprech

> »Der Ur-Faschismus spricht *Newspeak*. George Orwell hatte *Newspeak* in *1984* als offizielle Sprache des »Ingsoc« oder englischen Sozialismus erfunden, aber Elemente des Ur-Faschismus sind verschiedenen Formen von Diktatur gemeinsam. Alle nazistischen oder faschistischen Schulbücher bedienten sich eines verarmten Vokabulars und einer versimpelten Syntax, um das Instrumentarium für komplexes und kritisches Denken zu begrenzen. Aber wir müssen uns bereithalten, auch andere Formen von *Newspeak* zu identifizieren, selbst wenn sie die unschuldige Form einer populären Talkshow annehmen.«

Hier geht es um die breit angelegte Gehirnwäsche durch Sprachmanipulation und Sprachveränderung. Political Correctness, Genderism, Cancel-Culture und ähnlicher Wahnsinn werden heute so weit getrieben, dass bei Nichtbeachtung der Vorgaben der Political-Correctness-Polizei und der Türsteher des Genderism und der Cancel-Culture insbesondere Lehrer und Professoren an Schulen und Hochschulen gefährdet sind. Das heißt, die Faschisierung des

260 Simon Elmer, *The Road to Fascism*, a. a. O., S. 28f

261 Quelle: https://www.bundesregierung.de/breg-de/themen/coronavirus/umfrage-zu-massnahmen-1775544

gesellschaftlichen Lebens ist in Deutschland, aber auch in anderen Ländern des Westens, maßgeblich in den USA, weit fortgeschritten. Verengte Sprachkorridore und damit Denkhorizonte, umfassende Zensur, permanente Belästigungen und Drohungen des Regimes, die Gestattung dessen, was geschrieben und – ohne negative Konsequenzen nach sich zu ziehen – gelesen werden darf, einschließlich der Säuberung von Bibliotheken von ungewünschten Büchern oder der gezielten Verhinderung von Neuauflagen systemkritischer Bücher sind zum Standard geworden.[262]

Das vierzehnte Merkmal des Ur-Faschismus ist erfüllt.

Der große Wert von Umberto Ecos 14 Merkmalen des Ur-Faschismus liegt darin, dass er damit die unterschwellige Kontinuität des Faschismus in den westlichen kapitalistischen Ländern erfasste und diese nicht auf den historischen Faschismus reduzierte.[263] Der *Neue Faschismus* des biopolitischen Sicherheitsstaates tritt allerdings in einem bisher unbekannten Gewand auf und behauptet – propagandistisch untermauert – geradezu das Gegenteil des traditionellen Faschismus zu sein, ja sozusagen der Antifaschismus. Das ist er sicher nicht, denn was die Bewertung der 14 Merkmale Umberto Ecos anbelangt, können wir festhalten: Nach der überwiegenden Mehrzahl seiner Kriterien des Ur-Faschismus steht die westliche Wertegemeinschaft heute »bis zum Hals« in einem *Neuen Faschismus*. Dies gilt umso mehr, wenn wir das einbeziehen, was Richard Löwenthal über den Faschismus schrieb, und mit der heutigen Situation abgleichen.

---

262 Siehe hierzu das eigenständige Kapitel

263 Vgl. Simon Elmer, *The Road to Fascism*, a. a. O., S. 35

Zwei weitere Merkmale des Neuen Faschismus

»Abgesehen vom Begriff sind wir jetzt eine faschistische Gesellschaft. Wir sind bereit, unter den neuen Formen souveräner Staatsgewalt, die über den globalen Biosicherheitsstaat herrscht, einen wahrhaft faschistischen Staat zu schaffen.«

SIMON ELMER[264]

Fünfzehntes Merkmal: Angsterzeugung als Herrschaftsmittel

Der *Neue Faschismus* bedient sich der systematischen Erzeugung von Angst und Verunsicherung, um die Mehrheit der Völker unter sein Regime zu zwingen und in Schach zu halten. Die Gegenstände der Angst sind dabei beliebig austauschbar und werden von Propagandaagenturen und Massenmedien im Auftrag von Regierungen und Konzernen in die Köpfe gehämmert: Kriegsgefahr, Klimawandel, Eisschmelze an den Polkappen, Wasserknappheit, Tod durch ein Virus oder Hitze und so weiter. Die Themen, um Angst und Verunsicherung zu erzeugen, sind grenzenlos. Besonders anfällig sind junge Menschen, die aufgrund der permanenten Propaganda derart extreme Angst vor der Zukunft haben, dass sie sich auf die Straße kleben. Aber auch Menschen mit einer ängstlichen Grundhaltung werden leichte Opfer.

Im Gegensatz zum Ur-Faschismus, beispielsweise zum Hitler-Faschismus, werden die heutigen »Führer« von *keiner* begeisterten Massenbewegung getragen, sondern, wie oben erwähnt, von einer

264 Simon Elmer, *The Road to Fascism: For a Critique of the Global Biosecurity State*, London: Architects for Social Housing, 2022, S. 8f

wohlstandsdegenerierten, verdummten, eingeschüchterten, autoritätshörigen, propagandistisch produzierten »Angstbewegung«.

> »Die Ausbreitung des Gesundheitsterrors benötigte ein lückenlos gleichgeschaltetes Mediensystem …«[265]

Den westlichen Scheindemokratien fehlen die begeisterten Jubel-Volksmassen sowie die anzuhimmelnden Führerfiguren. Die neue »Massenangstbewegung« ist das PsyOp-Opfer der Welt-Propaganda-Agenturen[266], der öffentlich-rechtlichen, der Konzernmedien, die von Regierungen und Konzernen Milliardenbeträge erhalten. Der Umsatz der vier größten Mega-Propagandaagenturen der Welt beläuft sich auf etwa 100 Milliarden US-Dollar.[267] Es handelt sich um eine gezielte Tyrannei der Angst im Weltmaßstab!

> »Man könnte meinen, dass die Menschen an nichts mehr glauben – außer an das nackte biologische Leben, das es um jeden Preis zu retten gilt. Aber auf der Angst, das Leben zu verlieren, lässt sich einzig und allein eine Tyrannei errichten, der monströse Leviathan mit dem gezückten Schwert.«[268]

Die Herrschenden und ihre Ideologie-Partner waren bereits vor der Corona-Krise mit ihrer Glaubwürdigkeit am Ende, wie oben aus-

---

265 Giorgio Agamben, *An welchem Punkt stehen wir?* a. a. O.; S. 11f

266 Siehe hierzu: Ullrich Mies (Hg.), *Mega-Manipulation. Ideologische Konditionierung in der Fassadendemokratie*, Frankfurt 2021

267 Ebd.

268 Giorgio Agamben, *An welchem Punkt stehen wir?* a. a. O., S. 36

geführt.[269] Daher zogen sie die Notbremse, um die Bevölkerungen von dieser Situation abzulenken. Wie sich zeigte, bedurfte es nur noch eines winzigen Triggers, um die aufgestauten Ängste der breiten Volksmassen vor dem Platzen der Finanzblase, vor einem neuen Weltkrieg sowie der Umweltzerstörung zu aktivieren. Etwas völlig Neues musste her, das das Kollektiv wieder an die politische Macht band. Und so stellte sich die große Mehrheit der Autoritätshörigen, Angstvollen und Willigen aller Länder im Namen von Corona unter den Schutz des biopolitischen Sicherheitsstaates.

Sechzehntes Merkmal: Die Verschmelzung politischer und wirtschaftlicher Macht

> »Als Semiotiker und Kulturkritiker und nicht als historischer Materialist oder politischer Ökonom beschränkte sich Eco's Analyse auf die ideologischen und psychologischen Erscheinungsformen des Faschismus. Daher ignorierte er dessen materielle Antriebskräfte, nämlich die Verschmelzung staatlicher Macht mit Konzerninteressen.«[270]

Im Gegensatz zu dem, was Umberto Ecos vierzehn Merkmale suggerieren, nämlich dass der traditionelle Faschismus ausschließlich auf kulturellen und ideologischen Faktoren fußte, waren die materiellen Triebkräfte jedoch mindestens so bedeutsam. Darauf bezogen sich im Wesentlichen die Kriterien, die Richard Löwenthal nannte. Der Faschismus war stets mit wirtschaftlicher Macht verbunden und auf Kredite der internationalen Finanzwelt angewiesen, um seine volle Wirkung entfalten zu können. Zur unverbrüchlichen

269 Siehe hierzu in diesem Band: Ullrich Mies, Die Diktatur des »Globalen Tiefen Staates«, in: *Schöne neue Welt*, Wien 2021

270 Simon Elmer, a. a. O., S. 32

Basis der politischen Ökonomie des Faschismus gehörten Arbeitslager, die Kriegswirtschaft, das Verbot von Streiks und Gewerkschaften. Im Nazi-Staat landeten Hunderttausende Gefangene in Konzentrationslagern und mussten als Zwangsarbeiter ihre Arbeitskraft zur Verfügung stellen. Sie waren unverzichtbarer und integraler Teil der damaligen Kriegswirtschaft. Die deutsche Groß- und Schwerindustrie wie Krupp, Siemens, Mercedes und die I.G. Farben, um nur einige zu nennen, bedienten sich der Zwangsarbeiter als Billiglöhner in Kooperation mit dem Nazi-Staat. Bereits hier verschmolzen politische und Konzernmacht mit der Finanzmacht[271], dem Militarismus, dem (geheimen) Sicherheitsstaat und den neuen Technologien.

Heute ist der sich entfaltende globale biopolitische Sicherheitsstaat mächtiger als alles, was wir zuvor in der Geschichte der Menschheit kannten, und er greift sehr viel tiefer in alle menschlichen Beziehungen ein.[272] Im Unterschied zu Umberto Eco, der diesen Aspekt in seinen vierzehn Merkmalen nicht erwähnt, äußert sich Simon Elmer dazu wie folgt:

> Eco sagt nichts »[…] über die enorme Reichweite der neuen Technologien, Systeme und Gesetze zur Überwachung, Datenerfassung und Bevölkerungskontrolle. All dies hat sich ausgeweitet und ist nicht nur in das eingedrungen, was wir früher für unser Privatleben hielten, sondern auch in unseren Körper selbst, und mit den Boten-RNA-Impfstoffen sogar in die menschliche DNA selbst. Die daraus resultierenden Möglichkeiten und Rechte des globalen Biosicherheitsstaates, uns unter dem Vorwand der Über-

---

271 Siehe hierzu: Hermann Ploppa, *Hitlers amerikanische Lehrer*, Liepsen 2008

272 Siehe hierzu das Kapitel: »Totaler Superstaat: UN und WHO«

wachung unseres Gesundheitszustands zu kontrollieren, übertreffen bereits jetzt alles, was sich die faschistischen Propagandisten und Wissenschaftler der 1930er Jahre erträumt haben.«[273]

Der Unterschied zum traditionellen Faschismus besteht heute in den Dimensionen der transatlantischen Tiefenvernetzung. In diesen Kontext gehören auch die sogenannten Freihandelsabkommen[274] wie TTP, TTIP, TRIPS, CETA, Mercosur etc., denen ich mich hier nicht widmen kann. Faktisch hat die Politik jedwede demokratische Steuerungsfunktion zum Wohl der Völker aufgegeben und mutiert zum *integralen Player des Global Deep State* und dieser zeigt seine Fratze als biopolitischer Superstaat, unter der Fuchtel von UN und WHO.

»Das Parlament ist nicht mehr das souveräne Organ, dem die ausschließliche Gewalt zukommt, den Bürgern Gesetze aufzuerlegen: Es beschränkt sich darauf, von der Exekutive erlassene Verordnungen zu ratifizieren. Technisch gesehen ist die Republik nicht mehr parlamentarisch, sondern gouvernemental.«[275]

Die Erosion politischer und bürgerlicher Rechte, die Zentralisierung der Macht, die Militarisierung der Polizei und die Gleichschaltung der Medien, all das läuft seit vielen Jahrzehnten. Doch ermöglichte die planvoll in Szene gesetzte Corona-Krise der Politik neue Weichenstellungen.[276] Die politischen Täter in den Regie-

---

273 Simon Elmer, *The Road to Fascism*, a. a. O., S. 35

274 Siehe hierzu: T. J. Coles, *Privatized Planet. ›Free Trade‹ as a Weapon against Democracy, Healthcare and the Environment*, Oxford, UK 2019

275 Giorgio Agamben, *Ausnahmezustand*, Frankfurt 2004, S. 26

276 Bücher zum Corona-Staatsterror sind sehr zahlreich.

rungen, die den 40-jährigen neoliberalen bzw. marktradikalen Umsturz im Westen zu verantworten hatten und dafür sorgten, dass die Reichen und Superreichen durch Privatisierungen des Staatsvermögens, Finanzmarkt-Deregulierungen mit anschließenden Spekulationsorgien, Bankenrettungen, systematischem Steuerbetrug sowie staatlich beförderter Steuervermeidung[277] noch reicher wurden, waren unter ideologischen Gesichtspunkten mehr oder weniger dieselben, die seit März 2020 den biopolitischen Sicherheitsstaat ausrollten. Als besonders eifriger Besteuerungsvermeider der großen Konzerne ist die OECD anzusehen, jener Club der westlichen Industrieländer.

> »Wie wenig das Herz des wirtschaftsliberalen OECD-Generalsekretärs an der Bekämpfung der Steuerflucht der Konzerne hängt, sieht man daran, dass er unter seinen fünf wichtigsten Zielen, die er bei Amtsantritt verkündete, keines listete,[278] das mit Bekämpfung der Steuerflucht zu tun hatte.«[279]

Ein wichtiger Indikator für den Aufstieg eines *Neuen Faschismus* ist zudem, wenn fundamentale individuelle Rechte mit dem Argument der politischen Notwendigkeit »zum Wohle des Ganzen« – der »nationalen Sicherheit«, der »Hygiene« oder der vermeintlichen

---

277 Norbert Häring. Warum Steuerbehörden gern wegschauen, wenn Gewinne in Steueroasen verschoben werden, 28.05.2020: https://norberthaering.de/news/warum-steuerpruefer-wegschauen/

278 https://www.oecd.org/ueber-uns/oecd-generalsekretaer-mathias-corman-lebenslauf.htm

279 Norbert Häring, Aktualisierung: OECD zeigt, dass sie Steuerflucht der Konzerne nicht bekämpft, sondern verteidigt, 23.07.2023: https://norberthaering.de/news/oecd-australien/

»Gesundheitssicherheit« – ausgehebelt werden. Dann ist für Bürger- und Menschenrechte höchste Gefahr im Verzug. Bei fehlender Wachsamkeit der Bürger zeigt sich, dass faschistoide Entwicklungen oder sogar die Herausbildung eines *Neuen Faschismus* unter der Schirmherrschaft des kapitalistischen Staates und übergeordneter internationaler Institutionen jederzeit möglich sind. Und genau in diesem Prozess stehen wir.

Im folgenden Kapitel stelle ich in einer Tabelle eine Vielzahl von Merkmalen, die den »alten« Faschismus kennzeichneten, dem *Neuen Faschismus, der keiner sein will,* gegenüber. Evident ist, dass einige Merkmale des »alten« Faschismus im *Neuen Faschismus* nicht auftauchen und umgekehrt. Andere sind modifiziert. Zahlreiche technologische Entwicklungen der Zeit nach dem Zweiten Weltkrieg standen weder dem Mussolini- noch dem Hitlerfaschismus zur Verfügung. Diese hätten sie mit absoluter Sicherheit in ihr Herrschaftsrepertoire aufgenommen. Auch passen zahlreiche Herrschaftstechniken der Faschisten – wie die exzessive Gewaltanwendung – nicht mehr in die modernen Zeiten.

Der internationalisierte biopolitische Sicherheits- und Kriegsstaat alias der *Neue Faschismus, der keiner sein will*, bedient sich anderer Methoden als der »traditionelle Faschismus«, wie der Gesundheitsdiktatur, der Test- und Injektionsregime, potenziellen Quarantänelagern, der Bevölkerungsreduktion, des Transhumanismus, der Volldigitalisierung, des Klima-Terrors, der Lebensmittelverknappung, des Landraubs, des Anbauflächenaufkaufs durch das multinationale Agrobusiness, der Zerstörung der kleinbäuerlichen Landwirtschaft, des Aufbaus von »Smart Cities« = Großkonzentrationslagern mit Freigang, KI-gestützter Kriegführung, umfassender Zensurmethoden, um nur einige Faktoren zu nennen. Dies alles führt in die Richtung der Vierten Industriellen Revolution.

Im Anschluss an die folgende Tabelle untersuche ich noch die neuesten Entwicklungen in Richtung biopolitischer totalitärer Superstaat am Beispiel von UN, WHO und der billionenschweren ESG-Bewegung. Diese Abschlussbetrachtungen untermauern meine Überzeugung, dass sich die westliche Welt bereits in einem internationalisierten *Neuen Faschismus* befindet. Zunächst jedoch die Tabellenübersicht: *Traditioneller Faschismus vs. Neuer Faschismus, der keiner sein will*

Der traditionelle Faschismus	Der Neue Faschismus, der keiner sein will
»legale« Staatsübernahme nach innergesellschaftlichem Terror, massive Gewaltanwendung nach innen, jedoch kein Staatsstreich	gewaltfreier schleichender, langjähriger Putsch »von oben« durch innere Zersetzung; neoliberaler/marktradikaler Staatsumbau, Demokratie- und Sozialstaatserosion; Raub und Plünderung des Staatsvermögens unter neoliberalen Regimen; Umverteilung des gesellschaftlich erwirtschafteten Reichtums von »unten nach oben« in die Schmarotzer-Segmente selbst ernannter »Eliten«; Ressourcenabschöpfung
Die Demokratie ist abgeschafft.	Schein-/Fassadendemokratie auf der Basis ideologisch weitgehend gleichgeschalteter, parasitärer Parteien-/Schmarotzer-»Eliten«; alles bestimmende Parteien-Oligarchien haben den Staat gekapert
Faschismus ist »zivilisatorische Mission« der Herrenrasse.	Neoliberalismus/Marktradikalismus, »westliche Werte«, Demokratieexport etc. sind die »zivilisatorische Mission« des Westens, faktisch jedoch ideologisch verbrämte Obsession, Hybris und »säkularisierte Religion« halluzinierter Alternativlosigkeit.
»Der Führer« ist Exekutive, Legislative und Judikative in Personalunion.	Kollaps der Gewaltenteilung; Allmachtsfantasien des politischen Establishments; »Durchregieren« der Exekutive; Regierung bestimmt via Mehrheitsfraktionen allein über Gesetzgebung; Lobbyisierung der Parlamente; »Politische Justiz« wird Kampfarm der Exekutive

Der traditionelle Faschismus	Der Neue Faschismus, der keiner sein will
Der Staat regiert im Ausnahmezustand als Dauerzustand.	Der Staat regiert als »biopolitischer Sicherheitsstaat« (Hygienediktatur, Hygiene-Terrorstaat) im jederzeit aktivierbaren Ausnahmezustand durch Infektionsschutzgesetze und neue WHO-Pandemien. Der Ausnahmezustand wird »Normalzustand des Regierens«. Verweigerung der Aufarbeitung des Corona-Regimes entspricht der Logik des Staatsterrors.
entfällt	ideologische Gleichschaltung der Parteien unter dem Marktradikalismus. CDU/FDP mussten nicht »transformiert« werden. Transformation der Sozialdemokratie vom »demokratischen Sozialismus« zur Akteurin des Neoliberalismus, Nato-Imperialismus und Transhumanismus. Transformation der »Grünen« von öko-anarchischer Bewegung zu »humanitären«-Hurra-Interventionisten und Trägern des »woken« Totalitarismus. Geistiger und ethisch-moralischer Verfall der Herrschaftsparteien bis zur intellektuellen Idiotisierung. Herrschaftsparteien als Kollaborateure der Globalfaschisten und des Kriegskomplexes. AfD ist Krisenprodukt des ideologisch gleichgeschalteten politischen Establishments und seiner politischen Fehlleistungen. Als Partner des Marktradikalismus und der Nato ist die AfD keine Alternative.

Der traditionelle Faschismus	Der Neue Faschismus, der keiner sein will
Das organisierte Politverbrechen übernimmt den Staat. Der Staat mutiert zum organisierten Verbrechen.	unter veränderten zeitgeschichtlichen Bedingungen vergleichbare Deformation des Staates
Der Staat ist nationalistisch-chauvinistisch-rassistischer »totaler Staat«.	Der »zentraliserte, totale Superstaat« manifestiert sich in einer elitär-faschistisch-supranationalen Sammlungsbewegung demokratisch nicht legitimierter Führungskader in WEF, UN, WHO, EU, Nato, IZB, IWF, Weltbank, Medienkonglomeraten, Geheimdiensten, Bilderberger etc. (»Zentralistischer Internationalismus«)
entfällt	Missbrauch internationaler Organisationen wie UN, WHO, EU, OECD, Nato etc. als Steuerungszentralen der Globalfaschisten
Nation, Nationalstaat als Identifikation	Die »New World Order (NWO)« reduziert den Nationalstaat auf seine Ordnungs-, Kontroll- und Repressionsfunktion gegenüber den Völkern.
nationaler Faschismus	transnationaler Konzern-, Oligarchen- und »Eliten«-Faschismus
Benito Mussolini bezeichnete den Korporatismus als den eigentlichen Kern des Faschismus.	Die Etablierung Konzern-Europas ist wichtigste Funktion der EU und ihrer Bürokratie: EU-Korporatismus ist Verschmelzung von Politik und Konzernen zum Schaden der Demokratie. EU ist antidemokratisches Sub-Konstrukt der globalfaschistischen New World Order. Europäische »Eliten« sind Agenten der neokonservativen US-Faschisten des Deep State.

Der traditionelle Faschismus	Der Neue Faschismus, der keiner sein will
Finanzierung des italienischen und deutschen Faschismus durch nationales und internationales Kapital.	Finanzierung der europäischen Demokratiezerrüttung durch BlackRock & Co, City of London, superreiche sowie transnationale Konzern-, Oligarchen- und »Eliten«-Faschisten
Die Staatsräson steht über allem.	identisch: Oligarchische Herrschaftscliquen des Parteienstaats ersetzen Volkssouveränität durch Parteiensouveränität und Staatsräson. Parteienstaaten sind Führerstaaten nach Kanzlerprinzip = autokratische Wahloligarchien hinter demokratischer Fassade; der Kanzler ist »Führer« der Mehrheitsfraktionen.
Der Führer ist heroische Figur; Nation als Führerstaat	heroisch-totalitäre Führerfiguren entfallen; opportunistische jederzeit austauschbare Politikerfiguren des Parteienstaates treten an ihre Stelle.
verantwortungsfreie Herrschaft durch anonyme Technokraten- und Bürokratenregime	identisch
Der »Führer« steht über dem Recht. Das Recht ist auf den Führer und den faschistischen Staat zugeschnitten.	Politische und Wirtschafts-»Eliten« sind straf- und zivilrechtlich nicht angreifbar, faktisch immun: Selbstimmunisierung selbsternannter »Eliten«-Fraktionen; Kollaps des Rechtsstaates.
Führer, Nation und faschistische Organisationen mit ihren Symbolen sowie »Blut und Boden« stehen im Mittelpunkt der Ideologie.	Nationalistisch-faschistische Organisationen mit ihren Symbolen und Ritualen sind illegal.

Der traditionelle Faschismus	Der Neue Faschismus, der keiner sein will
Das Kollektiv der ideologisch homogenen Masse unterwirft sich opferbereit Führer und Nation; positive Identifikation der Massen mit Führer und Staat	Angst-getriggerte Massen unterwerfen sich opferbereit dem Spritzen- und Masken-Regime der Corona-Diktatur; Identifikation des Mehrheitskollektivs mit den staatlichen »Erlösern« von der Viren-Gefahr; Mehrheitskollektiv unterwirft sich dem biopolitischen Sicherheitsstaat.
Begeisterte Massen tragen den Führer und den Führerstaat.	Echte Führerfiguren entfallen; Politiker oft unbeliebt, öffentliche Auftritte unter strengem Polizei- und Personenschutz
Staat und Gesellschaft befinden sich im permanenten Krieg gegen innen- und außenpolitische Feinde.	identisch: Globalfaschisten führen Krieg gegen die Völker: Biopolitischer Sicherheitsstaat als Kriegsformation nach innen und Nato-Expansionskriege gegen Russland, China und den »Rest der Welt« nach außen; OOTW-Operationen (Operations Other Than War) und PsyOp-Angriffe der Militär- und Geheimdienstapparate gegen die Öffentlichkeit werden Standard.
Jüdische Weltverschwörung als halluzinierte Gefahr und Spezialität des Nationalsozialismus	entfällt

Der traditionelle Faschismus	Der Neue Faschismus, der keiner sein will
Massenwahn, Massenhysterie für Führer und Nation sind Krisenprodukte.	weitgehend identisch: Massenwahn, Massenhysterie sind als Krisenprodukte propagandistisch jederzeit aktivierbar (islamistischer Terror, Corona, Russenangst, Klimahysterie etc.). Massen-Angstbewegung dient der Herrschaftssicherung durch Spaltung der Gesellschaft.
trotz hoher vertikaler Mobilität elitäre Sammlungsbewegung von Aristokraten, Industriellen, Militärs und Großagrariern. Sie sind die Führungskader des Staates.	politische Führung durch servile und/oder korrupte Parteienkader. Institutionen des Staates sind unter ihrer Kontrolle.
Das Leben ist Kampf; Kampf ums Überleben: »Neuer Lebensraum im Osten«. Totale Kriegsvorbereitung gegen den äußeren Feind. Weltbeherrschung als Fernziel – imperialistische Kriege als »legitimes« Mittel. Weltbeherrschungsanspruch war wichtiger Faktor für den Zweiten Weltkrieg; Krieg als Mission	Kampf ums Überleben besteht im Neoliberalismus fort: Sieg der Starken über die Schwachen, Shareholder-Kapitalismus, »Winner Takes It All«. US-Weltbeherrschung ist explizites Ziel: »Exzeptionelle Nation«, »zur Weltführung berufen«, »America First«. Nato- und EU-Osterweiterung (»Global Europe Strategy«) als imperialistische Projekte mit der Ukraine als »Sollbruchstelle« des von USA/EU provozierten Russlandkonflikts. US-Weltbeherrschungsanspruch ist Fortsetzung des Faschismus mit anderen Mitteln; ideologisch aufgeladene Mission des »Werte- und Demokratieexports«. Sanktionen, Militärinterventionen, Regime-Change-Operationen: »Mission Accomplished«.

Der traditionelle Faschismus	Der Neue Faschismus, der keiner sein will
Vernichtung des »Bolschewismus und des slawischen Untermenschen« ist wichtiger Kriegsgrund gegen Russland.	Die US-Globalfaschisten und ihre europäischen Vasallen bauen Russland seit Mitte der 1990er Jahre als »neuen« Feind auf. Die USA legen um Russland einen »Cordon Sanitaire«, um Deutschland und Russland voneinander zu trennen. Sprengung von Nordstream durch die USA. USA führen Krieg gegen die eigenen Verbündeten.
Der Militarismus ist systemisch: permanente Aufrüstung für Krieg und Eroberungsmissionen	weitgehend identisch. Mit Zunahme der kapitalistischen Krisenerscheinungen wird der Militarismus systemisch: permanente Aufrüstung. Deutschland mit minimal 100 Mrd. Euro Kriegsanleihe getarnt als »Sondervermögen Bundeswehr«; Nato als Kriegsbündnis und Verbundprojekt organisierter Friedlosigkeit; gemäß EU-Lissabonvertrag Verpflichtung zu permanenter Aufrüstung
Berufung auf »Die Vorsehung«	In den USA: Berufung auf »Gott«: »In God we trust« – »God's Own Country«
Faschismus als klassische Form des Planimperialismus: Kriegswirtschaft	USA/EU-Staaten stellen auf Kriegswirtschaft um; Finanzströme werden in militärische Destruktions- und innenpolitische Repressionsapparate umgeleitet.
entfällt	Nuklearwaffenpotenziale zur vermeintlichen Abschreckung; potenzielle Vorbereitung eines alles übersteigenden Massenmordes von planetarischen Ausmaßen

Der traditionelle Faschismus	Der Neue Faschismus, der keiner sein will
entfällt	Planvoller »Menschenimport« aus selbstverschuldeten Kriegsgebieten; Immigrationsdruck als gesteuerter Pentagon-Undercoverkrieg zur Schädigung Europas/Deutschlands mit dem Ziel der Desintegration und wirtschaftlichen Schwächung
Familie im Fokus: »Arier-Produktion« für Führer, Volk und Vaterland, tatsächlich für Kampf und Krieg; ideologische Formierung der Familie für den Führerstaat	Zerstörung, Zerrüttung der Familie durch Transgenderismus, Ziel: Gleichschaltung im Sinne des Staatskonformismus
Rassenhomogenität und Fremdenhass	Neue Staatsreligion ist der Multikulturalismus. Hassproduktion wird auf den nichtkonformen innenpolitischen Gegner gelenkt, er ist der Feind. Desintegration, Chaos und potenzieller Bürgerkrieg dienen dem Schutz der Herrschaftsfraktionen.
Aufstandsbekämpfung durch staatlichen Dauerterror	potenzielle Aufstandsbekämpfung inklusive Häuserkampf durch nationalstaatliche Paramilitärs mit kriegsähnlicher Bewaffnung und EUROGENDFOR: schnelle paramilitärische und geheimdienstliche Polizeitruppe der EU (ca. 3.000) mit Sitz in Vincenza, Italien
Opposition unter Dauerstress	»Strategie der Spannung«: Völker des Westens, maßgeblich Westeuropas werden durch vorgeblich islamistische Terrordrohungen/-anschläge in Angst gehalten. Faktisch gesteuerte Geheimdienstoperationen.

Der traditionelle Faschismus	Der Neue Faschismus, der keiner sein will
permanente Polizei- und Geheimpolizeirepression sowie Dauerbeobachtung	Polizeirepression und Dauerbeobachtung vermeintlicher Staatsfeinde als Kennzeichen des Überwachungskapitalismus. Staatsschutz, nicht Schutz der Verfassung. Eine transformierte »Antifa« terrorisiert in Kooperation mit dem Staatsschutz jede Opposition. Staatsschutz ist Regimeschutz.
Propaganda und Zensur allgegenwärtig	identisch. Die Masse wird neu formiert/formatiert: Sie wird zur ideologisch und propagandistisch aufgeladenen Angst- und medial verdummten »Träger«-Masse des biopolitischen Sicherheitsstaats sowie des geopolitischen Systemkonflikts. Propaganda ist als PsyOp und mithilfe weltweit operierender Agenturen perfektioniert und wird durch gleichgeschaltete Systemmedien in die Öffentlichkeit diffundiert. Die Masse ist gesteuerte, verunsicherte, hysterisierte und politisch-apathische Verfügungsmasse der Herrschaftsapparate.
Denunziation als Dauergefahr für Dissidenten	Denunziation wird »Volkssport«: Denunziationsstellen zur Meldung »abweichenden Verhaltens« in Deutschland gemäß »Hinweisgeberschutzgesetz« (HinschG)
entfällt	EU-»Gesetz über digitale Dienste«: Unterdrückung und Zensur regierungsfeindlicher Internetbotschaften
»Frieden und Freiheit« als propagandistische Lügen- und Leerformeln	identisch

Der traditionelle Faschismus	Der Neue Faschismus, der keiner sein will
entfällt	UN, WHO, EU werden zu »Wahrheitsministerien«, sie beanspruchen, allein definieren zu können, was »Wissenschaft« und »Wahrheit« bedeuten, alles andere ist »Desinformation«.
kultischer Irrationalismus	Das Corona-Regime hatte »kultischen Charakter«. Corona und Hygiene-Terror wurden Kult. Kultischer Irrationalismus taucht auch im Zusammenhang mit 9/11 auf: Eine Kreuzzugsmentalität gegen »das Böse«
okkulter Symbolismus	woker Regenbogen-Okkultismus als orchestrierte Regime-Dauerpropaganda im gesamten Westen
»political correctness« im Sinne des Staates war selbstverständlich. Eine Art umgedrehte »cancel-culture« bezog sich auf »minderwertige Rassen«, die aus dem Volkskörper »gecancelt« (d.h. vertrieben oder ermordet) wurden.	umfassender Kulturkrieg gegen nationale und regionale Traditionen: political correctness, cancel-culture, Frühsexualisierung, sexuelle Diversität, Genderismus, Transsexualität etc. werden Staatsideologie/-religion, um Desintegration und Gehorsam zu generieren. Transsexualität ist Vorbereitung für den Transhumanismus. Bei Widerständigkeit erfolgen Rufmord, Ausgrenzung und Existenzvernichtung bis zum Staatsterror.

Der traditionelle Faschismus	Der Neue Faschismus, der keiner sein will
sektorale Vernichtung jüdischer Geschäftsleute	Lockdowns als weltweites Verbund- und Vernichtungsprojekt gegen Klein-/Mittelstand und Selbstständige. Ziel: millionenfache Vernichtung von Existenzen sowie Kapital- und Machtkonzentration in den Händen der New-World-Order-/Globalfaschisten/»New (Green) Economy«
»Spezialität« des deutschen Nationalsozialismus: industrielle Menschenvernichtung von Juden und Dissidenten in Konzentrations- und Vernichtungslagern	entfällt
Lager/Konzentrationslager	USA: landesweite FEMA-Camps: 800 Gefangenen-/Konzentrationslager mit je bis zu 20.000 Menschen, totale Kapazität bis zu 16 Mio. werden nach Ausrufung des Kriegsrechts durch den Präsidenten aktiviert; Quarantänelager des biopolitischen Sicherheitsstaates sind nach Ausrufung neuer »Pandemien« möglich.

Der traditionelle Faschismus	Der Neue Faschismus, der keiner sein will
permanente Verfolgung von Sozialisten, Kommunisten und Dissidenten aller Art	Mit Wegfall der Systemkonkurrenz seit 1990 intellektueller Kollaps der europäischen Linken. Teile der Linken in Kollaboration mit Corona-Regime und Globalfaschisten: fehlende Systemkritik aufgrund von Unterwanderung, Ignoranz, Systemopportunismus; Woke-Ideologie als Ersatzidentifikation; intellektuelle Auszehrung seit 9/11; ab 2001 weitgehend fehlende Analysen zu »inside-job 9/11«, »War on Terror«, Neuformation des Kapitalismus in Richtung transnationaler Hyperkapitalismus und New World Order unter US-Herrschaft
entfällt	penetrante Flut an Gesetzen, Rankings, Vorschriften, Kontrollverfahren, Protokollzwängen, Verboten, Strafandrohungen etc., Ziel: Etablierung einer neuen Unrechtsordnung durch die Privatisierung des Rechts: »Experimentelles Recht«, »Rule of Law«; internationales Privatrecht, Freihandels-/Investitionsschutzabkommen, private »Schiedsgerichte« ohne staatliche Kontrolle
entfällt	»totalitärer Zentralismus« über Digitalisierung und künstliche Intelligenz, Vernetzung aller Lebensbereiche
entfällt	Globalismus/Globalfaschismus = globalisierte Faschismusformation durch demokratiefreie »Stakeholder«-Entscheider, »Global Governance« bis hin zu »Global Government«/New World Order

Der traditionelle Faschismus	Der Neue Faschismus, der keiner sein will
Pervertierte Wissenschaften dienen den Zielen des Staates im Sinne des Kriegsstaates und des medizinischen Terrorstaates; ideologische Normierung auf den Führer und faschistische Ideologie	Pervertierte Wissenschaften dienen den Zielen der Globalfaschisten – Kriegs- und Vernichtungswissenschaften einschließlich neuer »Impf-Regime« mit nicht getesteten Injektionsstoffen plus künstliche Intelligenz
Schulen und Universitäten stehen unter der Knute der faschistischen Ideologie.	Schulen und Universitäten als Brutstätten des woken Regenbogen- und Regime-Konformismus, ideologische Gleichschaltung; Minderheitenprobleme werden der Gesellschaft als Staatsideologie aufgeherrscht; Kinder und Jugendliche wurden dem Corona-Masken- und Impf-Terror unterworfen.
Propaganda mithilfe der Wissenschaft und faschistischer Ästhetik/Kunst/Musik-Transformation	Sozialwissenschaften als Legitimationshelfer des Militärs, der Think-Tank- und Propagandaindustrie, Werbung und Filmindustrie (Hollywood) in Zusammenarbeit mit dem Pentagon als Dauermanipulateure des Publikums und zur Brutalisierung der Jugend durch »Ballerspiele«
Missbrauch der Medizin zu »Rassezwecken«	massiver Missbrauch der Medizin bis hin zum schleichenden Massenmord durch weltweite Injektionsregime mit nicht getesteten »Impf-Stoffen«

Der traditionelle Faschismus	Der Neue Faschismus, der keiner sein will
entfällt	potenzielle Lebensmittelverknappung durch Zerstörung der bäuerlichen Landwirtschaft und Konzentrationsprozesse des Agro-Business
Landgrabbing durch Eroberungskriege	Landgrabbing durch Eroberungskriege und das multinationale Agro-Business
totalitäre, nihilistisch-antihumanistische Ideologie	Transhumanismus als totalitäre, nihilistische, antihumanistische Ideologie von Konzernen und Regimen: Totale Durchdringung und Inwertsetzung des Lebens. Ziel: WEF-»Great-Reset« plus Vierte Industrielle Revolution
Todesstrafe und Terror bei Delegitimierung von Führer und Staat	Strafandrohung bei »Delegitimierung des Staates«: Repressionsinstrument gegen Regimekritiker; Justiz wird politischer Kampfarm der Exekutive.

TOTALER SUPERSTAAT: UN UND WHO

»Das Neue Grün ist eine faschistische, neoliberale Umweltschutz-Farce, die nur vorgetäuscht wird.«[280]

PETER KOENIG

Eine große Vielzahl nicht gewählter und größtenteils nicht rechenschaftspflichtiger Institutionen ist inzwischen eng mit der Konzern- und Regierungsmacht verschmolzen. Die meisten Bürger dürften sich hierüber gar nicht im Klaren sein. Viele glauben immer noch, die Regierung entscheide allein oder weitgehend allein und unabhängig über die Geschicke ihres Landes. Nichts könnte von der Realität weiter entfernt sein.

In diesem Kapitel konzentriere ich mich auf den Angriff der Globalisten, den sie von »ganz oben« unter Ausschluss der Öffentlichkeit mit dem Ziel vorantreiben, die Nationalstaaten abzuschaffen und die Weltgesellschaft unter ihre totale Kontrolle zu bringen. Sollten sie dabei Erfolg haben, so haben die einzelnen Völker keinerlei Chance mehr, über ihre nationalen Regierungen irgendeinen Einfluss auf ihr Schicksal zu nehmen. Ihre Einflussmöglichkeiten sind, wie ausgeführt, bereits heute stark eingeschränkt.

280 https://www.globalresearch.ca/plan-who-ten-years-infectious-diseases2020-2030-leading-world-tyranny/5803048?doing_wp_cron=1693581715.7343640327453613281250

Der britische Autor Simon Elmer hat in seinem Buch *The Road to Fascism. For a Critique of the Global Biosecurity State*[281] eine ganze Liste übergeordneter Institutionen zusammengestellt, die das Leben der Menschen in der Weltgemeinschaft maßgeblich beeinflussen, ohne dass diese supranationalen Institutionen sich jemals demokratisch legitimieren mussten. Die Auflistung erfolgt nach dem Jahr ihrer Gründung:[282]

- Bank für Internationalen Zahlungsausgleich (IZB), gegründet 1930, mit 61 Zentralbanken als Mitglieder im Jahr 2022;
- Vereinte Nationen (UN), gegründet 1945, mit 193 Mitgliedsstaaten im Jahr 2022;
- Internationaler Währungsfond (IWF), mit 190 Mitgliedsstaaten im Jahr 2022;
- Weltbank, gegründet 1945, mit 189 Mitgliedsstaaten im Jahr 2022;
- Weltgesundheitsorganisation (WHO), gegründet 1948, mit 194 Mitgliedsstaaten im Jahr 2024;
- Nordatlantikpakt-Organisation (NATO), gegründet 1949, als Bollwerk gegen die UdSSR mit 31 Mitgliedsstaaten im Jahr 2023;
- Europarat, gegründet 1949, mit 46 Mitgliedsstaaten 2022;
- Europäischer Gerichtshof (EuGH), gegründet 1949, mit 46 Mitgliedsstaaten im Jahr 2022;
- Europäische Wirtschaftsgemeinschaft (EWG), gegründet 1957, die im Jahr 1993 zur Europäischen Union (EU) wurde, mit 27 Mitgliedsstaaten im Jahr 2022;
- Europäische Kommission, gegründet 1958;

281 A. a. O.

282 Ebd., S. 8f

- Europäisches Management Forum gegründet von Klaus Schwab im Jahr 1971, im Jahr 1987 in World Economic Forum (WEF) umbenannt, mit über 1000 Mitgliedsfirmen im Jahr 2022;
- Trilaterale Kommission, gegründet 1973, mit etwa 400 Mitgliedern aus Nordamerika, Europa und der Asien-Pacific-Region im Jahr 2022;
- Society for Worldwide Interbank Financial Telecommunications (SWIFT), gegründet 1973, mit mehr als 11.000 Finanzinstitutionen aus über 200 Ländern im Jahr 2022;
- Der Rat (der Staats- und Regierungschefs der EU), gegründet 1975, mit 27 Staats- und Regierungschefs der EU-Mitgliedsstaaten einschließlich des Ratspräsidenten und des EU-Kommissionspräsidenten, der -präsidentin;
- Die Gruppe der Sieben (G7), gegründet 1975;
- Die Gruppe der Zwanzig (G20), gegründet 1998;
- Die Gruppe der Dreißig (G30), gegründet 1978 von der Rockefeller Foundation, bestehend aus aktuellen und früheren Spitzen der Zentralbanken aus 17 Ländern einschließlich Großbritanniens und der USA, der Federal Reserve Bank of New York, der Europäischen Zentralbank, der Bank für Internationalen Zahlungsausgleich, dem Internationalen Währungsfond und der Weltbank;
- Intergovernmental Panel on Climate Change (IPCC), gegründet 1988, mit 195 Mitgliedsstaaten im Jahr 2022;
- Welthandelsorganisation (WTO), gegründet 1995, mit 164 Mitgliedsstaaten im Jahr 2022;
- Europäische Zentralbank (EZB), gegründet 1998;
- Global Alliance for Vaccines and Immunization (GAVI), gegründet im Jahr 2000, finanziert durch Großbritannien, die Bill & Melinda Gates Foundation, die USA, Norwegen, Deutschland,

Frankreich, Kanada, Italien, die Niederlande, Australien, Schweden, Japan, die europäische Kommission sowie 20 weitere Länder.

Alle diese Organisationen werden personell bestückt mit Interessenvertretern aus Bankenwelt, Konzernwirtschaft und Regierungen. Zudem ist die Liste nicht vollständig, denn wichtige Akteure wie die Bilderberger[283] und Business Round Tables fehlen. Darüber hinaus arbeiten unzählige Einflussagenten gegen Bürgerrechte und Demokratie. Wir finden sie in Nichtregierungsorganisationen – den NGOs –, die zum Teil extra zum Zweck der Beeinflussung der Bürger gegründet werden, sowie in den zahllosen Charity-/Philantropen-Organisationen der Reichen und Superreichen.[284] In diesem Zusammenhang ist auch die Münchner Sicherheitskonferenz zu nennen, jenes jährliche Kriegstreiber-Stelldichein westlicher Regierungsvertreter, Militärstrategen und der Rüstungsindustrie.

Und vor allem gilt: Die wahren Strippenzieher hinter all diesen Organisationen sind die von niemandem gewählten Reichen und Superreichen[285], die Königs- und Adelsfamilien, der Papismus, das British Empire, die City of London, die Wall Street, die Kapitalorganisatoren BlackRock et al., all jene, die ihren Reichtum und ihre Macht auf dem Elend von Millionen und Abermillionen Menschen, auf dem Rücken der Sklaven durch Aktivitäten der West-

283 Endgame: Blaupause für die totale Versklavung: https://www.youtube.com/watch?v=K0od1OdApks

284 Siehe hierzu: F. William Engdahl, *Geheimakte NGOs. Wie Tarnorganisationen der CIA Revolutionen, Umstürze und Kriege anzetteln*, Rottenburg, 2017

285 Siehe hierzu: David Rothkopf, *Superclass. The Global Power Elite and the World They Are Making*, New York 2008

und Ostindischen Handelskompanien über die Jahrhunderte aufgebaut hatten.[286]

»Corona« war ein gigantisches Testfeld für Regierungen und internationale Organisationen, ihre Macht mit brachialen Maßnahmen, nachweislich falschen Begründungen und bislang unbekannten Technologien durchzusetzen. Wegen des Erfolgs dieses weltweiten Großfeldversuchs können sich die Globalfaschisten auf die Schenkel klopfen. Ein beabsichtigter Effekt ist, dass die Macht zukünftig auf anonyme internationale Technokraten- und Bürokratenregime übergeht. Der Nationalstaat mit der Möglichkeit einer restdemokratischen Einflussnahme durch die Bürger soll schon bald der Vergangenheit angehören.

Die Primärfunktion der privatisierten Regierungen[287] soll in Zukunft darin bestehen, dem *Neuen Faschismus, der keiner sein will*, das heißt der New World Order mit ihren Gesetzen, Politiken und Zwangsmaßnahmen zu dienen und die Bevölkerungen unter Kontrolle zu halten, wenn nötig mit massiver Gewalt.

Obwohl eine Vielzahl internationaler Organisationen das Leben der Menschen maßgeblich beeinflusst, beschränke ich mich in der folgenden Darstellung in aller Kürze auf die jüngsten totalitären Prozesse, die in der UN und der WHO ablaufen.

---

286 Siehe hierzu: John Coleman, *Die Hierarchie der Verschwörer. Das Komitee der 300*, Gelnhausen-Roth 2006

287 Mark Levinson, The Privatization Myth. A deeply reported history of the past four decades of handing public services over to private companies provides a stunning account of how not to govern, 08.04.2022: https://prospect.org/culture/books/privatization-myth-cohen-mikaelian-review/

Die UN

Das wichtigste Ziel der Vereinten Nationen als globale internationale Organisation aus 193 Staaten ist die 2015 beschlossene Umsetzung der 17 Millenium-Entwicklungsziele[288] im Rahmen der 2030-Agenda der Sustainable Development Goals (SDG)[289].

Zu den Zielen der Agenda 2030 heißt es:

> »Wir stellen uns eine Welt ohne Armut, Hunger, Krankheit und Not vor, in der alles Leben gedeihen kann. Wir stellen uns eine Welt vor, die frei von Angst und Gewalt ist. Eine Welt mit allgemeiner Alphabetisierung. Eine Welt mit gleichberechtigtem und allgemeinem Zugang zu qualitativ hochwertiger Bildung auf allen Ebenen, zu Gesundheitsversorgung und sozialem Schutz, in der körperliches, geistiges und soziales Wohlbefinden gewährleistet ist. Eine Welt, in der wir unsere Verpflichtungen in Bezug auf das Menschenrecht auf sauberes Trinkwasser und sanitäre Einrichtungen bekräftigen und in der die Hygiene verbessert wird; eine Welt, in der es ausreichend, sichere, erschwingliche und nahrhafte Nahrungsmittel gibt. Eine Welt, in der die menschlichen Lebensräume sicher, widerstandsfähig und nachhaltig sind und in der es einen allgemeinen Zugang zu erschwinglicher, zuverlässiger und nachhaltiger Energie gibt.«[290]

Das alles liest sich großartig und niemand mit Verstand würde sich gegen derartige Ziele wenden, zumal wenn sie auf globaler Ebene angestrebt werden. *Aber darum geht es nicht.* Entscheidend ist in

---

288 https://sdgs.un.org/goals; https://www.weforum.org/press/2019/06/world-economic-forum-and-un-sign-strategic-partnership-framework

289 https://sdgs.un.org/goals; https://sdgs.un.org/goals#icons

290 https://sdgs.un.org/2030agenda

diesem Zusammenhang die Frage, auf welche Weise, mit welchen Maßnahmen und mit welchen Partnern diese Ziele erreicht werden sollen. Um die Ziele besser verwirklichen zu können, unterzeichneten der Generalsekretär der Vereinten Nationen, António Guterres, und der Chef des Weltwirtschaftsforums (WEF), Klaus Schwab, im Juni 2019 eine öffentlich-private »Strategische Partnerschaft«.[291]

Das Weltwirtschaftsforum beschreibt seine Mission wie folgt:

> »Das Weltwirtschaftsforum ist die internationale Organisation für öffentlich-private Zusammenarbeit. Das Forum bringt die führenden Persönlichkeiten aus Politik, Wirtschaft, Kultur und anderen Bereichen der Gesellschaft zusammen, um globale, regionale und industrielle Agenden zu gestalten.«[292]

Halten wir fest: Sie wollen ihre Ziele über Global Governance, besser über eine Weltregierung, also über Global Government, erreichen. Und zwar mit exakt denselben Großkapitalakteuren und Regierungen, die für die perversen Zustände in der Welt verantwortlich sind, die wir heute haben. Das kann und wird nicht funktionieren, weil, wie bereits oben erwähnt, alle Entwicklungen in Richtung einer vertieften Globalisierung auf eine nochmalige Radikalisierung der marktradikalen Konterrevolution hinauslaufen. Die Policy Briefs der Vereinten Nationen veranschaulichen eindrucksvoll nicht nur, wohin die Reise gehen soll, sondern auch dass die falschen Weichenstellungen die Welt in neue Abgründe führen werden. Diesmal unter Einsatz aller technologischen, finanziellen, exekutiven, bürokratischen und repressiven Mittel in Richtung einer faschistischen Superstruktur.

291 https://www.weforum.org/press/2019/06/world-economic-forum-and-un-sign-strategic-partnership-framework

292 https://www.weforum.org/about/world-economic-forum

Werfen wir nun einen kurzen Blick auf einige Policy Briefs[293] der UN, um zu beurteilen, wie die Organisation die SDGs umzusetzen gedenkt. Bislang wurden neun Policy Briefs veröffentlicht, ich gehe hier kurz auf die Nummern 2, 5, 6, 7 und 8 ein. Der Vollständigkeit halber seien die Themen der anderen vier genannt:

Nr. 1: To Think and Act for Future Generations[294]
Nr. 3: Meaningful Youth Engagement in Policy- and Decision-making Processes[295]
Nr. 4: Valuing What Counts: Framework to Progress Beyond Gross Domestic Product[296]
Nr. 9: A New Agenda for Peace[297]

Im Policy Brief Nummer 2: »Strengthening the International Response to Complex Global Shocks – An Emergency Platform«[298] geht es um die Schaffung einer sogenannten Notfall-Plattform, um »komplexe globale Schocks«, denen die Menschheit im 21. Jahrhundert ausgesetzt sein könnte, auf internationaler Ebene zu begegnen.

---

293 https://www.un.org/en/common-agenda/policy-briefs

294 https://www.un.org/sites/un2.un.org/files/our-common-agenda-policy-brief-future-generations-en.pdf

295 https://www.un.org/sites/un2.un.org/files/our-common-agenda-policy-brief-youth-engagement-en.pdf

296 https://www.un.org/sites/un2.un.org/files/our-common-agenda-policy-brief-beyond-gross-domestic-product-en.pdf

297 https://www.un.org/sites/un2.un.org/files/our-common-agenda-policy-brief-new-agenda-for-peace-en.pdf

298 https://www.un.org/sites/un2.un.org/files/our-common-agenda-policy-brief-emergency-platform-en.pdf

»Bei der Plattform würde es sich nicht um ein neues ständiges Gremium oder eine neue Institution handeln. Sie würde bei Krisen größeren Ausmaßes automatisch ausgelöst werden, unabhängig von der Art und dem Charakter der Krise, um die es geht. Nach ihrer Aktivierung würde sie führende Vertreter der Mitgliedstaaten, des Systems der Vereinten Nationen, der wichtigsten Ländergruppen, der internationalen Finanzinstitutionen, regionaler Gremien, der Zivilgesellschaft, des Privatsektors, fachspezifischer Branchen oder Forschungseinrichtungen und andere Experten zusammenbringen. Dieser Vorschlag würde es ermöglichen, die einberufende Rolle der Vereinten Nationen angesichts von Krisen mit globaler Reichweite zu maximieren, und sollte unabhängig von der Art der Krise sein, da wir nicht wissen, welche Art von globalem Schock wir in Zukunft erleben werden, obwohl die Wahrscheinlichkeit ihres Auftretens zunimmt.«

»Ein komplexer globaler Schock kann im Großen und Ganzen als ein Ereignis mit schwerwiegenden Folgen für einen beträchtlichen Teil der Weltbevölkerung verstanden werden, das zu sekundären Auswirkungen in mehreren Sektoren führt. In diesem Jahrhundert hat die Welt bereits mindestens zwei komplexe globale Schocks erlebt: die COVID-19-Pandemie (2020) und die globale Lebenshaltungskostenkrise (2022).«

Wobei wir mitten im Thema wären, das heißt, auch die Vereinten Nationen waren, wie nicht anders zu erwarten, Teil des Corona-Terrorregimes. Dass als zweiter Schock ausgerechnet die Lebenshaltungskostenkrise 2022 genannt wird, ist schon sehr bezeichnend, denn diese war ja gerade eine Folge des Corona-Regimes. Typisch für diese beiden Beispiele »Eliten«-gemachter Schocks ist, dass nunmehr ein neuer gigantischer bürokratischer Überbau geschaffen werden soll, der dann in Aktion tritt, wenn uns die Herrschenden wieder einmal eine neue Katastrophe bescheren.

> »Globale Schocks haben im einundzwanzigsten Jahrhundert neue, besorgniserregende Merkmale angenommen: Sie werden komplexer, ihre Auswirkungen sind globaler, und die Notwendigkeit einer internationalen Zusammenarbeit, um auf sie zu reagieren, ist daher noch wichtiger. Die Komplexität und Schärfe der potenziellen globalen Schocks, mit denen wir konfrontiert sind, übersteigt heute die bestehenden Kapazitäten des multilateralen Systems, um diese Risiken ausreichend zu bewältigen.«

Hier macht sich der Bock zum Gärtner, denn völlig logisch ist, dass die zunehmende Globalisierung Probleme in einem Ausmaß schafft, die kaum mehr zu handhaben sind. Eine logische Folgerung wäre, die Globalisierung zu entflechten und die verstärkte Zentralisierung rückgängig zu machen. Dann würden selbstverständlich auch potenzielle globale Schocks auf ein vertretbares Maß reduziert. Aber darum geht es den Herrschenden nicht. Die Globalisierung steht nicht zur Disposition, die internationalisierte Bürokratie wird sich nicht selbst abschaffen, sie will die von ihr mitgeschaffenen Problemlagen lediglich systemimmanent, das heißt im Wege eines Katastrophenmanagements und somit durch neu zu schaffende Institutionen, neue Regelwerke, Maßnahmen der Drangsalierungen und Terrorisierung der Völker in den Griff bekommen. Jedem logisch Denkenden ist selbstverständlich klar, dass die angeblichen Lösungsansätze des Policy Briefs Nummer 2 vollkommen in die falsche Richtung gehen.

Im Policy Brief Nummer 5 »A Global Digital Compact – an

Open, Free and Secure Digital Future for All«[299] beklagt der UN-Generalsekretär, dass der Zugang zum Internet für Teile der Weltbevölkerung, hauptsächlich auf dem afrikanischen Kontinent, nicht oder nicht in ausreichendem Maß besteht. Daher beschreibt das Paper, welche Maßnahmen ergriffen werden sollten, um die Abgehängten zu inkludieren:

> »Heute sind 5,3 Milliarden Menschen digital vernetzt, doch die Kluft zwischen den Regionen, Geschlechtern, Einkommen, Sprachen und Altersgruppen bleibt bestehen. Etwa 89 Prozent der Menschen in Europa sind online, aber nur 21 Prozent der Frauen in einkommensschwachen Ländern nutzen das Internet. [...] Obwohl digital erbrachte Dienstleistungen inzwischen fast zwei Drittel des globalen Dienstleistungshandels ausmachen, ist der Zugang in einigen Teilen der Welt unerschwinglich. Die Kosten für ein Smartphone betragen in Südasien und Subsahara-Afrika mehr als 40 Prozent des durchschnittlichen Monatseinkommens, und afrikanische Nutzer zahlen mehr als das Dreifache des weltweiten Durchschnitts für mobile Daten.«

Die Begründung für die globale Ausweitung der Internet-Nutzer folgt auf dem Fuß: Die Sammlung und Nutzung digitaler Daten und Anwendungen sei von enormem kommerziellen und sozialen Wert. Zwar nehme der weltweite Datenverkehr bis 2026 voraussichtlich monatlich um mehr als 400% zu, doch die Aktivitäten konzentrierten sich auf wenige globale Akteure. Daher liefen viele Entwicklungsländer Gefahr, reine Anbieter von Rohdaten zu werden, wobei sie für die Dienste zahlen müssten, die deren Daten

---

[299] https://www.un.org/sites/un2.un.org/files/our-common-agenda-policy-brief-gobal-digi-compact-en.pdf

erst ermöglichten, so Policy Brief Nummer 5.[300] Im Hinblick auf die Innovationskluft sei die Lage noch extremer. Digitale Technologien hätten sich über das Internet und mobile Geräte hinaus zu autonomen intelligenten Systemen und Netzwerken, generativer künstlicher Intelligenz (KI), virtueller und gemischter Realität, Distributed-Ledger-Technologien (wie Blockchain), digitalen Währungen und Quantentechnologien entwickelt. Der durch diese Innovationen erzeugte Reichtum sei höchst ungleich verteilt und werde von einer Handvoll großer Plattformen und Staaten dominiert. Dadurch nähme die Kluft zwischen arm und reich weiter zu, so Policy Brief Nummer 5.

»Ach so, das wussten wir noch gar nicht«, möchten informierte Zeitgenossen antworten. Für dieses massive Governance Gap, diese Governance Kluft, sei ein zu geringes Engagement der Regierungen im Sinne des Allgemeinwohls verantwortlich: »Die Regierungen sind ständig im Rückstand, wenn es darum geht, sie im öffentlichen Interesse zu regulieren.«[301] Dass sich die Regierungen des Wertewestens seit 40 Jahren aus ihrer Verantwortung für das Allgemeinwohl herausstehlen, indem sie sich zu Lakaien der großen internationalen Konzerne machten, wurde bereits herausgearbeitet. Und nun bietet sich auch hier das UN-Weltgremium auf der Basis internationaler Governance-Regelungen als Problemlöser an. Da sich die Vereinten Nationen als Transformationspartner für die SDGs genau die politischen und ökonomischen Kräfte ausgesucht haben, die uns in diese katastrophale Lage führten, kann das Ganze für die Weltbevölkerung nur im Fiasko enden.

300 Ebd., S. 3

301 Ebd., S. 3

Die Vorschläge des Policy Brief Nummer 6 »Reforms to the International Financial Architecture« sind grotesk:[302]

> »Wir müssen ein neues Regelwerk und neue Institutionen schaffen, die die Konvergenz für das 21. Jahrhundert unterstützen und alle Länder in die Lage versetzen, nachhaltige, integrative und gerechte Transformationen zu erreichen. Die internationale Finanzarchitektur sollte so strukturiert sein, dass sie die Umsetzung der Ziele für nachhaltige Entwicklung und die Verwirklichung der Menschenrechte proaktiv unterstützt. Der einzige Weg, eine solche Struktur zu ermöglichen, ist eine ehrgeizige Reform, die mit einer inklusiveren, repräsentativeren und letztlich effektiveren globalen Wirtschaftsregierung beginnt:
>
> a) globale Wirtschaftspolitik;
> b) Erlass der Schulden und der Kosten staatlicher Kreditaufnahme;
> c) internationale öffentliche Finanzen;
> d) das globale finanzielle Sicherheitsnetz;
> e) politische und regulatorische Rahmenbedingungen, die die Kurzfristigkeit auf den Kapitalmärkten bekämpfen, die Rentabilität des Privatsektors besser mit nachhaltiger Entwicklung und den Zielen für nachhaltige Entwicklung verknüpfen und die finanzielle Integrität berücksichtigen;
> f) eine globale Steuerarchitektur für eine gerechte und integrative nachhaltige Entwicklung.«

---

302 https://www.un.org/sites/un2.un.org/files/our-common-agenda-policy-brief-international-finance-architecture-en.pdf

Glaubt die Top-Bürokratie der Vereinten Nationen tatsächlich, über Global Governance oder über eine Weltregierung die Probleme lösen zu können, die die internationalen Kapitalakteure seit ihrem Bestehen anrichteten? Und wie soll eine globale Wirtschaftspolitik aussehen, wenn die USA und auch die EU von ihrem Dominanzanspruch gegenüber der übrigen Welt nicht ablassen wollen? Wie soll ein gerechtes Besteuerungsinstrument ausfallen und vor allen Dingen ohne Militäreinsatz durchgesetzt werden, wenn es doch seit Jahrzehnten das Ziel der multinationalen Konzerne und der Finanzmafia war, sich über alle nur denkbaren Steuerverhinderungspraktiken zu bereichern? Als Erschwernis für die Pläne der UN kommt hinzu, dass die BRICS-Staaten sich aus der Umklammerung des Westens lösen und eigene wirtschafts- und währungspolitische Lösungsansätze anstreben. Aus welchem Grund sollten die US-gesteuerten Finanzinstitutionen Weltbank und IWF den Ländern der sogenannten Dritten Welt die Schulden erlassen? In der Vergangenheit waren es doch die USA, die mithilfe von Weltbank und IWF genau die Abhängigkeitsverhältnisse gegenüber den Drittweltländern erzeugten und diese Länder kujonierten. Warum sollten sie auf diesen Knebel verzichten?[303] Völlig ungeklärt ist vor allen Dingen, wie nachhaltige Entwicklungsziele überhaupt mit den Profitinteressen der großen Konzerne in Einklang zu bringen sind. Das funktioniert seit 500 Jahren nicht und wird die kommenden Dekaden auch nicht funktionieren. Aber das Hauptanliegen der UN-Bürokraten ist offensichtlich, wie ganz oben im Zitat zu lesen: *neue Regelwerke und neue Institutionen* zu schaffen. Der aufgeblähte Wasserkopf will sich erweitern. Das ist das Ziel jeder Bürokratie.

303 Siehe hierzu John Perkins, *Das Vermächtnis eines Economic Hit Man. Wie wir unsere Welt vor der endgültigen Zerstörung bewahren*, München 2021

Policy Brief Nummer 7 »For All Humanity – the Future of Outer Space Governance«[304] befasst sich mit der Governance des Weltraums:

> »Das vorliegende Kurzdossier enthält eine Untersuchung der außerordentlichen Veränderungen, die im Weltraum im Gange sind, sowie eine Bewertung der Auswirkungen dieser Veränderungen auf die Nachhaltigkeit und die Sicherheit für die gegenwärtige und künftige Politik. [...] Außerdem werden die wichtigsten Trends, die sich auf die Sicherheit von Weltraumaktivitäten auswirken, sowie die Risiken für die Menschheit, die sich ergeben könnten, wenn diese Herausforderungen nicht gelöst werden, skizziert. [...] Unser gemeinsames Interesse an der Bewahrung des Weltraums, einer Domäne der Menschheit, die uns allen zugute kommt, erfordert flexible und von Multi-Stakeholdern getragene Governance-Maßnahmen.«

Auch hier zeigt sich, wie in allen Policy Briefs, die arrogante Haltung der Macht, die glaubt, sich durch Governance-Maßnahmen über die gesamte Menschheit erheben zu können und in deren Interesse zu sprechen. Diese Menschheit wurde noch nie und in keinem Zusammenhang dazu befragt, wie der Weltraum genutzt werden sollte, wie hoch die Anzahl der Satelliten im Weltraum sein sollte und zu welchen Zwecken diese in den Weltraum geschickt werden. Zumindest konstatiert die UN in Paper Nummer 7 die erheblichen Interessengegensätze, drückt diese jedoch auf sehr diplomatische Art und Weise aus:

---

304 https://www.un.org/sites/un2.un.org/files/our-common-agenda-policy-brief-outer-space-en.pdf

»Aufkommende Risiken, die sich aus der zunehmenden Überlastung des erdnahen Orbits und dem Konkurrenzkampf im Weltraum ergeben, müssen gemeinsam mit allen an der Erforschung und Nutzung des Weltraums beteiligten Akteuren angegangen werden, wobei die Mitgliedstaaten und ihre Führungsrolle bei zwischenstaatlichen Prozessen weiterhin im Mittelpunkt stehen.«[305]

Wie sehr sich die Anzahl der im Weltraum befindlichen Satelliten erhöht, ist der Allgemeinheit völlig unbekannt. Im Zeitraum von 1957 bis 2012 blieb die Zahl der in den Weltraum geschossenen zivilen Satelliten – und allein darum geht es hier – mit 150 Starts pro Jahr relativ konstant. Vor zehn Jahren etwa stieg dann die Anzahl exponentiell an: von 210 im Jahr 2013 auf über 600 in 2019 und 1.200 in 2020 bis zu 2.470 im Jahr 2022, so das Paper.[306] Dieser enorme Anstieg stehe im Zusammenhang mit dem Start von Kleinsatelliten privater Akteure und der Telekommunikation, so die UN, und weiter: Bis Anfang des Jahres 2030 hätten Staaten bei der Internationalen Telekommunikationsunion (ITU) den geplanten Start von mehr als 1,7 Millionen nicht geostationärer Satelliten gemeldet.[307]

Der Weltraummüll durch ausgediente, nicht mehr funktionsfähige Satelliten stellt bereits heute ein riesiges Problem dar. Unabhängig von den noch zu startenden Weltraumobjekten befänden sich bereits mehr als 24.000 Objekte größer als 10 cm, 1 Million kleiner als 10 cm und circa 130 Millionen kleiner als 1 cm im All,

305 Ebd., S. 3

306 Ebd., S. 4

307 Ebd., S. 5

so der Bericht.[308] Und dieser ganze Schrott landet, sofern er nicht in der Erdatmosphäre verdampft, als Weltraummüll irgendwo auf unserem Planeten.

Auch auf die erheblichen Risiken im Zusammenhang mit der militärischen Nutzung des Weltraums geht der Bericht kurz ein:

> »Zusätzliche normative Rahmenbedingungen sind erforderlich, um eine Ausweitung bewaffneter Konflikte in den Weltraum und eine Bewaffnung des Weltraums zu verhindern. Ein großes Risiko für die Sicherheit im Weltraum besteht darin, dass er zu einer möglichen Domäne für militärische Konfrontationen zwischen großen Militärmächten wird. Die Kombination neuer Weltraumakteure, die Verbreitung von Weltraumobjekten, die Tatsache, dass viele weltraumgestützte Dienste sowohl zivile als auch militärische Nutzer haben, und die zunehmende Abhängigkeit der Streitkräfte von Weltraumsystemen verschärfen dieses Risiko.«[309]

Welche Rolle den Vereinten Nationen – abgesehen von der Ausweitung ihres bürokratischen Wasserkopfs – im Hinblick auf die Lösung all dieser Probleme, zumal im Zusammenhang mit den militärischen Rivalitäten der Supermächte im All, zukommen könnte, bleibt ein Rätsel. Nachhaltigkeitsfragen, das heißt Umweltschutz, hat die staatlichen und privaten Akteure bisher nicht interessiert. Warum sollten sie sich in Zukunft dafür interessieren? Umweltphrasen und Propaganda dienen allenfalls dazu, die Öffentlichkeit zu beruhigen … Hauptsache wir haben einmal darüber gesprochen.

---

308 Ebd., S. 15

309 Ebd., S. 17

Der Policy Brief 8 »Information Integrity on Digital Platforms«[310] befasst sich mit dem Thema der Informationsintegrität auf digitalen Plattformen, der Desinformation und der sogenannten Hassrede:

> »... dieselben Plattformen haben auch eine dunkle Seite des digitalen Ökosystems offenbart. Sie haben die rasche Verbreitung von Lügen und Hass ermöglicht und damit echten Schaden auf globaler Ebene angerichtet. Der Optimismus über das Potenzial der sozialen Medien, Menschen miteinander zu verbinden und zu engagieren, hat einen herben Rückschlag erlitten, weil Falsch- und Desinformation sowie Hassreden von den Rändern des digitalen Raums in den Mainstream vorgedrungen sind. Die Gefahr kann nicht hoch genug eingeschätzt werden. Über die sozialen Medien verbreitete Hassreden und Desinformationen können zu Gewalt und Tod führen. Die Möglichkeit, Desinformationen im großen Stil zu verbreiten, um wissenschaftlich gesicherte Fakten zu untergraben, stellt eine potenzielle Gefahr für die Menschheit dar und gefährdet demokratische Institutionen und grundlegende Menschenrechte.«[311]

> »Informationsintegrität bezieht sich auf die Genauigkeit, Konsistenz und Zuverlässigkeit von Informationen. Sie wird durch Desinformation, Fehlinformation und Hassreden bedroht. Obwohl es keine allgemein anerkannten Definitionen dieser Begriffe gibt, haben die Vereinten Nationen Arbeitsdefinitionen entwickelt.«[312]

---

310 https://www.un.org/sites/un2.un.org/files/our-common-agenda-policy-brief-information-integrity-en.pdf

311 Ebd., S. 3

312 Ebd.

Bis zu Seite 11 des Policy Briefs Nummer 8 werden zum Teil sehr vernünftige Überlegungen und Differenzierungen angestellt. Es wird unterschieden zwischen Desinformation und Falschinformationen, die Gefährlichkeit von Hate-Speach wird thematisiert, zudem wird durchaus kritisch beleuchtet, dass auch Staaten sich an Desinformationen beteiligen. Auffallend ist, dass der Begriff »Propaganda« im Text nicht ein einziges Mal auftaucht, wo sie doch durch Regierungsstellen und die Medien täglich praktiziert wird. Auf Seite 11 des Briefs lassen die Autoren sodann die Katze aus dem Sack:

> »Fehlinformationen und Desinformationen können gefährlich und potenziell tödlich sein, insbesondere in Krisen-, Not- oder Konfliktzeiten. Während der Coronavirus-Pandemie (COVID-19) begann eine Flut von Falsch- und Desinformationen über das Virus, die Maßnahmen der öffentlichen Gesundheit und die Impfstoffe im Internet zu kursieren. Bestimmte Akteure nutzten die Verwirrung für ihre eigenen Ziele aus, indem sie die Nutzer mit AntiImpfkampagnen auf Websites lenkten, die gefälschte Heilmittel oder Präventivmaßnahmen verkauften. Viele Opfer von COVID-19 weigerten sich, sich impfen zu lassen oder grundlegende Gesundheitsvorkehrungen zu treffen, nachdem sie im Internet falschen und desinformierenden Informationen ausgesetzt waren.«

Wie nicht anders zu erwarten, verliert die UN kein Wort über die Tatsache, dass die übelsten Desinformationen zu Corona bzw. hasstriefende Verleumdungen bis hin zu staatsterroristischen Maßnahmen gegen Kritiker des Corona-Regimes bis heute aus dem Umfeld von Regierungen sowie öffentlich-rechtlichen und Mainstream-

Medien kommen. Auch will die UN durch neue Regelungen klarstellen, dass es in der Europäischen Union nur noch eine gleichgeschaltete Sichtweise auf den Ukraine-Krieg, Klima-, Genderfragen etc. geben darf, selbstverständlich die, die Regierungen und die EU selber vorgeben. Alles andere fällt unter manipulative Desinformation.

Zu den wahren Interessen der UN äußert sich der schwedische Autor Jacob Nordangård in »The Ministry of Truth« unmissverständlich:

> »Zusammenfassend lässt sich sagen, dass die UN offenbar vor allem die Interessen von Big Pharma, Big Tech und den ›Treuhändern des materiellen Universums für künftige Generationen‹ auf dem Weltwirtschaftsforum ›energisch verteidigt‹ sowie deren megareiche Eigentümer, die als ›Verteidiger‹ getarnt sind. ›Wohlwollende Philanthropen‹, die sich um das Wohlergehen der Menschheit und des Planeten kümmern. Es ist offensichtlich, dass der Hauptzweck der Vereinten Nationen darin besteht, diese mächtigen Gruppen vor all denen zu schützen, die endlich aus ihrem langen Angstkoma erwachen.«[313]

Die WHO

Die Weltgesundheitsorganisation der Vereinten Nationen (WHO) wurde am 7. April 1948 gegründet. Aktuell arbeitet die WHO[314]

---

313 Jacob Nordangård, The Ministry of Truth – Revisited. Protecting the interests of the Oligarchy on Digital Platforms, 19.06.2023: https://www.globalresearch.ca/ministry-truth-revisited/5822726?utm_campaign=magnet&utm_source=article_page&utm_medium=related_articles

314 Zu Struktur und Aufbau der WHO siehe: https://www.bundestag.de/resource/blob/645812/e382539acdd205358b958cb7a9e8ba53/WD-2013-19-pdf-data.pdf

an einem Pandemievertrag (Convention Amendment, CA+) sowie an einer Änderung der internationalen Gesundheitsvorschriften (International Health Regulations, IHR, auch IHG abgekürzt).[315] Ihr höchstes Entscheidungsgremium ist die Weltgesundheitsversammlung (World Health Assembly, WHA). Das Ziel der WHO ist, die totale Kontrolle über sogenannte gesundheitliche Notfälle, PHEIC (PHEIC steht für Public Health Emergencies of International Concern), zu erhalten, ihre Herrschaft weiter zu festigen, den Durchgriff auf die einzelnen Nationalstaaten sicherzustellen und alle Informationen, die nicht in ihre ideologischen Raster passen, zu »gesundheitsbezogenen Fehlinformationen und Desinformationen« zu erklären. Darin unterscheidet sich die WHO nicht von den UN und der EU. Alle arbeiten mit den Regierungen im Schulterschluss. Aufgrund ihrer finanziellen Abhängigkeit verfolgt die WHO primär die Profitinteressen ihrer privaten Geldgeber. Circa 80 % ihres Budgets bezieht die WHO inzwischen aus zweckgebundenen Spenden. Nach Artikel 57 der WHO-Verfassung darf die Organisation Spenden annehmen und die Spender können ihre Spenden mit verschiedenen Wünschen verknüpfen, vorausgesetzt, dass diese »Geschenke« mit den Zielen und der Politik der WHO übereinstimmen. Die USA als Staat haben die WHO circa 20 Jahre lang austrocknen lassen. Die entstehende Lücke haben dann private Interessengruppen geschlossen. In der Liste der privaten Finanziers steht die Bill-&-Melinda-Gates-Stiftung ganz oben und die GAVI, die Gates ebenfalls mitfinanziert, folgt kurz dahinter.[316]

---

315 https://www.mehr-wissen.info

316 https://www.globalresearch.ca/bombshell-us-house-floats-bill-defundwho-wef-other-misinformation-programs-considers-exiting-who/5824430; zur UN-Privatfianzierung siehe auch: https://norberthaering.de/machtkontrolle/ausverkauf-un/

Je nach Erhebungszeitraum wechseln sich an der Spitze die zehn wichtigsten Geldgeber ab. An vorderster Stelle dabei sind immer die USA, die Bill-&-Melinda-Gates-Stiftung, Deutschland, die GAVI, die EU-Kommission sowie Großbritannien. Die ersten zehn Financiers der WHO für den Zweijahreszeitraum 2020/2021 sind:[317]

1. Deutschland,
2. Bill-&-Melinda-Gates-Stiftung,
3. USA,
4. Großbritannien und Nordirland,
5. EU-Kommission,
6. GAVI,
7. Japan,
8. Kanada,
9. Rotary International,
10. Covid-19 Solidarity Response Fund.

Laut Webseite der WHO hat Deutschland seine Beiträge für 2020/21 mehr als verdreifacht.

Nur etwa 15 bis 20 % sind dabei die festgelegten Beiträge der Mitgliedstaaten, der Rest sind freiwillige Zahlungen entweder von Staaten oder anderen Organisationen. Allerdings sind die freiwilligen Zahlungen meist an bestimmte Projekte oder Schwerpunktthemen geknüpft (siehe Ausführungen weiter unten).

Ein kurzer Blick zurück

Im September 2022 erschien der Film *THE PLAN – The WHO has*

---

317 https://report24.news/seit-2020-21-groesster-geldgeber-der-whodeutschland-hat-die-globale-plandemie-finanziert/

planned for 10 years of infectious diseases, from 2020 to 2030[318], der an etlichen Beispielen zeigt, wie die koordiniert arbeitenden Globalisten längst vor 2020 die Corona-Pandemie geplant und vorbereitet hatten. Das bestätigt Marion Koopmans, eine niederländische Virologin, in diesem Film: »Es gibt einen Zehnjahresplan der WHO für permanente Infektionskrankheiten. In dem Plan steht, dass es eine große Krise an Infektionskrankheiten geben wird.« – »Wir müssen uns auf die nächste Pandemie vorbereiten«, so Bill Gates und »diese wird diesmal die Aufmerksamkeit erregen.« Und nach den Vorstellungen des englischen Königs Charles wird es so lange Pandemien geben, bis die Menschen die Vierte Industrielle Revolution akzeptiert hätten.

Im Film erfahren die Zuschauer viele weitere Details über die Arbeit der WHO und der mit ihr verbundenen Universitäten wie die Johns Hopkins Universität sowie einiges über die Aktivitäten des US-amerikanischen Immunologen Anthony Fauci. Bereits 2017 sagte Fauci voraus, dass es innerhalb der nächsten vier Jahre einen »überraschenden Ausbruch« geben würde. Ebenfalls im Jahr 2017 waren Bill und Melinda Gates sich sicher, dass es in den kommenden Jahren einen bioterroristischen Angriff geben würde. Im selben Jahr, also 2017, publizierte die Johns Hopkins Universität das futuristische Szenario einer Coronavirus-Pandemie: »The Spars Pandemic 2025–2028. A Futuristic Scenario for Public Health Risk

---

318 Peter Koenig, Der Plan: Zehn Jahre Infektionskrankheiten der WHO (2020 bis 2030), die zu einer weltweiten Tyrannei führen, 05.08.2023: https://www.globalresearch.ca/plan-who-ten-years-infectious-diseases2020-2030-leading-world-tyranny/5803048; Film: https://rumble.com/v13kefy-must-see-the-plan-who-plans-for-10-years-of-pandemics-from-2020-to-2030.html

Communicators«[319]. Wen wundert es da noch, dass in den Jahren 2017 und 2018 weltweit mehrere 100 Millionen Covid-19-Test-Kits verteilt wurden? Sogar schon im Jahr 2010 veröffentlichte die Rockefeller Stiftung die Publikation »Lock Step«: »Scenarios for the Future of Technologie and International Development«[320], in der eine Coronavirus-Pandemie vorausgesagt wurde.[321] Aus September 2019 stammt die Publikation des Global Preparedness Monitoring Board: »A World at Risk. Annual report on global preparedness for health emergencies«[322], in der unter anderem darauf hingewiesen wurde, dass UN und WHO »mindestens zwei systemweite Trainings- und Simulationsübungen durchführen würden einschließlich einer, die die gezielte Freilassung tödlicher Atemwegspathogene abdeckt«. Das Global Preparedness Monitoring Board (GPMB) ist ein Arm der WHO und der Weltbank, das beide Organisationen im Jahr 2018 als Antwort auf die Epidemie des Ebolavirus in Westafrika gründeten.

Ein Jahr vor Ausbruch der Corona-Plandemie trainierte ein euro-

---

319 https://archive.org/details/spars-pandemic-scenario_202104

320 https://truthcomestolight.com/wp-content/uploads/2020/07/Rockefeller-Foundation-2010-Scenarios-for-the-Future-of-Technology-andInternational-Development.pdf; https://archive.org/details/pdfy-tNG7MjZUicS-wiJb/mode/2up

321 Norbert Häring, Gleichschritt – Das unheimlich weitsichtige Pandemie-Szenario der Rockefeller Stiftung, 12.05.2020: https://norberthaering.de/macht-kontrolle/lock-step-rockefellerstiftung/; Helen Buyniski, VIDEO: Das »Lock Step«-Simulationsszenario: »Eine Coronavirusähnliche Pandemie, die zum Auslöser für Polizeistaatskontrollen wird«, 05.02.2020: https://www.globalresearch.ca/all-sectors-us-establishment-lock-step-deep-states-latest-bio-war/5702773

322 https://www.gpmb.org/annual-reports/annual-report-2019

päischer Virologe in einer Veranstaltung von »Chantam House, The Royal Institute of International Affairs«[323] die europäischen politischen Führungen dahingehend, wie die Öffentlichkeit manipuliert werden müsste, damit sie die Impfungen akzeptiert. Er erklärte ihnen, wie sie falsche Todeszahlen dazu benutzen könnten, Angst und Schrecken in der Bevölkerung zu schüren. Nach demselben Muster ging ja auch der frühere Gesundheitsminister Jens Spahn vor, als er erklärte, alle, die sich nicht impfen lassen würden, würden wahrscheinlich bis Winterende 2020 sterben.[324]

Bereits sechs Monate vor dem Covid-19-Ausbruch veröffentlichte die australische Regierung einen Leitfaden zu einer Corona-Pandemie. Fünf Monate vor Ausbruch der Plandemie instruierte die WHO alle Nationen, sich auf eine Pandemie vorzubereiten. Zur gleichen Zeit forderten WHO und die Europäische Kommission in »The Global Vaccination Summit«[325] strenge Überwachungssysteme, »um die laufenden Injektionen der gesamten Weltbevölkerung« zu überwachen. Sie stellten zehn Punkte[326] zusammen, mit denen jeder von der »Kraft der Impfungen« profitieren könnte. Vier Monate vor der Pandemie diskutierten Anthony Fauci und Beamte des United States Department of Health and Human Services (HHS) »die Notwendigkeit eines globalen Ereignisses, um das gesamte System zerstören zu können« und so die Öffentlich-

---

323 https://www.chathamhouse.org; eine der zahllosen transatlantischen Kriegstreiberorganisationen

324 https://www.faz.net/aktuell/politik/inland/spahn-ende-des-winters-sei-jeder-geimpft-genesen-oder-gestorben-17646367.html

325 https://www.who.int/news-room/events/detail/2019/09/12/default-calendar/global-vaccination-summit; https://health.ec.europa.eu/system/files/2019-11/ev_20190912_mi_en_0.pd

326 https://health.ec.europa.eu/system/files/2019-11/10actions_en_0.pdf

keit dazu zu bringen, einen experimentellen mRNA-Impfstoff zu akzeptieren. Zur selben Zeit, also vier Monate vor Ausbruch der Plandemie, organisierte Bill Gates die Übung »Event 201«[327] mit der Botschaft, dass eine solche Krise nur im Zusammenwirken zwischen dem globalen Business und den Regierungen gelöst werden könne. Ebenfalls vier Monate vor dem Corona-Ausbruch konnte Anthony Fauci über einen Impfstoff von Moderna verfügen. Insgesamt wurde die Weltöffentlichkeit mit der Manipulationstechnik der »vorausschauenden Programmierung« systematisch auf das vorbereitet, was sie akzeptieren sollte und dann auch tatsächlich eintrat:[328] die »Pandemie«.

Der Film *THE PLAN – The WHO has planned for 10 years of infectious diseases, from 2020 to 2030* ist nicht der einzige, der die Angst vor einem Virus thematisiert. Im Film *V For Vendetta* aus dem Jahr 2006 wird gezeigt, wie sich eine brutale Diktatur auf Grundlage der Angst vor einem Virus entwickelt, das sich über die gesamte Welt ausbreitet. Diese Beispiele zeigen, welche entscheidende Rolle die Filmindustrie bei der Ausbreitung von Angstpropaganda spielt, und, erstaunlich: Der Film *V For Vendetta* spielt im Jahr 2020.

Auch die EU beteiligte sich an der Angstmache: Sie gab 2012 ein Comicbuch[329] heraus, in dem eine Pandemie in China ihren Ausgang nimmt und in einer weltweiten Tyrannei endet.

Aber der Film *THE PLAN – The WHO has planned for 10 years of infectious diseases, from 2020 to 2030* entlässt die Zuschauer nicht mit einer komplett finsteren Vision der Zukunft. Am Ende wird

---

327 https://www.youtube.com/watch?v=zv9J0fKlhA0; https://www.freewiki.eu/de/index.php?title=Event_201

328 Siehe Film, ab 13:35

329 https://op.europa.eu/en/publication-detail/-/publication/4cc2ea93-d003417e-9294-1103a6ee877d

eine Vielzahl alternativer Organisationen genannt, die sich gegen die herrschende Tyrannei auflehnen, zum Beispiel das »World Freedom Directory«[330].

Die Zukunftspläne der WHO

Die Artikel 19 und 20 der WHO-Verfassung ermöglichen der Organisation, Abkommen auszuhandeln und zu verabschieden. Aktuell versucht die WHO, umfassende Änderungen der Internationalen Gesundheitsvorschriften (International Health Regulations, IHR) und das Pandemieabkommen (CA+) durchzusetzen. Die bisherige Fassung der IHR ist ein rechtsverbindliches Instrument des internationalen Rechts, dem alle 194 Mitgliedsstaaten zugestimmt haben. Die aktuelle Grundlage der *Internationalen Gesundheitsvorschriften* stammt aus dem Jahr 2005. Am 20. Mai 2021 beschloss der Rat der EU, die Aufnahme der Verhandlungen mit der WHO über einen internationalen Vertrag zur Bekämpfung von Pandemien zu unterstützen. Am 1. Dezember 2021 einigten sich die 194 Mitglieder darauf, eine Überarbeitung des IHR in Angriff zu nehmen sowie eine Vereinbarung oder ein anderes internationales Instrument auszuarbeiten, das die Pandemieprävention und -vorsorge stärken soll. Insbesondere sollten die Risiken über neue, vom Tier auf den Menschen übertragbare Infektionskrankheiten überwacht werden.

> »Die Überarbeitung der Internationalen Gesundheitsvorschriften und die Entwicklung des internationalen Pandemieabkommens finden […] parallel statt.« […]

> »Die EU zählt zu den Initiatoren des internationalen Pande-

330 https://stopworldcontrol.com/map/

mieabkommens und spricht im Entwicklungsprozess mit einer gemeinsamen Stimme aller 27 Mitgliedstaaten. Das Mandat zur Verhandlungsführung in Bereichen mit EU-Kompetenz wurde der EU im März 2022 durch einen EU-Ratsbeschluss erteilt.«[331]

Das bedeutet, die EU-Staaten haben der EU – einer demokratiefreien Super-Organisation – das Verhandlungsmandat übertragen. Und da die EU nie etwas anderes war als eine politisch-korporatistische Konzernunion, die die marktradikalen und kriegspolitischen Vorgaben reaktionärer Regierungen in Abstimmung mit den USA (besser: unter Kuratell der USA) – maßgeblich der deutschen – umsetzt, steht schon heute fest, in welche Richtung die Reise gehen wird: stets gegen die Völker, denn der Souverän bleibt draußen.

Einen eifrigen Verfechter ihrer Absichten fand die WHO im früheren Bundesgesundheitsminister Jens Spahn, der direkt nach Ausrufung der Corona-Pandemie dafür eintrat, in einen Pandemievertrag unbedingt Präventivmaßnahmen aufzunehmen, die völkerrechtlich verbindlich sein sollten. Darüber informierte Marianne Grimmenstein auf ihrem Vortrag in Neumarkt am 5. August 2023 mit dem Thema »Der stille Putsch der WHO«.[332] Grimmenstein ist die Gründerin der Bürgerinitiative Gemein-Wohl-Lobby. Die Bundesrepublik hatte schon im März 2020 ihr Verhandlungsman-

---

331 https://www.bundesgesundheitsministerium.de/themen/internationalegesundheitspolitik/global/who/internationales-pandemieabkommen.html#a__text_F_C3_BCr_20den_20Entwicklungsprozess_20des_20internationalen_194_20Mitgliedsstaaten_20der_20WHO_20zusammensetzt_

332 Marianne Grimmenstein während eines Vortrags in Neumarkt am 5. August 2023, https://www.youtube.com/watch?v=VH2CKBooR8

dat an die EU-Kommission abgegeben, wie oben im Zitat genannt. Zuvor hatte der frühere RKI-Chef Lothar Wieler dafür gesorgt, dass die WHO sofort Experten in ein Land schicken kann, wenn dort ein Gesundheitsnotstand ausbricht. Eine Überwachungszentrale ist in Deutschland schon eingerichtet, angegliedert an die Charité in Berlin.[333]

Beispielhaft seien hier einige Passagen aus dem Entwurf des Pandemievertrags (CA+), Stand Juni 2023, genannt:[334]

- Stärkung der zentralen Rolle der WHO als leitende und koordinierende Behörde (Art. 3);
- Anreize für die Pharmafirmen in Zusammenhang mit allem Möglichen rund um die Entwicklung, Produktion, Produktionskapazitäten, Verteilung und Bevorratung ihrer Produkte (Art. 3, 9, 12);
- Stärkung der Pandemieprävention und -vorsorge durch einen One-Health-Ansatz (Mensch, Tier, Umwelt) (Art. 5);
- Zusammenarbeit mit dem Privatsektor (zum Beispiel Pharmakonzerne) und der Zivilgesellschaft (zum Beispiel verschiedene Stiftungen) in allen möglichen Varianten (Art. 6, 11, 16, 19);
- Ausbau der Kapazitäten zum Aufbau und zur Pflege strategischer Vorräte an Produkten für die Pandemieabwehr (Art. 7);
- Entschädigung für Impfstoffgeschädigte nur in einem begrenzten Zeitraum (Art. 10);
- Bereitstellung von Vorräten, Rohstoffen und anderen notwendigen Inputs für die nachhaltige Produktion von Pandemieprodukten (insbesondere pharmazeutische Wirkstoffe), auch für die

333 Ebd.

334 https://apps.who.int/gb/inb/pdf_files/inb5/A_INB5_6-en.pdf

Bevorratung (Art. 13);

- Erleichterung des raschen Zugangs der WHO zu Ausbruchsgebieten, unter anderem durch Entsendung von Expertenteams zur Bewertung und Unterstützung der Reaktion auf neu auftretende Ausbrüche (Art. 15).
- Der WHO-Generalsekretär kann in eigener Machtvollkommenheit und ohne Zustimmung betroffener Regierungen regionale oder globale Gesundheitsnotlagen auch bei einer potenziellen Gefahr ausrufen (Art. 15), Infodemien über geeignete Kanäle, einschließlich der sozialen Medien, managen, Falsch- und Desinformation entgegenwirken (Art. 18).

Sollten die angestrebten Änderungen durchgesetzt werden, so hätte die WHO die Möglichkeit, alles das, was dem neuen Orwells'schen Wahrheitsministerium als Desinformation und Fehlinformation erscheint, auf der ganzen Welt zu bekämpfen. Auf der Seite der WHO steht, etwas versteckt, folgende Information: Bei der letzten Pandemie hat die WHO 850.000 Videos gelöscht, das heißt, es ist tatsächlich ein Wahrheitsministerium entstanden.

Zudem plant die WHO etliche Änderungen der Internationalen Gesundheitsvorschriften.

Unter anderem soll im IHR bei den Empfehlungen der WHO der Zusatz »nicht-bindend« gestrichen werden, ebenso das Bekenntnis zu Achtung der Würde und Freiheit des Menschen. Hier einige Passagen aus dem Entwurf:

- Aus einer beratenden Organisation, die lediglich Empfehlungen ausspricht, wird eine bindende Organisation, rechtlich bindend (Art. 1 und Art. 42).
- Der Anwendungsbereich der IHR soll ausgedehnt werden auf

alle Risiken, die sich auf die öffentliche Gesundheit auswirken können (Art. 2), das heißt, schon Szenarien, die lediglich das Potenzial haben, die öffentliche Gesundheit zu beeinträchtigen, können zur Ausrufung des PHEIC führen, PHEIC steht für Public Health Emergencies of International Concern.

- Der WHO-Generalsekretär kann in eigener Machtvollkommenheit und ohne Zustimmung betroffener Regierungen regionale oder globale Gesundheitsnotlagen auch bei einer potenziellen Notlage eine PHEIC ausrufen (Art. 12).
- Der WHO-Generalsekretär bekommt Druckmittel, um Expertenteams in betroffene Länder schicken zu können, um deren Empfehlungen zur Durchsetzung zu verhelfen (Art. 15).
- Nach Ausrufung der PHEIC sind folgende Maßnahmen möglich: Aufspüren von Kontaktpersonen, Grenzschließung, Reisebeschränkungen, Lockdown, Zwangsquarantäne, Einreiseverbot, Flugverbot, Zwangsimpfung, Impfnachweis/-ID, Zwangsmedikation (Art. 18, 23, Anhang 6).
- Die Möglichkeit soll eröffnet werden, dass Gesundheitsdokumente Informationen über Labortests enthalten und zwar generell, nicht nur während Gesundheitsnotlagen (Art. 23, Anhang 6).
- Verbindliche Überprüfung der Einhaltung von Empfehlungen durch den Dringlichkeitsausschuss der WHO (Art. 48).
- Regierungen sollen die Einhaltung von WHO Empfehlungen durch nicht-staatliche Akteure sicherstellen (Art. 53).

Somit soll die Menschheit in einem ständigen Pandemiemodus leben und den Ausnahmezustand des biopolitischen Sicherheitsstaates als Normalzustand akzeptieren. Das ist das globalisierte organisierte Verbrechen und der internationalisierte Faschismus in

Reinform. In den IHR werden die faschistischen Zwangsmaßnahmen gleich mit genannt. Die Menschenrechte spielen gar keine Rolle mehr. Die Begriffe »Würde«, »Menschenrechte«, »Grundrechte« sucht man in den beiden Vertragsentwürfen vergeblich, sie wurden durch die drei Begriffe »Equity«, »Diversity« und »Inclusion« ersetzt, also durch Gleichheit, Vielfalt und Eingliederung.

Jeder Erdenbewohner soll ein globales Gesundheitspapier erhalten, auch Global Digital Health Certifikation genannt, das sehr umfassende Informationen enthalten muss, zum Beispiel Bescheinigungen, Untersuchungen, verabreichte Impfstoffe, Prophylaxe, Genesung. Dieses digitale Papier, die sogenannte Gesundheitserklärung, soll Voraussetzung für die Reise in fremde Länder sein. Auf dem G20-Treffen in Bali, dem sogenannten Summit, wurde am 13. November 2022 die Global Digital Health Certification beschlossen. In Deutschland wurde das E-Health-Gesetz schon am 29. Dezember 2015 verabschiedet. Der elektronische Patientenpass soll enthalten: den elektronischen Impfpass, Befunde und Diagnosen, Therapiemaßnahmen, elektronische Medikationspläne, Notfalldatensätze und elektronische Arztbriefe.

Werden die Verträge 2024, so wie entworfen, in Kraft gesetzt, bekäme die WHO eine nie da gewesene Macht. Vor allem reiht sich der Anspruch der WHO auf umfassende Wahrheit perfekt ein in die weiteren totalitären Maßnahmen der Vereinten Nationen, wie oben am Beispiel des Policy Briefs Nummer 8 ausgeführt, und der EU, wie unten ausgeführt.

Der Generalsekretär der WHO wird so zum unbeschränkten »Führer« der transnationalen biopolitischen Sicherheitsstaaten, eines *Neuen Faschismus* bisher unbekannten Ausmaßes.

Wie koordiniert UN, WHO und die westlichen Regierungsführer bei der Durchsetzung eines neuen Pandemievertrages vorgehen, ist daran zu sehen, dass sich 24 Staatschefs zusammen mit der WHO pressewirksam in Szene setzten[335], um den »großen Herausforderungen in der Zukunft« angemessen zu begegnen. Die mafiösen Zustände werden dann deutlich, wenn man sich das Spiel des Geldversenkens im Hinblick auf Testkit-, Masken- und Impfstoffverträge, die Gründung spezieller Organisationen und die Unterstützungszahlungen, beispielsweise allein für die Bill-&- Melinda-Gates-Stiftung, sowie weitere Treiber des Pandemiegeschäftes anschaut.[336]

> »Bis spätestens 1. August 2022 soll das Verhandlungsgremium laut der Mitteilung des EU-Rats in einem zweiten Treffen Fortschritte beim Arbeitsentwurf erörtern und 2023 der Weltgesundheitsversammlung einen Fortschrittsbericht vorlegen. Schließlich soll das Ergebnis 2024 von der Weltgesundheitsversammlung geprüft und beschlossen werden, also in nur rund zwei Jahren.«[337]

Die wahren Treiber hinter all diesen Entwicklungen sind die USA und der Deep State als die Feinde der Menschheit.[338] Die Anzahl

---

335 https://www.who.int/news-room/commentaries/detail/op-ed---covid-19-shows-why-united-action-is-needed-for-more-robust-internationalhealth-architecture

336 https://dserver.bundestag.de/btd/20/004/2000429.pdf; https://www.bmwk.de/Redaktion/DE/Pressemitteilungen/2022/03/20220316-bundesregierung-will-vertrage-schliessen-fur-impfstoffversorgung-im-pandemiefall.html

337 Norbert Häring, Wird der globale Pandemie-Vertrag der WHO uns den Dauer-Ausnahmezustand bringen?, 28.03.2023: https://norberthaering.de/macht-kontrolle/who-pandemievertrag/; https://www.consilium.europa.eu/en/press/press-releases/2022/03/03/council-gives-green-light-to-startnegotiations-on-international-pandemic-treaty/

338 Norbert Häring, Wird der globale … a. a. O.; https://geneva.usmission.gov/2021/12/01/u-s-statement-on-world-health-assembly-special-session/

der Akteure, Investoren und potenziellen Profiteure des biopolitischen Sicherheitsstaates ist kaum noch überschaubar. Dazu gehören internationale Organisationen, Stiftungen, Universitäten, gleichgeschaltete Parteien, Regierungen, die Pharmaindustrie, die internationale Finanzindustrie, der militärisch-industrielle Komplex und seine Forschungseinrichtung DARPA sowie zahlreiche NGOs. Eine wichtige Rolle bei diesen perversen Entwicklungen spielt die Johns Hopkins Universität in den USA, die maßgeblich von privaten Geldgebern finanziert wird. Ferner ist die »Coalition for Epidemic Preparedness Innovations«[339], CEPI, zu nennen. Sie »wurde in Davos von den Regierungen Norwegens und Indiens, der Bill & Melinda Gates Foundation, dem Wellcome Trust und dem Weltwirtschaftsforum gegründet«.[340] Auch lohnt ein Blick auf deren Geldgeber.[341] Zudem sind noch viele weitere Akteure mit im Boot des biopolitischen Pandemie-Terrorregimes:

> »Außerdem sei In-Q-Tel[342] auf dem Feld aktiv, so etwas wie das Pendant der Geheimdienste zu DARPA.« Hinzu kommt das Intelligence Advanced Research Projects Activity (IARPA)[343]. Das ist eine Organisation, die an das Büro des Directors of National Intelligence berichtet, also an die politische Führung der Geheimdienste. Sie ist zuständig für die Leitung von Forschungsprojekten »mit hohem Risiko und hohem Nutzen«. […] Weiterhin aufgeführt wird ein gemeinsames Projekt der Geheim-

339 https://cepi.net

340 Ebd.

341 Siehe: https://cepi.net/about/whoweare/

342 https://en.wikipedia.org/wiki/In-Q-Tel

343 https://en.wikipedia.org/wiki/Intelligence_Advanced_Research_Projects_Activity

dienstler von IAPRA und Microsoft mit dem Namen »Premonition« (Vorahnung oder Vorwarnung). Und schließlich ist da noch die Global Health Technologies Coalition[344]. Das ist eine von der Bill & Melinda Gates Foundation gegründete Lobby-Organisation für die Entwicklung von neuen Gesundheitstechnologien in öffentlich-privater Partnerschaft, also durch private Unternehmen mit öffentlichen Subventionen.«[345]

Die WHO spielt bei der Umsetzung der New World Order eine wichtige Rolle, und sie geht immer weiter. Am 12. Juli 2021 hat die WHO auf ihrer Website Empfehlungen zur genetischen Manipulation des Menschen als »Förderung der öffentlichen Gesundheit« getarnt.[346]

Was kommt auf die Menschheit sonst noch zu? Die WHO plant, bis 2030 500 neue mRNA-Impfstoffe zu entwickeln, und diese sollen sogar nur nach 100 Tagen Versuchszeit zugelassen werden. Alleine das ist schon ein Verbrechen. Die Frist, wie lange für Impfschäden gezahlt werden soll, können Regierung zusammen mit dem herstellenden Pharmakonzern festlegen. Ein weiteres Verbrechen. Allerdings wird es kein Gericht geben, an das man sich wegen erlittener Schäden aufgrund einer mRNA-Impfung wenden kann. Das alles passt zu Deep-State-Verfahrensweisen.

---

344 https://www.ghtcoalition.org/about-us

345 Norbert Häring, Mit dem WHO-Pandemievertrag in den autoritären Transhumanismus, 30.03.2022: https://norberthaering.de/macht-kontrolle/self-spreading-vaccines/

346 WHO issues new recommendations on human genome editing for the advancement of public health: https://www.who.int/news/item/12-07-2021-who-issues-new-recommendations-on-human-genome-editing-for-theadvancement-of-public-health

Neu ist auch der One-Health-Ansatz: Mensch und Tier gehören bei den Überlegungen immer zusammen und wenn zu viele Kühe zu viel CO_2 ausstoßen, wie zum Beispiel in Irland, dann sollen sie geschlachtet werden. Wie bereits geschrieben, sollen im Mai 2024 auf der 77. Weltgesundheitsversammlung der überarbeitete IHR und der Pandemievertrag CA+ verabschiedet werden. Für den IHR genügt eine einfache Mehrheit, er tritt dann zehn Monate später, also am 1. April 2025, in Kraft, es sei denn, er wird innerhalb von zehn Monaten zurückgewiesen. Für den CA+ ist eine Zweidrittel-Mehrheit erforderlich. Dann folgen die innerstaatlichen Ratifizierungsverfahren. Es wird nur die Ratifizierung von 30 Staaten benötigt, damit er dort in Kraft tritt.

Mit welchen kriminellen Taten und übelsten Menschenrechtsverletzungen der aktuelle WHO-Chef Tedros Ghebreyesus belastet ist, kann hier nicht im Detail dargestellt werden.[347] Fakt ist, dass dieser Mann von einem hochkriminellen Umfeld aus Staats-, Konzern- und Privatinteressen getragen wird, das den globalen biopolitischen Sicherheitsstaat/die Hygienediktatur für die Menschheit verbindlich installieren will.

Rechtsverbindlich wird die transnationale Politik- und Konzernkriminalität durch die nationale Gesetzgebung. Am 14. Februar 2024 hat die französische Nationalversammlung ein »Gesetz gegen Sektenexzesse« verabschiedet. Staatspräsident Emmanuel Macron und seine Partei, zuverlässige Vertreter von Finanzindustrie und Konzerninteressen, haben ein »Lex Pfizer« durchgesetzt.

Danach macht sich strafbar, wer entgegen dem »geltenden Stand der Wissenschaft« zum Beispiel von Impfungen mit mRNA-Experimentalstoffen abrät. Die Strafe kann bis zu einem Jahr Gefängnis

---

347 Siehe https://www.kla.tv/2024-02-09/28104 und die dortigen Videos.

und 30.000 Euro betragen. Wenn jemand der »Fehlinformation« folgt und sich beispielsweise nicht »impfen« lässt, muss der »Ratgeber« sogar mit bis zu drei Jahren Gefängnis und 45.000 Euro Strafe rechnen.[348]

---

348 Siehe https://norberthaering.de/news/lutte-contre-les-derives-sectaires/

200
EURO
POLITICAL CLASS
Greed Eats Brain
Gier frisst Hirn

DAS BEISPIEL ESG

»Verhaltensweisen müssen sich ändern. Man muss Verhalten erzwingen. Wir erzwingen Verhalten.«[349]

BLACKROCK-CEO LARRY FINK

Die Glück verheißende Umbaustrategie vom alten Kapitalismus in ein neues Profitregime hat einen Namen: »Environmental, Social & Governance« (Umwelt, Soziales und Unternehmensführung), kurz ESG genannt. Dieser neue Kapitalismus gibt sich weltoffen, weltumspannend, antirassistisch, verantwortungsvoll, umweltorientiert und sozial sowie politisch engagiert, ist also völlig »woke«.

Die ESG-Aktivisten der vordersten Front sind die ganz großen Kapitalorganisatoren wie BlackRock, State Street und Vanguard, ferner US-Pensionsfonds, die größten Banken der Welt wie JP Morgan Chase & Co., Wells Fargo, Morgan Stanley, Goldman Sachs, City Bank, Bank of America, nicht zu vergessen die CEOs von Großkonzernen, die politisch Verantwortlichen der wichtigsten westlichen Regierungen und natürlich das World Economic Forum.

Auch die deutsche Regierung ist an vorderster Front mit dabei:

---

349 EPOCH-TV: The Shadow State: https://www.epochtimes.de/epoch-tv/dokumentation/doku-der-schattenstaat-esg-wef-agenda-2030-sdgs-a4242263.html?utm_source=ETAlexWRezension&utm_medium=theshadowstate&utm_campaign=epochtv, ab 4:05

»Milliarden werden für ›grünen Wasserstoff‹ ausgegeben – eine Energiequelle, die zur Versorgung der Industrie beitragen könnte – und für die Subventionierung von Elektrofahrzeugen, die damit die großzügigsten Subventionen für Elektrofahrzeuge in der EU erhalten. Das Paket spiegelt die weit verbreitete Forderung nach einem ›grünen Aufschwung‹ wider. Deutschland will bei diesem grünen Aufschwung führend sein – und ist bereit, dafür viel Geld auszugeben. Laut einer Analyse von Bloomberg hat die Regierung des Landes im Rahmen ihres 145 Milliarden Dollar schweren Konjunkturprogramms rund 46 Milliarden Dollar für nachhaltige Investitionen in Bereichen wie erneuerbare Energien und Elektrofahrzeuge bereitgestellt. Benzin- und dieselbetriebene Autos […] gehen leer aus. Eine Zukunftsbranche, der grüne Wasserstoff, wird dagegen mit 9 Milliarden Dollar gefördert.«[350]

Alle Genannten arbeiten gemeinsam daran, »Kapital und Kapitalismus geradezubiegen«[351], um den Kapitalismus – vor allen demokratischen Entscheidungen geschützt – als grünen Stakeholder-Kapitalismus neu auferstehen zu lassen. Der neue Kapitalismus soll fortan als der große Wurf im Sinne von Nachhaltigkeit und Gerechtigkeit und als bestes System zur ultimativen Lösung aller Menschheitsprobleme erscheinen. Nicht zu vergessen: Die derzeitigen Probleme sind durch den Kapitalismus maßgeblich seit 500 Jahren entstanden. Die Stakeholder des neuen Kapitalismus sind dieselben Akteure wie die ESG-Aktivisten, also Banken, Großkonzerne und Regierungen. Unter Ausschluss der massiv propagandistisch bear-

350 https://www.weforum.org/agenda/2020/07/germany-green-recoverybillions-sustainable-investments

351 EPOCH-TV: The Shadow State, a. a. O., 14:12

beiteten Öffentlichkeit sollen *allein die Stakeholder* darüber bestimmen, wie die Welt in Zukunft auszusehen hat und wie sich eine parlamentarische Pseudodemokratie (Fassadendemokratie) quasi zur Scheinlegitimation in diesen Prozess einbinden lässt.

Für die Ziele der ESG-Strategie sei hier beispielhaft die Definition von KPMG, einer der vier größten Wirtschaftsprüfungsgesellschaften der Welt, der »Big Four«, genannt. Auf ihrer Website steht:

> »Environment, Social, Governance (ESG) – diese drei Schlagworte stehen für die großen Ziele unserer Zeit: Umwelt- und Klimaschutz (Environment), gesellschaftlicher Zusammenhalt (Social) und eine gute und nachhaltige Unternehmensführung (Governance). Um diese Ziele zu erreichen, ist eine fundamentale Transformation der Wirtschaft notwendig. […] Richtig umgesetzt ist ESG eine Chance für Wachstum, Profitabilität, erhöhte Resilienz und somit für einen hohen, nachhaltigen Unternehmenswert.«[352]

Bei ESG handelt es sich um eine Verschmelzung zwischen Konzern- und Regierungsmacht sowie internationalen Organisationen, angeführt von einer Art Cäsaren-Regime[353] unter Leitung des ame-

---

352 https://kpmg.com/de/de/home/themen/uebersicht/esg.html

353 Cäsarismus: »Form der Machtausübung, die an die Herrschaftstechnik der römischen Cäsaren erinnert. Dem Namen nach bleibt dabei das Volk der Träger der Staatsgewalt, überträgt deren Ausübung jedoch durch Akklamation, Plebiszit oder Wahlen auf einen Alleinherrscher, der oft eine diktatorische Stellung erlangt« (Bibliographisches Institut & F. A. Brockhaus AG, Mannheim, 2004).

rikanischen Finanzkapitals, des World Economic Forum[354], den Vereinten Nationen und der WHO, um den Zustand der Welt zu »verbessern«. Demokratische Prozesse kommen in den Strategien des ESG nicht vor, auch die Souveränität der Völker spielt in diesem Konzept keine Rolle. Denn die Entscheider in Konzernen, Regierungen und internationalen Organisationen trauen dem Volk bezüglich der Zukunft des Planeten nicht über den Weg. Das WEF beschreibt auf seiner Website das ESG wie folgt:

> »Die Unternehmen erweitern ihre Erfolgskriterien, die weit über Gewinn und Umsatz hinausgehen. Als Reaktion auf die wachsende Besorgnis ihrer Mitarbeiter, Kunden, Investoren und betroffenen Gemeinschaften legen viele Firmen Rechenschaft über ihre Umwelt-, Sozial- und Governance-Praktiken (ESG) ab. Mainstream-Investoren betrachteten solche Maßnahmen früher als ›nichtfinanziell‹, haben aber inzwischen sowohl die damit verbundenen Risiken als auch die Chancen verstanden – und fordern mehr entsprechende Daten. Die Menge an ESG-Informationen, die von Rating-Agenturen, Technologiefirmen, Wirtschaftsprüfungs- und Beratungsunternehmen zur Verfügung gestellt werden, ist infolgedessen explodiert, und es gibt Bestrebungen, diese durch Standards und Vorschriften kohärenter und einheitlicher zu gestalten.«[355]

---

354 https://intelligence.weforum.org/topics/a1G680000004EI1EAM?tab=publications

355 Ebd.

Im Folgenden habe ich einige zentrale Aussagen zu ESG aus dem Film *The Shadow State*[356] transkribiert:

> »Es gibt eine Bewegung, die Unternehmen, Regierungen und globale Institutionen zusammenbringen will. Ihr Ziel ist es, sich mit Themen wie Klimawandel, Rassismus, Ungleichheit und Waffenkontrolle zu befassen. Diese Bewegung nennt sich ESG: Umwelt, Soziales und Unternehmensführung. Man muss den Kapitalismus dafür einsetzen, Wohlfahrt und Regierungen können das nicht. Man muss die Innovation, das Kapital und die Erfahrungen mit öffentlich-privaten Partnerschaften mit all diesen Akteuren zusammenbringen.«[357]

356 EPOCH-TV: The Shadow State, a. a. O. Zur Kurzbeschreibung der Dokumentation: *Der Schattenstaat.* Ein Dokumentarfilm von *The Epoch Times.* Sie erhalten tiefgehende Einblicke in eine aufstrebende Multimilliarden-Dollar-Machtstruktur: eine Industrie, die ökologische wie soziale Veränderungen steuert, als auch die Ausrichtung der Unternehmen, kurz ESG (Environmental, Social, Governance). Dabei vereint sie Regierungen und Unternehmen gleichermaßen, auf dem Weg zu einer schönen neuen Welt der sozialen Gerechtigkeit bei gleichzeitigem Stopp des Klimawandels. Die Dokumentation entschlüsselt die komplizierte Verknüpfung, die sich wie ein roter Faden durchzieht – vom Weltwirtschaftsforum hin zu den mächtigen Playern wie BlackRock oder Morgan Stanley bis zu konkreten Maßnahmen wie die Agenda 2030 und die 17 Nachhaltigkeitsziele der deutschen Bundesregierung. Wird uns diese neue globale Allianz eine sauberere, friedlichere und gerechtere Zukunft ermöglichen oder wird sie uns Mangel, Armut und politische Instabilität bescheren? Wird diese Partnerschaft zwischen Regierung, Banken und Tech-Giganten Wohlstand und Freiheit bringen oder wird sie unser Leben in einer Weise kontrollieren, von der die Totalitaristen des 20. Jahrhunderts nur träumen konnten?«

357 Ebd., ab 2:19

»Lassen Sie es uns ganz einfach darstellen: Die Zukunft passiert nicht ganz einfach so. Die Zukunft wird durch uns gestaltet, durch eine mächtige Gemeinschaft, hier in diesem Raum. Wir haben die Mittel, den Zustand der Welt zu verbessern.«[358] (Klaus Schwab)

»Aber was ist die ESG, wie funktioniert sie? Und wie wird sie unser Leben verändern? Es handelt sich um eine groß angelegte Kampagne, die sich auf fast alle Unternehmen ausgeweitet hat. Mit der Wall Street als Zentrum umfasst die ESG-Bewegung die weltweit größten Banken, Investmentmanager, Pensionsfonds und Versicherungsgesellschaften sowie internationale Organisationen wie das Wirtschaftsforum. Die ESG-Gemeinschaft hat ein gewaltiges Vermögen in Höhe von 55 Billionen US-Dollar und das wird bis zum Jahre 2025 auf fast 100 Billionen anwachsen. Mehr als 500 Unternehmen aus Branchen wie Finanzen, Technologie und Medien haben sich verpflichtet, diese Bewegung zu unterstützen.«[359]

»Bis 2025 werden ESG-Investitionen voraussichtlich auf mehr als die Hälfte aller weltweit verwalteten Vermögenswerte anwachsen.«[360]

Ganz im Sinne der ESG-Bewegung gehören viele weitere globale Koalitionen führender Finanzinstitutionen zu diesem Netzwerk wie Climate Action 100+, die Glasgow Financial Alliance for Net Zero

---

[358] Sagt WEF-Gründer Klaus Schwab: Ebd., ab 2:50

[359] Ab 3:13

[360] Ab 9:00

(GFANZ) und die Net Zero Asset Managers Initiative.[361] Unternehmen, die sich ESG anschließen, verpflichten sich, ihre Macht dazu zu nutzen, Produktion und Verwendung fossiler Brennstoffe zu reduzieren und in alternative Sektoren zu investieren wie Windkraft, Solarenergie, Elektroautos. Darüber hinaus wollen sich die ESG-Unternehmen auch für eine bessere Landwirtschaft, die Verringerung des Pestizid-Eintrags, für soziale Gerechtigkeit sowie Rassen- und Gendergleichheit starkmachen. Das alles hört sich famos an. Und Larry Fink, der CEO von BlackRock, nimmt kein Blatt vor den Mund und formuliert unmissverständlich, worum es der Koalition tatsächlich geht:

> »Verhaltensweisen müssen sich ändern. Man muss Verhalten erzwingen. BlackRock – wir erzwingen Verhalten.«[362]

> »Es bedeutet, dass zahlreiche Vermögensverwalter diese Faktoren berücksichtigen, wenn sie entscheiden, wie sie ihr Geld anlegen und wie sie ihr Geld in Unternehmen investieren, welche Prinzipien sie als Aktionär anwenden müssen, um in den Vorstandsetagen der amerikanischen Unternehmen eine bestimmte Politik durchzusetzen. So muss ein Unternehmen wie Apple darüber abstimmen, ob es einen Vorschlag zur Prüfung der Rassengleichheit im Unternehmen annimmt oder nicht … die Mehrheit der Aktionäre nahm diesen Vorschlag an, darunter auch BlackRock.«[363]

---

361 9:38

362 Ab 4:05

363 Ab 10:04

Die strategischen Partner der ESG-Bewegung

Neben den genannten ESG-Aktivisten gehören etliche Großunternehmen zu den sogenannten strategischen Partnern der ESGBewegung. Darunter finden sich Unternehmen aus den Bereichen Versicherungen, Kreditkarten, Energie, Lebensmitteltechnologie, Schwerindustrie, Fertigung, Pharmazeutika, Beratung und Konsumgüter. Zu diesen strategischen Partnern gesellen sich, wie nicht anders zu erwarten, George Soros'»Open Society Foundation und die Bill & Melinda Gates Foundation. Dem Business Round Table[364] gehören die größten US-amerikanischen Unternehmen an. Deren CEOs erklärten 2019, nicht mehr nur für die Eigentümer der Unternehmen arbeiten zu wollen, sondern sie wollten auch eine moralische und eine politische Rolle übernehmen. Ein Jahr später, im Jahre 2020, übernahm das WEF diese Position.[365]

Eine besonders bedeutsame strategische Partnerschaft ging das WEF mit den Vereinten Nationen ein, die am 13. Juni 2019 in New York zwischen den beiden Vertragspartnern Klaus Schwab und António Guterres geschlossen wurde[366], um die Durchführung der Agenda 2030 für nachhaltige Entwicklung zu beschleunigen, wie im Kapitel »Totaler Superstaat: UN und WHO« herausgearbeitet.

> »Der in den Normen und Werten der Vereinten Nationen verwurzelte Rahmen unterstreicht die unschätzbare Rolle des Privatsektors bei dieser Arbeit – und weist den Weg zu Maßnahmen, die gemeinsamen Wohlstand auf einem gesunden Planeten

[364] https://www.businessroundtable.org

[365] 14:50

[366] Hier das gesamte Abkommen: https://weforum.ent.box.com/s/rdlgipawkjxi2vdaidw8npbtyach2qbt

schaffen und dabei niemanden zurücklassen«, sagte António Guterres. Sechs Hauptarbeitsgebiete wurden herausgestellt:[367]

Finanzierung der Agenda 2030: Mobilisierung von Systemen und Beschleunigung der Finanzströme für die Agenda 2030 und die Ziele für nachhaltige Entwicklung der Vereinten Nationen sowie Entwicklung von Lösungen zur Steigerung der langfristigen SDG-Investitionen[368].

Klimawandel: Erreichen klarer, messbarer und öffentlicher Verpflichtungen des Privatsektors zur Erreichung der Kohlenstoffneutralität bis 2050, Unterstützung bei der Schaffung öffentlich-privater Plattformen in kritischen, stark emittierenden Sektoren und Ausbau der für die Anpassung an die Auswirkungen des Klimawandels erforderlichen Dienstleistungen.

Gesundheit: Unterstützung der Länder bei der Verwirklichung von Gesundheit und Wohlbefinden für alle im Rahmen der Agenda 2030, wobei der Schwerpunkt auf den wichtigsten neu auftretenden globalen Gesundheitsbedrohungen liegt, die eine stärkere Partnerschaft und ein stärkeres Handeln aller Beteiligten erfordern.

Digitale Zusammenarbeit: Den Anforderungen der Vierten Industriellen Revolution gerecht werden und gleichzeitig die globale Analyse, den Dialog und die Standards für digitale Governance und digitale Inklusion vorantreiben.

---

367 https://www.weforum.org/press/2019/06/world-economic-forum-and-un-sign-strategic-partnership-framework

368 SDG = Social Development Goals

Gleichstellung der Geschlechter und Stärkung der Rolle der Frau: Förderung von Multi-Stakeholder-Partnerschaften und -Koalitionen für die uneingeschränkte Beteiligung und Chancengleichheit von Frauen auf allen Entscheidungsebenen und für die produktive Beteiligung von Frauen an der Erwerbsbevölkerung sowie Förderung von gleichem Lohn für gleichwertige Arbeit in allen Sektoren und Berufen sowie innerhalb dieser.

Bildung und Qualifikationen: Förderung öffentlich-privater Partnerschaften zur Bewältigung der globalen Umschulung und des lebenslangen Lernens im Hinblick auf die künftigen Arbeitsanforderungen und Stärkung der Kompetenzen der Jugend für das Leben und eine menschenwürdige Arbeit.

Die Transformation des Kapitalismus erfolgt ganz im Sinne der 17 Millennium-Nachhaltigkeitsziele der UN-Agenda 2030[369]. Unter dem so positiv klingenden Etikett des Green New Deal wird die totalitär-transhumanistische Agenda des World Economic Forum und der ESG-Akteure ins Werk gesetzt. Dabei ist der ESG-Begriff Augenwischerei, denn es handelt sich um nichts anderes als die Umsetzung des Great Reset.

> »Globale Organisationen legen die Agenda fest, dann koordinieren sie die Arbeit von Regierungen und Unternehmen, um die Ziele zu erreichen.«[370]

Die Aufgabe, Unternehmen auf die ESG-Ziele einzuschwören und

369 https://sdgs.un.org/publications/transforming-our-world-2030-agendasustainable-development-17981

370 17:40

diese auf ihre Umsetzung hin zu kontrollieren, übernehmen zahlreiche Beratungs- und Wirtschaftsprüfungsunternehmen, beispielsweise die oben genannte KPMG, Ratingagenturen, Stimmrechtsvertreter und Anlageverwalter. Sie stellen die Weichen für Kapitalflüsse und den Transformationsprozess in Richtung Vierte Industrielle Revolution und profitieren letztlich davon. Alle zusammen geben vor, die größten Probleme der Welt zu lösen wie Klimawandel, Umweltprobleme, Rassismus und Gewalt.[371] Wer sein Unternehmen auf die Ziele des ESG umstellt, kann sich an den winkenden Marktchancen in Höhe von 12 Billionen US-Dollar beteiligen.[372]

> »Die Leute, die den Kapitalfluss kontrollieren, lenken und prägen den Kapitalfluss und das Verhalten jeder Branche. BlackRock, State Street und Vanguard, das sind drei Firmen. Die Liste ist eigentlich viel länger. Allein diese drei großen Firmen kontrollieren 21 Billionen US-Dollar, soviel wie das BIP der USA. Die gehören zu den größten Aktionären von fast allen Unternehmen in S&P500. Sie haben 20 bis 30% Stimmrecht in den großen Unternehmen in diesem Land. Wer das Geld hat, bestimmt die Regeln. Warum haben gerade sie den größten Einfluss auf die ESG-Bewegung? Sie kontrollieren den Kapitalfluss und somit den Fluss der Marktwerte und Ideen in den amerikanischen Unternehmen.«[373]

Eingespielte Drehtür

---

371 15:57

372 19:21

373 Ab 19:28

Das Phänomen, dass aus dem Amt geschiedene Politiker einen hoch dotierten Posten in einem global agierenden Konzern erhalten oder umgekehrt, dass Ex-CEOs globaler Player eine hohe Funktion in einer Partei bekleiden, ist nicht neu. So zog der frühere Bundeskanzler Gerhard Schröder in den Aufsichtsrat des russischen Energieriesen Gazprom ein. CDU-Chef Friedrich Merz amtierte bis Frühjahr 2020 als Aufsichtsratvorsitzender von Black Rock in Deutschland. Da ist es nicht verwunderlich, dass Merz den Wechsel von Elga Bartsch von BlackRock ins Wirtschaftsministerium begrüßte. Schließlich kannten sich die beiden von früher. Vor ihrem Wechsel in die Politik leitete Bartsch die Wirtschafts- und Marktforschung am BlackRock Investment Institute in London, der Denkfabrik des weltgrößten Vermögensverwalters.[374]

Zwischen Konzernwirtschaft und Politik dreht sich schon seit Langem ein permanentes Karussell. So ist es auch kein Wunder, dass viele Schlüsselpositionen der aktuellen Biden-Administration von ehemaligen BlackRock-Managern besetzt sind. Aber das ist keine Spezialität der USA. Wie die wenigen Beispiele aus Deutschland zeigen, sind auch westliche Regierungen und Parlamente mit Lobbyisten durchseucht. Im Mittelpunkt ihres Auftrages in zahlreichen Ministerien sowie in der Biden-Administration steht fortan die Verwirklichung der ESG-Ziele, zu denen unter anderem die Rassengerechtigkeit zählt.[375] Rassengerechtigkeit hört sich großartig an, ebenso wie die Verwirklichung von Frauenrechten. Im Kern geht es aber weder um Rassengleichheit noch um Frauenrechte, sondern darum, alle menschlichen Gruppen gleichgerichtet und

---

[374] https://www.spiegel.de/politik/deutschland/blackrock-friedrich-merzbefuerwortet-elga-bartschs-wechsel-ins-wirtschaftsministerium-a-81b48318-abbe-4c81-8c32-7d01e3c9dfcd

[375] Ab 24:35

gleichgeschaltet in die Kapitalverwertung einzubeziehen und ihr zu unterwerfen. Dasselbe gilt für den Klimaschutzgedanken, dieser soll so weit führen, dass der Verbrauch eines jeden Unternehmens wie Zuliefererunternehmens in die Kohlenstoffverbrauchsbilanz der Produkte eingeht. Aber auch der Kohlenstoff-Footprint eines jeden einzelnen Menschen soll zukünftigen Kontrollverfahren unterliegen und – so die Träume der Globalfaschisten – in Verbindung mit weiteren Wohlverhaltensindices in ein Social Credit System einmünden.[376] Schon bald sollen ESG-Kriterien die Grundlage unserer persönlichen Bonität werden. Das Ganze ist zentral verordnete Unterwerfung des einzelnen Menschen unter die Vorgaben der Globalisten.

Um den Energieverbrauch zu reduzieren, ein weiteres ESG-Ziel, arbeiten die europäischen Regierungen und die EU eng zusammen. Kritisch gesehen könnte man das auch als künstliche Verknappung von Energie bezeichnen. Zudem sollen riesige landwirtschaftliche Produktionsflächen unter den unterschiedlichsten Vorwänden stillgelegt werden. Tatsächlich wird die weitere Konzentration des Agro-Business vorangetrieben. Eine andere Option, ökologisch arbeitende Kleinbauern gezielt zu fördern, stand nie zur Debatte. Die ESG-Strategen fordern Unternehmen dazu auf, aus ihrem eigenen Energiegeschäft auszusteigen und in Technologien zu investieren, die weder sauber noch zuverlässig, ja zum Teil noch gar nicht realisierbar sind.[377] Diese Forderung ist ein Skandal, denn mögliche Produktionsausfälle und Blackouts nehmen die Strategen und ihre Regierungsideologen billigend in Kauf.

---

[376] Ab 28:45

[377] Ab 36:40

»Deutschland hat unter den westlichen Ländern die Führung bei der Einführung von klimabedingten Energiebeschränkungen übernommen. Deutschland steht nun vor einer kritischen Energieknappheit.«[378]

Aber damit nicht genug: Die größten Nahrungsmittelkonzerne der Welt wie Nestlé, DANONE und Unilever sind damit beschäftigt, die gesamte Landwirtschaft ihrer Kontaktfarmer auf sogenannte nachhaltige Produktion umzustellen. In Zukunft wollen sie nur noch Produkte kaufen, die aus regenerativer Landwirtschaft stammen.[379] Als wär diese Idee irgendetwas revolutionär Neues: Die gesamten Bio-Bauern betreiben regenerative Landwirtschaft, ohne Pestizide und mit Fruchtfolge auf der Grundlage gesunder Böden. Tatsächlich geht es der ESG-Bewegung darum, die klein- und mittelgroßen landwirtschaftlichen Betriebe aus dem Geschäft zu drängen und ihre Produktionsflächen zu übernehmen. Beispielhaft sei hier die Initiative der niederländischen Regierung erwähnt, die die Existenz vieler Bauern dadurch vernichten will, indem sie ihnen vorwirft, die Umwelt durch zu viel Stickstoff und Kohlendioxid zu vergiften. Mit entsprechenden Auflagen will die Regierung Tausende Bauern zur Aufgabe ihrer Betriebe bewegen. Zur schnellen Lösung der sogenannten Stickstoffkrise werden auch Zwangsenteignungen diskutiert, die als Green Deal verkauft werden.[380]

Von der Öffentlichkeit weitestgehend unbemerkt geschieht der Besitzerwechsel und die Konzentration im Agrarbereich. Sie begünstigt eine immer kleinere Zahl von Großgrundbesitzern wie

---

378 Ab 38:10

379 Ab 40:35

380 https://www.tichyseinblick.de/kolumnen/aus-aller-welt/massivebauern-proteste-in-den-haag/

zum Beispiel Bill Gates. Er ist unter vielen Reichen, die Ackerland aufkaufen, der größte Farmlandbesitzer in den USA. In weniger als zehn Jahren hat er über Scheinfirmen 269.000 ha Ackerland in 18 Bundesstaaten der USA gekauft.

Aber zugegebenermaßen ist nicht jede Idee der ESG-Bewegung schlecht. Die Tierhaltung weltweit zu reduzieren, ist aus meiner Sicht eine sehr wichtige und zukunftsorientierte Aufgabe, um die Produktion von Hormon- und Quälfleisch herunterzufahren. Die einzige Frage ist: Warum waren dieselben Regierungen und Konzerne seit 70 Jahren bis vor Kurzem noch in genau der gegenteiligen Richtung unterwegs? Warum förderten sie bzw. die EU die umweltverwüstende Massentierhaltung und -produktion jedweder Art mit gigantischen Subventionen? Die abrupte Umorientierung der Politik hat also in erster Linie ideologische Gründe, entspricht zum anderen aber auch den Interessen der Agro-Industrie im Sinne der weiteren Konzentration. Denn nur noch die großen und supergroßen Agrarkonzerne können die regulatorischen Anforderungen der Regierungen erfüllen und damit scheiden die kleinen und mittleren Betriebe zunehmend aus. Wer hier eine Absicht vermutet, liegt richtig.[381] Das alles ist verbrecherisch.

Damit niemand wegen zu knapper Lebensmittel verhungert, haben die Konzerne auch schon einen »Ausweg« parat. Der neueste Schrei aus der politikgestützten Großkonzernecke ist die industrielle Produktion von Insekten, um zumindest einen Teil des Proteinbedarfs der Bevölkerungen zu decken.[382] Schulkinder Australiens lernen bereits jetzt, Käfer zu essen. Guten Appetit!

Die Ausrichtung auf die ESG-Ziele hat die Verlagerung der

---

381 Ab 48:25

382 Ab 43:50

politischen Entscheidungsmacht auf die CEOs der ganz großen Finanzkonzerne noch verschärft. Diese Orientierung darf niemand hinterfragen und so findet keinerlei vernunftbasierte Abwägung statt bezüglich der Produktion von Windkraftanlagen, Photovoltaik-Module, Elektroautos und den erforderlichen Batterien sowie Aufladestationen im Vergleich zum Ressourcenverbrauch der laufenden benzin- oder dieselbetriebenen Fahrzeuge. Bei dieser Abwägung müssten dann nämlich nicht nur der Ressourcenverbrauch durch Produktion, sondern vor allen Dingen auch die Umweltschäden eingerechnet werden, die sich aus dem gigantischen Sondermüll ergeben, der dann anfällt, wenn Photovoltaik-Module, Batterien, die Rotorblätter der Windkraftanlagen etc. ihren Dienst getan haben.

> »Und die Art und Weise, wie sie ESG umsetzen, ist völlig antidemokratisch, was bedeutet, dass sie ganz einfach Gesetze missachten. Sie missachten demokratisch gewählte Gesetze und führen Dinge ein, die mindestens antidemokratisch, teils illegal sind. […] Wenn man sich Dinge wie das Training zur Sensibilisierung für Rassenfragen und all diese Dinge ansieht, die viele dieser Einrichtungen durchführen, dann sind sie an der zügellosen, negativen Stereotypisierung bestimmter Gruppen beteiligt. Sie bevorzugen massiv andere. All dies verstößt ganz klar gegen bestehende Bürgerrechtsgesetze.«[383]

Die grundsätzliche Frage steht im Raum: Wenn die Probleme, die durch ESG geschaffen werden, größer sind als die Probleme, die sie vorgeben zu lösen, warum halten »unsere« Politiker dann so verbissen an ESG fest? Höchstwahrscheinlich, weil diese Politiker und

383 Ab 56:36

deren Parteioligarchien von dieser Strategie profitieren. Offensichtlich sehen sie darin ein Feld, das ihnen Einkommen bringt und ihre Macht sichert. Selbstständig denkende Menschen und unabhängige Existenzen stehen ihnen bei diesem Streben im Weg. Hingegen sind abhängige Menschen, zumal wenn sie voller Angst sind, sehr leicht zu manipulieren und zu kontrollieren. Das hat »Corona« eindeutig gezeigt.

Im Unterschied zur großen Masse durchschauen kritisch denkende Menschen die Verlogenheit der Parteiapparate und Regierungen. Denn dieselbe Konzern- und Staatengemeinschaft des Westens, die ESG mit allen Mitteln durchsticht und weniger Umweltverschmutzung, mehr sozialen Zusammenhalt und weniger Gewalt fordert, hat unter Führung der Nato absolut keine Probleme damit, ihre Macht auszuweiten, weltweit neue Konflikte loszutreten und Stellvertreterkriege zu führen. Dass dabei die Umwelt gigantische Schäden erleidet und Ressourcen verschleudert werden, wird nicht thematisiert, spielt ganz offensichtlich keine Rolle. Im Kapitalismus ist der Frieden kein Geschäftsmodell. Sein ultimatives Geschäftsmodell ist der Krieg, ein sich selbst erhaltender Kreislauf zum Schaden der Menschheit.

Bei der Beschäftigung mit den Zielen der ESG-Bewegung ergeben sich einige entscheidende Fragen: Wird sich der Kapitalismus sozial-, umwelt- und unternehmenspolitisch einhegen lassen? Oder ist ESG nur eine weitere neue Strategie, um die Menschen zu formen und zu manipulieren und den Kapitalismus neu zu formatieren? Für aufmerksame Beobachter des Geschehens ergibt sich sogleich die Antwort: Alles, was um uns herum geschieht, wird von den Finanzmächtigen geformt, kontrolliert und realisiert. Ihnen stehen die Regierungen devot als Hilfsadministratoren zur Seite, nicht nur in den USA.

»Hat man die Finanzmärkte unter Kontrolle, den Zugang zu Kapital, dann kann man jeder Branche in den Vereinigten Staaten diktieren, wie die Dinge zu laufen haben. Sie haben ein erschreckendes Maß an Kontrolle über die einzelnen Menschen.«[384]

Gedankenpolizei

Regierungen und Unternehmen verfügen bereits heute über zahlreiche Kontroll- und Zensurinstrumente. So betätigen sich PayPal, Google, YouTube, X (ehemals Twitter) und viele andere als Gedankenpolizei. Sie wachen darüber, dass wir das »Richtige« sagen, uns an die Vorgaben von »political correctness«, »genderism« und »cancel-culture« halten. Wenn die »Oberzensoren« eine Aussage für politisch nicht korrekt halten, initiieren sie, wie im Unterkapitel »Willkommen im Gesinnungs- und Gleichschaltungsstaat« ausgeführt, in den sozialen Medien Shitstorms bis hin zur Vernichtung von Existenzen. An dieser totalitären Gedankenkontrolle beteiligen sich zahllose Unternehmen zumeist in Abstimmung mit Regierung und Geheimdiensten.[385]

»Wir haben die tatsächliche Unterdrückung und Zensur von Inhalten, die den großen Tech-Unternehmen aus politischen Gründen nicht gefallen. Sie haben kein Problem mit Hassreden, sie hassen nur die freie Rede und wollen nicht, dass Menschen ihnen widersprechen.«[386]

Wenn Regierungen den Medien und den Bürgern vorschreiben können, was sie sagen dürfen, dann sind wir in einer Tyrannei

[384] Ab 4:29

[385] Siehe hierzu auch ab 1:01:12

[386] Ab 5:35

angekommen. Doch es bleibt nicht bei diesen Zensurorgien, sondern die Regierungen gehen in ihrer grenzenlosen Übergriffigkeit immer weiter und missbrauchen Polizei und Justiz dazu, ihre Agenden durchzusetzen und der Öffentlichkeit Informationen vorzuenthalten. Auch das ist verbrecherisch und ein weiteres Indiz für den *Neuen Faschismus, der keiner sein will.*

Zur Situation in den USA äußert sich Jeff Landry, Generalstaatsanwalt aus Louisiana:

> »Wir wissen, dass die Regierung nicht in der Lage ist, die Redefreiheit zu zensieren, insbesondere die politische Rede. Sie können also nicht einfach hingehen und diese Unternehmen zwingen oder ihnen Vorschriften machen. Sie tun dies unter Zwang, denn wir wissen, dass sie diese Unternehmen regulieren. Wir kennen die Macht der Bundesregierung. Und was wir seitdem herausgefunden haben, ist, dass dies bis in die Strafverfolgungsbehörde der Bundesregierung, des FBI und des Justizministeriums reicht. Sie tun alles, was in ihrer Macht steht, um uns von diesen Informationen fernzuhalten. Zur Erinnerung: Dies ist angeblich unsere Regierung und so behaupten das US-Justizministerium und der Generalstaatsanwalt, dass es eine Art Privileg für die Informationen gibt, nach denen wir suchen. Ich möchte den Generalstaatsanwalt der USA daran erinnern, dass es kein Recht für die Verletzung der Rechte eines Amerikaners gibt.«[387]

Und da die Regierungen im klandestinen Raum arbeiten, müssen die Bürger erst noch lernen, den »Rechtsmissbrauch und die Regulierungen des modernen Regulierungsstaates« zu erkennen.[388]

---

387 Ab 1:11:12

388 Siehe hierzu: Ab 1:12:45

Ein sehr wichtiger Aspekt ergibt sich aus der Verschmelzung von Konzern- und Regierungsmacht: Um ihr illegales, ja tyrannisches Handeln durchzusetzen, beispielsweise neue Gesetze oder Verordnungen in Kraft zu setzen, arbeiten Regierungen an den Parlamenten vorbei. Dann bedienen sie sich der Konzernmacht oder aber auch der EU mit dem Ziel, unter Umgehung von nationalen Gesetzen die eigenen politischen Agenden zu forcieren.

> »Sind Unternehmen zu einem Vollstreckungsarm der Regierungen geworden, der tut, was die Regierung rechtlich nicht tun kann? Die Regierung kann diese Unternehmen nutzen, um durch die Hintertür das zu erreichen, was sie durch die Vordertür gemäß der Verfassung nicht erreichen kann.«[389]

Ein besonders antidemokratisches und bösartiges StatthalterRegime der USA und des ganz großen Geldes hat sich seit den Merkel-/Scholz-Administrationen an der deutschen Bevölkerung festgesaugt, plündert das Land aus, unterstützt Stellvertreterkriege und betrügt und belügt die Bevölkerung mit ihrer korrupten Medienindustrie nach Kräften. Ihre Arbeitsgrundlagen sind einzig: Machterhalt und Machterweiterung auf der Grundlage der machiavellistischen Staatsräson. Und diese ist nichts anderes als der *Neue Faschismus, der keiner sein will.*

---

389 Ab 6:28. Im Abspann des Films heißt es: »Die folgenden Organisationen wurden gebeten, sich an diesem Projekt zu beteiligen, lehnten ab oder antworteten gar nicht: World Economic Forum, BlackRock, Citybank, JPMorgan, Bank of America, Vanguard, State Street, PayPal, Goldman Sachs, Morgan Stanley, Coca Cola, Disney, Morningstar, Standard & Poors, Moody's, General Investment Management.«

INTERVIEWS

Geostrategische Neuordnung

Ullrich Mies im Gespräch mit Wolfgang Effenberger[390]

Ullrich Mies: Sehr geehrter Herr Effenberger. Vielen Dank, dass Sie sich für dieses Interview Zeit genommen haben. Beginnen wir mit dem Aktuellsten: Die neokonservative Victoria Nuland, ausgewiesene Russlandhasserin und wichtige Triebkraft des Ukrainekrieges, wurde zwischenzeitlich von Präsident Joe Biden gefragt, ob sie das Amt der stellvertretenden Außenministerin der USA so lange übernimmt, bis diese Funktion offiziell neu besetzt wird. Wie gefährlich ist Nuland? Haben wir noch weitere Wahnsinnstaten von ihr zu erwarten? Oder könnte in der Radikalisierung nicht auch eine Chance bestehen, dass die servilen Europäer endlich zur Besinnung kommen?

Wolfgang Effenberger: Die servilen Europäer haben bei der Corona-Gehorsamsübung mitgemacht und unterstützen mehrheitlich die Waffenlieferung in die Ukraine. Von vielen unbeachtet hat Joe Biden Victoria Nuland, die erfolgreiche Ukraine-Drahtziehe-

390 Wolfgang Effenberger ist Militärexperte und hat zahlreiche Bücher geschrieben, unter anderem: *Die unterschätzte Macht. Von Geo – bis Biopolitik – Plutokraten transformieren die Welt*, Höhr – Grenzhausen 2022; *Schwarzbuch EU & Nato. Warum die Welt keinen Frieden findet*, Höhr-Grenzhausen 2020

rin, nun zur stellvertretenden Außenministerin gemacht, damit sie in der Ukraine die nötigen Erfolge erzielen kann, um Bidens Wahlkampf flankierend zu unterstützen. Mitte Mai 2023 hatte sie auf dem Kiewer Sicherheitsforum die Welt mit der Aussage überrascht, die USA hätten die ukrainische Gegenoffensive »seit Monaten« vorbereitet. Demnach hatten die USA die von Kiew seit Monaten angekündigte Großoffensive »seit etwa vier bis fünf Monaten« mit vorbereitet. Auch ein Startdatum nannte sie damals: »Wahrscheinlich zeitgleich mit Ereignissen wie dem Nato-Gipfel in Litauen (11. Juli 2023).« Der indirekte Angriff auf die Atommacht Russland trägt die Handschrift der Atommacht Amerika – und das hat eine führende Vertreterin der US-Regierung offen zugegeben. Auch hat sie vor dem US-Senat zum Thema Biolabore in der Ukraine ausgesagt. Nuland scheint ihre Finger in allem zu haben, was mit der Ukraine und dem Krieg mit Russland zu tun hat. Biden wird sich auf Frau Nuland verlassen können!

Mies: Was die USA und ihre Verbündeten mit Nato- und EU-Osterweiterung seit 1999 angerichtet haben, besser gesagt beabsichtigten, liegt heute mit dem Ukrainekrieg offen zutage. Stellt sich die Frage: Wohin wollen die Akteure eigentlich? Wollen sie die Welt beherrschen? Dann wären sie ja doch ganz nah an der Vision der Hitler-Faschisten, »neuen Lebens- und Ressourcenraum im Osten« zu erobern. Wie beurteilen Sie die aktuelle Gemengelage?

Effenberger: Auf dem Globus wird der Kampf unipolare gegen multipolare Weltordnung ausgetragen. Die letzte große Weichenstellung erfolgte im September 2014 mit Verabschiedung von TRAINING AND DOCTRINE COMMAND, kurz TRADOC 525-3-1 »Win in a Complex World 2020–2030«. In diesem Papier erhielten die US-Streitkräfte den Auftrag, die von Russland und China ausgehende Bedrohung »abzubauen«. Dieser Abbau erfolgt natürlich gemäß dem vorhergegangenen Strategiepapier von 1994 mit dem Einstieg über »Operations Other Than War« (OOTW) – eine ausgefeilte Anweisung für eine ebenso raffinierte wie teuflische hybride Kriegsführung. Der Befehlshaber von TRAINING AND DOCTRINE COMMAND, General Perkins, führte im September 2014 dazu aus, dass »Win in a Complex World« (Siegen in einer komplexen Welt) die Bedeutung einsatzbereiter Landstreitkräfte für den Schutz der Nation und die Sicherung der lebenswichtigen Interessen gegen entschlossene, schwer fassbare und zunehmend fähige Gegner unterstreicht und die grundlegenden Fähigkeiten hervorhebt, die das Heer zur Verhinderung von Kriegen und zur Gestaltung des Sicherheitsumfelds benötigt. TRADOC 525-3-1 soll die Feinde abschrecken, die Verbündeten beruhigen und die Neutralen beeinflussen. Die US-Streitkräfte sollen die von China und Russland ausgehende Bedrohung in den beiden Dekaden abbauen.

Vor diesem Hintergrund schreibt die Bundesregierung in ihrer nationalen Sicherheitsstrategie vom Juni 2023, dass Deutschland den vielfältigen Formen hybrider Bedrohungen im Rahmen verstärkter internationaler Zusammenarbeit wirksam begegnen muss. Dazu will die Bundesregierung die bestehenden Mechanismen und Strukturen zur Abwehr hybrider Bedrohungen in EU und Nato, in G7 und OSZE gezielt nutzen und weiterentwickeln: »… dazu zählen die weitere Ausgestaltung der im Strategischen Kompass der EU vereinbarten *Hybrid Toolbox* und der Ausbau der NatoEU-Zusammenarbeit in diesem Bereich«. So steht es auf Seite 47. Fast 30 Jahre lang hat Deutschland die von den USA ausgehenden hybriden Bedrohungen unreflektiert unterstützt. Der nichtwestlichen Welt sind diese Zusammenhänge bekannt.

Deutschland wird aufgrund seines politischen Gewichts, seiner wirtschaftlichen und militärischen Leistungsfähigkeit und nicht zuletzt seiner zentralen geostrategischen Lage in Europa eine verantwortungsvolle Doppelrolle abverlangt: Zum einen stellt die Bundeswehr Kampf- und Unterstützungskräfte für den Einsatz im unmittelbaren Operationsgebiet, zum anderen gewährleistet unser Land Beherbergung, Versorgung und Transit großer Truppenverbände in weite Teile Europas. Gleichzeitig werden nach wie vor die Aufgaben im Rahmen des Internationalen Krisenmanagements und des Heimatschutzes in all ihren Facetten wahrgenommen.

Diesem veränderten, überaus komplexen und im anspruchsvollsten Fall gleichzeitig zu bewältigenden Aufgabenspektrum der deutschen Streitkräfte wird seit 2014 wieder verstärkt Rechnung getragen. Insbesondere wurden die Anforderungen an die Streitkräftebasis perspektivisch deutlich erweitert.

Darauf wies Generalinspekteur Eberhard Zorn Ende September 2020 in der *FAZ* hin: »Wir beteiligen uns wesentlich am zentralen Abschreckungsinstrument, der Nato-Speerspitze, die wir 2023 wieder anführen. Unsere Heeresbrigaden führen multinationale Verbände zur Unterstützung Litauens. Und unsere Marine ist in allen Nato-Einsatzverbänden in Mittelmeer, Nord- und Ostsee aktiv. […] Durch unsere Lage mitten im europäischen Nato-Gebiet sind wir Drehscheibe alliierter Truppenbewegungen und rückwärtiger Operationsraum, damit aber auch potenzielles Angriffsziel. Wir befinden uns nach wie vor in Reichweite konventioneller und nuklearer Waffen.« Ein Mann, der einmal geschworen hat, das Recht und die Freiheit des deutschen Volkes tapfer zu verteidigen, erklärt dieses Land ungerührt zum Spielfeld eines Dritten Weltkriegs. General Martin Schelleis, Inspekteur der Streitkräftebasis, hob in seinem Vortrag vom 21. Dezember 2020 im »militärisch anspruchsvollsten«

Fall die Bedeutung Deutschlands als Drehscheibe für den kommenden Krieg hervor. Als *Host Nation* stellt sie die Aufnahme, Versorgung und Weiterleitung verbündeter Truppen an die Ostflanke sicher und nimmt dafür die aus Kriegsgebieten kommenden Flüchtlinge und Verwundeten auf. Für Deutschland wird eine Großschadenlage erwartet – Bilder wie im Mai 1945. In diesem Zusammenhang muss auch die Fertigstellung des US-Militär-Krankenhauses in Ramstein mit 4.500 Zimmern gesehen werden!

Im Vorwort zur Sicherheitsstrategie betont Bundeskanzler Olaf Scholz: »Wir sind ein Land mit einer gefestigten Demokratie, mit einer lebendigen Zivilgesellschaft und einer leistungsfähigen Wirtschaft. Wir haben Freunde, Partner und Verbündete in der Welt, die unsere Werte und Interessen teilen. Daraus erwächst unsere Stärke.«

Wer sind die Freunde, Partner und Verbündeten in der Welt? Wer sollte mit Deutschland die Freundschaft suchen, einem Land, das ausschließlich die Wünsche Washingtons umsetzt und das über die Völkerrechtsverletzungen der USA wohlwollend hinwegsieht oder sogar daran teilnimmt?

Im neuen Nationalen Verteidigungspapier der USA vom 27. Oktober 2022 werden die Vorgaben von TRADOC 525-3-1 vom September 2014 noch einmal aufgezählt:

Abbau der wachsenden multidisziplinären Bedrohung durch China sowie Abschreckung der von Russland ausgehenden Herausforderung in Europa.

Es folgt in der Überprüfung des nuklearen Dispositivs der Hinweis, dass die USA explizit jeden Verzicht auf einen nuklearen Erstschlag ausschließen. Zur Umsetzung dieser Prioritäten gehören:

- integrierte Abschreckung,

- Kampagnenführung (Propaganda) und
- der Aufbau eines dauerhaften Vorteils.

Allein die Forderung nach dem Aufbau eines dauerhaften Vorteils schließt jeglichen Respekt vor anderen Ländern nachhaltig aus und sichert die permanente Konfrontation.

In den Handreichungen des US-Kongresses vom 15. November 2022 wird aus der neuen Nationalen Sicherheitsstrategie vom 27. Oktober 2022 zitiert: »Die Vereinigten Staaten sind eine globale Macht mit globalen Interessen. Wir sind in jeder Region stärker, weil wir uns auch in den anderen Regionen engagieren.«

Weiter heißt es im Kongresspapier: »Die politischen Entscheidungsträger der USA verfolgen das Ziel, das Entstehen regionaler Hegemonen in Eurasien zu verhindern. Die militärischen Operationen der USA im Ersten und Zweiten Weltkrieg sowie die zahlreichen militärischen Operationen der USA und die alltäglichen Operationen seit dem Zweiten Weltkrieg haben offenbar zu einem nicht geringen Teil zur Unterstützung dieses Ziels beigetragen.«

Mies: Seit dem Zweiten Weltkrieg sind die USA unentwegt damit beschäftigt, Nuklearstrategien auszuarbeiten und die Hardware dahingehend zu modifizieren, den Atomkrieg führbar zu machen. Stichwort: Präzisierung und Miniaturisierung von Nuklearwaffen. Wichtige Rüstungskontrollabkommen wurden seit dem Jahr 2000 gekündigt, darunter das wahrscheinlich Wichtigste, der ABM-Vertrag von 2002. Um Russland herum wurden Raketenstationen disloziert und neue nukleare Präzisionsbomben in Europa stationiert, unter anderem in Büchel, Eifel. Es wird massiv aufgerüstet. Welche Strategie wird aus Ihrer Sicht damit verfolgt?

Effenberger: Besonders aufschlussreich ist in diesem Zusammenhang die Anhörung von General Keith Kellogg durch US-Senator Rick Scott im »Congress Senate Armed Services Committee« zur Situation in der Ukraine vom 28. Februar 2023. Da dieser Wortwechsel das Denken der führenden US-Eliten widerspiegelt, wird er im Detail wiedergegeben.

Scott: »General, warum – ich meine, wir müssen uns Sorgen machen – ich denke, wir müssen meiner Meinung nach sicherstellen, dass Russland verliert. Wir müssen sicherstellen, dass die Ukrainer gewinnen. Warum hat … Warum hat Deutschland nicht eingegriffen? Ich meine, das ist nicht – wissen Sie, ich weiß nicht, wie nah die ukrainische Grenze zu Deutschland ist. Aber warum hat Deutschland nicht seinen Teil zur tödlichen Hilfe beigetragen? Ich meine, es scheint mir, dass sie eine größere Sorge haben sollten als wir.

Kellogg: »Ich glaube, Deutschland spielt in Europa im Moment keine Rolle. Ich danke Ihnen, Herr Senator … ich glaube, wenn man einen strategischen Gegner besiegen kann und keine US-Truppen einsetzt, ist man auf dem Gipfel der Professionalität, denn wenn man die Ukrainer siegen lässt, ist ein strategischer Gegner vom Tisch und wir können uns auf das konzentrieren, was wir gegen unseren Hauptgegner tun sollten, und das ist im Moment China. Und wenn wir dabei scheitern, müssen wir vielleicht einen weiteren europäischen Krieg führen, das wäre dann das dritte Mal.«

So lapidar wird in den USA vor den Augen und Ohren der Weltöffentlichkeit ein Dritter Weltkrieg angedacht.

Mies: Angesichts der permanenten Eskalation des Ukrainekrieges stellt sich die Frage: Wie weit sind wir eigentlich noch von einem Atomkrieg in Zentraleuropa entfernt? Gibt es politische Kräfte in der Nato, maßgeblich in den USA und Großbritannien, die glauben, einen Atomkrieg gegen Russland erfolgreich führen zu können? Wie beurteilen Sie die aktuelle brandgefährliche Lage? Sind die USA bereit, Zentraleuropa zum Schlachtfeld zu machen, um ihre Weltbeherrschungsagenda gegen Russland und China zu verwirklichen? Sehen Sie noch irgendwelche Brandmauern, um das Schlimmste zu verhindern?

Effenberger: Auf Seite 23 der deutschen Sicherheitsstrategie wird darauf hingewiesen, dass Russland im Angriffskrieg gegen die Ukraine immer wieder die nukleare Drohung auch gegen Europa einsetzt. Nun, im aktuellen Strategiepapier der USA vom 27. Oktober 2022 haben die USA explizit den Verzicht auf den atomaren Erstschlag ausgeschlossen. Welche Reaktion ist da aus dem Kreml zu erwarten? Bereits am 17. Juni 2022 hatte sich Luftwaffen-Chef Ingo Gerhartz auf dem »Kiel International Seapowers Symposium« folgendermaßen geäußert: »Für eine glaubhafte Abschreckung brauchen wir sowohl die Mittel als auch den politischen Willen, die nukleare Abschreckung nötigenfalls umzusetzen.« Hier ist der klare Wille zum Führen eines Nuklearkrieges zu erkennen.

Mies: Bisher deutet alles darauf hin, dass die europäischen Herrschaftszentren, insbesondere in Berlin, entschlossen sind, den dritten Kriegsanlauf gegen Russland zu wagen. Wie krank muss man eigentlich im Kopf sein? Werden da alte Rechnungen mit Moskau beglichen? Wie stark ist der Einfluss der neokonservativ-rot-grün lackierten Kriegsenthusiasten im Kanzleramt, im Kriegsministerium, im Außenministerium?

Effenberger: Viele politisch Verantwortliche in Berlin unterstützen die unipolaren Ziele der USA und tragen so die US-Kriegspolitik mit – das geht aber schon mehr als 30 Jahre lang so. Es geht weniger darum, alte Rechnungen zu begleichen – schon eher darum, den Schuldkomplex gegenüber Russland mit seinen 27 Millionen Kriegstoten zu verdrängen – und vor allem um die Vasallentreue gegenüber Washington.

Mies: Die Scholz-Regierung spricht auf ihrer offiziellen Internetseite von einer »Zeitenwende«, seitdem Russland am 24. Februar 2022 in die Ukraine einmarschierte. Wie kann man von einer Zeitenwende sprechen, wenn der Krieg gegen Russland mit der Sollbruchstelle Ukraine seit mindestens 20 Jahren vorbereitet wurde? Wie blind muss man also sein? Ist es politische Borniertheit oder Bösartigkeit? Und wer regiert eigentlich in Berlin – das State Department, die CIA, die Nato mit dem Pentagon?

Effenberger: Unter »Zeitenwende« versteht Bundeskanzler Olaf Scholz den »völkerrechtswidrigen« Angriff der Vetomacht Russland auf die Ukraine. Eine solche Zeitenwende wurde jedoch bereits 21 Jahre zuvor, am 24. März 1999, mit dem völkerrechtswidrigen Angriff (ohne UN-Resolution) der Vetomacht USA auf Restjugoslawien eingeläutet. Seither mandatieren die USA ihre Kriege (euphemistisch »Interventionen« genannt) weltweit ohne UNResolution: Die UN-Charta wurde außer Kraft gesetzt und das Völkerrecht einfach durch das Faustrecht ersetzt. Die Beerdigung des Völkerrechts fand also nicht erst am 24. Februar 2022 statt.

Auch der aktuelle Krieg hat seine Vorgeschichte! So geht es im Ukrainekrieg in Summe um gebrochene Versprechen, die Stationierung von Patriot-Waffensystemen in Rumänien und in Polen, einen von den USA orchestrierten Staatsstreich 2014, den permanenten Artilleriebeschuss russischstämmiger Bevölkerung im Donbass durch ukrainisches Militär seit dem 2. Mai 2014 mit annähernd 14.000 Toten, die fehlende Durchsetzung der Minsker Abkommen, bei denen Deutschland als Garantiemacht fungierte, und die Weigerung der USA, über von Russland geforderte Sicherheitsgarantien zu verhandeln. Im März 2021 hatte Präsident Selenskyj die »Ent-Besetzung« der Krim bereits zum militärischen Ziel erklärt. Zur Motivation der regierungstreuen ukrainischen Soldaten begab sich Selenskyj als Oberbefehlshaber in Begleitung hoher Nato-Kommandeure in Kampfmontur an die Frontlinie im Osten.

Insgesamt geht es um die Durchsetzung einer brutalen Geopolitik mit dem Ziel der unipolaren Weltordnung, im Klartext: um die Fortsetzung und Sicherung der US-amerikanischen Weltherrschaft.

Mies: Wohin will das deutsche politische Establishment, damals Merkel, jetzt Scholz? Offensichtlich verspürt niemand in der jetzigen Regierung den leisesten Drang, den Konflikt abzumildern oder vermittelnd einzugreifen, wie es noch zu Zeiten des alten Kalten Krieges selbstverständlich gewesen wäre? Sind die politischen Figuren blind für das, was sie anrichten, oder hassen sie das eigene Land und die eigene Bevölkerung so sehr, dass sie deren Vernichtung riskieren?

Effenberger: Das UN-Dokument (UNSC 2022/2015) – besser bekannt als »Minsk II« oder Minsker Friedensabkommen – sah einen Maßnahmenkomplex zur friedlichen Lösung des seit Mai 2014 herrschenden Ukrainekriegs vor. Mit der deutsch-amerikanischen Erklärung vom 21. Juli 2021 keimte Hoffnung auf. Denn darin versicherten die USA und Deutschland, Frieden in der Ukraine im Rahmen des von Deutschland und Frankreich geschaffenen sogenannten Normandie-Formats »Minsk II« zu erreichen. Doch weder die Merkel- noch die Scholz-Regierung machten Anstalten, diesen Staatsvertrag zu erfüllen. Im Interview mit der *Zeit* vom 7. Dezember 2022 gab Altkanzlerin Angelika Merkel sogar preis: »Und das Minsker Abkommen 2014 war der Versuch, der Ukraine Zeit zu geben. Sie hat diese Zeit auch genutzt, um stärker zu werden, wie man heute sieht.«

Einen Tag später bezeichnete der russische Präsident Wladimir Putin Merkels Worte als überraschend und enttäuschend. »Ich hatte trotzdem damit gerechnet, die anderen Teilnehmer [Anmerkung Autor: Ukraine, Frankreich] seien aufrichtig. Aber sie haben uns auch betrogen, sie bezweckten, die Ukraine mit Waffen aufzupumpen und für Kriegshandlungen vorzubereiten.«

Später erklärte der ehemalige französische Präsident François Hollande gegenüber dem *Kyiv Independent*, dass Merkel recht hatte: »Die Minsker Vereinbarungen stoppten die russische Offensive für eine Weile.«

Nach Hollandes Aussage erboste Putin sich in seiner Neujahrsansprache 2023: »Der Westen log vom Frieden, bereitete aber Aggression vor und gibt das heute offen und schamlos zu.«

Mitte Dezember 2021 hatte die Russische Föderation den USA und der Nato Vorschläge für Sicherheitsgarantien vorgelegt. Die folgenden Verhandlungen gingen dann aus wie das »Hornberger Schießen«.

Mies: Die USA als westliche Führungsmacht intervenierten seit ihrem Bestehen 219-mal militärisch in anderen Ländern, wie Sie in Ihrem letzten Buch Die unterschätzte Macht *geschrieben haben. Regierungsputsche, die Ermordung politischer Führer, bunte Revolutionen, geheimdienstliche Operationen und so weiter gehören zu diesem Repertoire. Was ist los mit diesem Land? Was ist los mit der politischen Klasse, die die*

USA seit mehr als 100 Jahren nach innen und außen in einen permanenten Kriegszustand versetzt haben? Will diese den permanenten Kriegszustand nun auf Europa – ihre sogenannten Verbündeten – ausdehnen? Und welche Rolle spielte Corona in diesem Kontext?

Effenberger: 2023 befinden sich die USA in einer Win-WinSituation und nach General Kellogg auf dem »Gipfel der Professionalität«. In der Ukraine sterben Menschen für fremde Interessen und aus Europa wird das Geld herausgesaugt. Es fließt dann über den Umweg Kiew in die Taschen des US-amerikanischen millitärisch-industriellen Komplexes.

In drei Golfkriegen (1980/88, 1991, 2003) schufen die USA das von dem politischen Philosophen Leo Strauss propagierte »kreative Chaos«, in dem dank fehlender staatlicher Strukturen ein Land leichter ausgeplündert werden kann. 2006 sprach US-Außenministerin Condolezza Rice davon, in der arabisch-islamischen Region ein »kreatives Chaos« zu säen, aus dem ein »Neuer Naher Osten« hervorgehen sollte – natürlich unter dem Deckmantel der Verbreitung der Demokratie. Das berichtete die *New York Times* am 29. September 2013.

In der US-Sendung *60 Minutes* gab die ehemalige US-Außenministerin Madeleine Albright auf die Frage »Eine halbe Million Kinder sollen im Irak mittlerweile gestorben sein. Das sind mehr Kinder, als in Hiroshima gestorben sind. Ist das den Preis wert?« die zynische Antwort: »Ich denke, das ist eine sehr harte Wahl, aber der Preis – wir glauben, dass es den Preis wert ist.«

2020 habe ich in meinem *Schwarzbuch EU & Nato, Warum die Welt keinen Frieden findet* nachgewiesen, dass all das, was heute die USA an Früchten ernten können, bereits nach dem Zweiten Weltkrieg ausgesät wurde. Im Buch liefere ich die Nachweise dafür, dass

EU wie auch Nato alles andere als friedensstiftende Bündnisse sind. Ihre Ursprünge, die Gründungsmythen samt Hintermännern lassen einen Masterplan erkennen, in den sich auch die Corona-Pandemie einfügt. Im 2022 erschienenen Buch *Die unterschätzte Macht Von Geo- bis Biopolitik – Plutokraten transformieren die Welt* habe ich die politische Bedeutung von Corona noch weiter ausgeführt.

Mies: Die USA schaffen mit ihrer Außen- und Kriegspolitik weltweit Zerstörung und Chaos. Ist das das eigentliche Ziel ihrer Politik – frei nach dem Motto: Jeder Konkurrent muss abgeräumt werden, und was ich nicht beherrschen kann, das muss ich zerstören?

Effenberger: Dahingehend hat sich der ehemalige Präsident George W. Bush deutlich geäußert: »Wer nicht für uns ist, ist gegen uns.«

Mies: Wie schätzen Sie die Pipeline-Sprengung durch die USA/Norwegen, so Simon Hersh, ein? War das nicht vor allen Dingen ein Kriegsakt gegen Deutschland und Europa, eine quasi Kriegserklärung?

Effenberger: Ich habe fünf Tage nach der Sprengung bereits in einem online-Artikel die Frage gestellt: »Wer hat durch diesen Terroranschlag den größten Schaden?« Das ist eindeutig Deutschland. Am Tag der Explosion wurde die Baltic-Pipeline von Norwegen nach Polen in Betrieb genommen.

Mies: Unterstellt, Deutschland hätte eine Regierung, die dem Wohl des Landes diente und die sich für Frieden, Freiheit und Wohlstand ihrer Bürger einsetzte. Welche realen politischen Möglichkeiten hätte eine solche Regierung, sich gegen einen derartigen Kriegsakt der USA zu wehren, ohne selbst mit Krieg überzogen zu werden?

Effenberger: Ich fürchte, die würde bald das gleiche Schicksal erleiden wie seinerzeit Gerhard Schröder, der 2003 nicht am Irakkrieg teilnehmen wollte. Auf Seite 19 der deutschen Sicherheitsstrategie wird das in der Präambel des Grundgesetzes formulierte Ziel deutscher Außen- und Sicherheitspolitik, in einem vereinten Europa dem Frieden in der Welt zu dienen, so definiert: »Auf dieser Grundlage wollen wir eine freie internationale Ordnung mitgestalten, die dem Völkerrecht und der Charta der Vereinten Nationen, der souveränen Gleichheit der Staaten und der Gewaltfreiheit, dem Selbstbestimmungsrecht der Völker und den universellen Menschenrechten verpflichtet ist – für ein nachhaltiges Leben in Sicherheit und Freiheit.«

Das muss vielen Opfern und Kritikern wie Hohn in den Ohren klingen. Deutschland hat im Gefolge der USA seit dem Jugoslawien-Krieg 1999 das Völkerrecht und die Charta der Vereinten Nationen mit Füßen getreten (Teilnahme an Kriegen ohne UN-Resolution) und sich nicht gegen die Menschenrechtsverletzungen durch die USA erhoben (Geheimgefängnisse, Folter in Abu Ghraib und Guantanamo, Freiheitsentzug ohne rechtliches Gehör, Drohnenmorde etc.).

Der außenpolitische Teil dieser deutschen Sicherheitsstrategie führt leider nur zur Ausweitung des ständig gesteigerten Bellizismus von Regierung und Medien und erhöht die Gefahr einer aktiven Kriegsteilnahme gegen Russland. Inzwischen wird die deutsche Bevölkerung auf Blut, Schweiß und Tränen eingestimmt. Robert Habeck prognostizierte: »Wir werden alle ärmer.« Und Christian Lindner erklärte schon am 22. Juni 2022, dass er mit »drei bis fünf Engpass-Jahren« rechne. Es gehe nun darum, »die Substanz der deutschen Wirtschaft in diesen Zeiten der Unsicherheit« zu verteidigen.

Mies: Alle außen- und sicherheitspolitischen Papiere des US-Außenministeriums, des Pentagons und der Geheimdienste weisen die USA als »Exzeptionelle Nation« mit Weltherrschaftsanspruch aus. Danach seien die Führungen angeblich berechtigt, ja sogar verpflichtet, anderen Ländern »Frieden, Demokratie und Zivilisation« zu bringen. Sie haben häufig auf die Strategiepapiere TRADOC 525-5 und 525-3-1 und das Army Operating Concept 2020–2040: Winning in a Complex World hingewiesen. Sind die USA der Welthegemon oder der Welt-Dämon?

Effenberger: Für das transatlantische Lager sind sie natürlich der Welthegemon und für den Rest der Welt ein Dämon. Thomas Mann hatte im US-Exil die Neigung der Amerikaner erkannt, »Europa als ökonomische Kolonie, militärische Basis, Glacis im zukünftigen Atom-Kreuzzug gegen Russland zu behandeln, als ein zwar antiquarisch interessantes und bereisenswertes Stück Erde, um dessen *vollständigen Ruin* man sich aber den Teufel scheren wird, wenn es den *Kampf um die Weltherrschaft* gilt«. Ja, ich habe in den letzten 20 Jahren immer wieder auf die US-Strategiepapiere verwiesen. Es gibt im Internet sonst kaum Artikel, die auf die TRADOC-Dokumente verweisen, obwohl sie öffentlich zugänglich sind.

Mies: Nato und EU sind ein US-Konstrukt, an dem die neokonservativen Kräfte der USA seit dem Zweiten Weltkrieg basteln. Heute stehen wir an einer entscheidenden Schwelle. Darum lautet meine etwas emotionale Frage: Werden wir von Irren regiert, von satanischen Monstern? Oder sind politische Führungsfiguren immer wieder ganz einfach unfähig, aus den Erfahrungen der Vergangenheit irgendwelche Lehren zu ziehen?

Effenberger: Ich denke, es ist ein verhängnisvolles Gemisch aus allem. Die Frage, lügen die politisch Verantwortlichen oder sind sie nur inkompetent, kann nur mit sowohl als auch beantwortet werden, wobei der Faktor Inkompetenz weitaus größer ist, als sich die meisten Menschen vorstellen können. Vor mehr als einer Generation hat ein spürbarer Kompetenzabbau auf allen Stufen der sozialen Leiter – von Kindergärtnerinnen über Universitätslehrer und Unternehmensleiter bis hin zu den politischen Eliten der Gesellschaft selbst – eingesetzt und zu einem großen Strukturproblem geführt, das sich zu einem Existenzproblem ausweiten könnte.

Mies: Ich bedanke mich für das Gespräch.

Der Dystopie ins Auge sehen

Moritz Enders stellt dem italienischen Geheimdienstexperten Marco Pizzuti[391] Fragen zu der von den Machteliten angestrebten »Neuen Weltordnung«.

Moritz Enders: Seit Jahren leben wir in einer permanenten Apokalypse: Corona-Pandemie, Klimanotstand, Krieg mit Russland. Beschleunigen diese Krisen den Weg zu einer neuen Weltordnung?

Marco Pizzuti: Meine Antwort lautet: Ja. Die Krisen dienen dem globalistischen Machtapparat, der die politische Agenda unserer Regierungen diktiert. Sie sollen das Unannehmbare akzeptabel machen, sodass die Herren der Finanzen und der Industrie bis 2030 die Ziele des Weltwirtschaftsforums erreichen. Das WEF bringt jedes Jahr in Davos die Chefs der größten und mächtigsten multinationalen Konzerne der Welt zusammen. Innerhalb von nur sieben Jahren wollen diese Herren den großen Reset vollziehen, mit dem sie eine neue Weltordnung nach dem Motto »Ihr werdet nichts besitzen, und ihr werdet glücklich sein« durchsetzen wollen. Ihre wahnhaften Pläne werden in den »8 Vorhersagen für 2030« auf der offiziellen WEF-Website beworben.

Wir werden als Erstes feststellen, dass es kein Privateigentum mehr geben wird, wir uns von Insekten und synthetischem Fleisch ernähren müssen, während uns alles, was wir brauchen, im Rahmen der Sharing Economy leihweise zur Verfügung gestellt wird.

---

391 Marco Pizzuti ist italienischer Publizist und Autor von 19 Büchern. In seinen Antworten bezieht er sich auf die folgenden Bücher: Zu Geoengeneering und Nanotechnologie auf: *Unauthorised Evolution, Il Punto d'incontro*, Vicenza, 2015; zum WEF auf: *Deep State, Il Punto d'incontro*, Vicenza, 2022; zu Nanotechnologie in Impfstoffen auf: *Unauthorised Pandemics, Il Punto d'incontro*, Vicenza, 2021

Allerdings nur unter der Bedingung, dass wir uns »wie gute Bürger« verhalten, und zwar nach dem abartigen System der Sozialkredite, das in China bereits erprobt wird. Jede Opposition gegen die von der Regierung auferlegte Einheitsmeinung wird als asoziales Verhalten streng bestraft. Die Bevölkerung wird von einem Hungerlohn leben müssen, universelles Grundeinkommen genannt, und alle Arbeit wird dank der Vierten Industriellen Revolution durch die Schaffung intelligenter Fabriken und Städte rasch von Menschen auf Maschinen verlagert.

Das ist keine Verschwörung, sondern dafür gibt es einen klaren Beweis: Der erste Akteur ist das WEF. Es stellt Programme für die Zukunft der Welt auf, und viele andere, beispielsweise politische Parteien in den Parlamenten, ergreifen sofort nach Erhalt dieser Programme Maßnahmen zu ihrer Umsetzung. So veröffentlichte die dänische Abgeordnete Ida Auken am 10. November 2016 für das WEF den Aufsatz »Welcome To 2030: I Own Nothing, Have No Privacy And Life Has Never Been Better«. Darin kündigt sie an, dass die Bevölkerung bis 2030 kein Haus, kein Auto, keine Haushaltsgeräte und keine Kleidung mehr besitzen wird, weil alles gemietet werden muss. Auken sagt auch eine Massenüberwachung und eine zweigeteilte Gesellschaft mit einer Superelite und den gehorsamen Massen voraus. Eine solche Schrift blieb natürlich nicht ohne Kritik, daher ist der Aufsatz seit 2022 nicht mehr auf der Website des Weltwirtschaftsforums verfügbar.

In einer derart abartigen neuen Gesellschaft wird die Bevölkerung ihre Wohnungen und Häuser mit anderen Menschen teilen müssen, gemäß dem neuen »grünen und umweltfreundlichen« Home Sharing. Diese Pläne sind so dystopisch, dass sie scheinbar undurchführbar sind. Aber bis vor Kurzem hielten es viele Menschen ebenfalls für unmöglich, was mit Covid-19, der Bereitstellung eines obligatorischen experimentellen Impfstoffs und der Einführung eines grünen Passes geschah, um normal leben und arbeiten zu können.

Damit sie die Agenda von Davos erfüllen kann, braucht die Elite unbedingt neue Bedrohungen von planetarischer Tragweite, die globale Antworten erfordern und radikale Veränderungen rechtfertigen. Diese internationale und staatenlose Superaristokratie fühlt sich keiner Nationalität zugehörig, sondern nur ihrer eigenen exklusiven Kaste, die über den Völkern steht. Die Bösartigkeit des Großkapitals und der Industrie zeigt sich bereits in ihrem Projekt selbst: Kein vernünftiger Mensch, egal wie einflussreich er ist, würde jemals davon träumen, einen so großen Reset in so kurzer Zeit durchführen zu können. Es sei denn, er wüsste vorher, dass er den Lauf der Dinge durch die Schaffung von Notständen beeinflussen kann, um diese dann mit dem in Davos vorab festgelegten politischen, wirtschaftlichen und sozialen Rezept zu »lösen«.

Bereiten wir uns also darauf vor, Zeuge eines wütenden Angriffs auf das Privateigentum zu werden, der mit dem grünen Notstand zur »Rettung der Welt« vor der Apokalypse gerechtfertigt wird. Aber um zu verstehen, was geschieht, müssen wir einen Schritt zurück machen. Seit den Anschlägen vom 11. September 2001 haben wir erlebt, wie die vom Tavistock-Institut in London entwickelte psychologische Strategie angewandt wird, um die Massen dazu zu bringen, jede Einschränkung ihrer Freiheit und ihres Lebensstandards zu akzeptieren. Man muss nur die Studien und Experimente des Tavistock-Instituts gründlich lesen, um zu verstehen, dass die Notlagen der letzten Jahrzehnte genau den von diesem Institut entwickelten Techniken zur Unterwerfung der Menschen entsprechen.

Lassen Sie uns also einmal in die Entstehungsgeschichte des

Tavistock schauen. Es wurde 1920 von prominenten britischen Freimaurern zu angeblich philanthropischen Zwecken gegründet, machte sich aber später als weltweite Autorität auf dem Gebiet der mentalen Manipulation einen Namen. Die ersten Finanzmittel stammten von einigen der berühmtesten Elitefamilien der Welt, die heute im WEF sitzen und an der Spitze sowohl der Freimaurerei als auch des Globalisierungsprojekts der Neuen Weltordnung stehen: den Rockefellers und den Rothschilds sowie Mitgliedern der britischen Krone. Seit dem Zweiten Weltkrieg hat Tavistock mit Regierungen, multinationalen Unternehmen und großen global agierenden Organisationen zusammengearbeitet, die von der Finanzelite gefördert werden, wie die Trilaterale Kommission, die Bilderberg-Gruppe, der Club of Rome.

Das ursprüngliche Hauptziel von Tavistock war es, die Intensität von Stress und Angst, quasi die »Sollbruchstelle« zu ermitteln, die erforderlich ist, ab der die menschliche Persönlichkeit leicht manipuliert werden kann. Um den Grad der Spannung zu bestimmen, der notwendig ist, um jede Art von Widerstand auszulöschen, führten seine Wissenschaftler umfangreiche Untersuchungen über die psychischen Folgen von Traumata durch, die Veteranen des Ersten Weltkriegs erlitten hatten. Das Forschungsprogramm wurde von der Abteilung für psychologische Kriegsführung der britischen Armee gesponsert, und dank dieser Studien wurde das Tavistock-Institut zum fortschrittlichsten Zentrum für die Entwicklung von Techniken zur Gehirnwäsche von Massen und Einzelpersonen.

1947 änderte das Institut seinen Namen in »Tavistock Institute of Human Relations« mit dem offiziellen Ziel, Ideen und Methoden der Sozialwissenschaften auf die Probleme von Politik und Gesellschaft anzuwenden. So entwickelt es Projekte für die Organisation von Institutionen, Industrie, Handel, Gesundheitswesen und Bildung. Das Tätigkeitsfeld ist multidisziplinär und umfasst Anthropologie, Wirtschaft, Organisationsverhalten, Politikwissenschaft, Psychoanalyse, Psychologie und Soziologie. Später stellte sich heraus, dass Tavistock in den 1960er Jahren zusammen mit den britischen Geheimdiensten und der CIA an dem erschreckenden Projekt MK-Ultra arbeitete. Mit MK-Ultra hatten die Geheimdienste begonnen, psychedelische Drogen unter den Anhängern der Hippiebewegung zu verteilen. Am häufigsten wurden synthetische Substanzen wie LSD bei jungen Menschen eingesetzt. Als die Öffentlichkeit von MK-Ultra erfuhr, kam es zu einem Skandal. Es wurde aufgedeckt, dass die CIA illegale Experimente an ahnungslosen Bürgern durchführte: mit Drogen, Strahlung, Hypnose, verbalem und sexuellem Missbrauch sowie anderen traumatisierenden Techniken. Die Aufgabe von Geheimdienstmitarbeitern bestand darin, die Drogen in oppositionelle Jugendgruppen einzuschleusen, um diese von der Politik und sozialem Engagement abzuhalten. Heute ist Tavistock ein Kompetenzzentrum für geistige Manipulation, und seine Experten lehren die Machthaber weltweit, welche Störung sie Schritt für Schritt durchführen müssen, um die gewünschten soziokulturellen Veränderungen ohne Widerstand der Bevölkerung zu erreichen. Mit scheinbar unzusammenhängenden Notständen beabsichtigt die globalistische Elite, die in Davos skizzierte neue Weltordnung durchzusetzen.

Bereits 1989 wurde Tavistock zum Schauplatz einer Reihe von Globalisierungskonferenzen, die darauf abzielten, jegliche staatliche Autonomie als Hindernis für die Globalisierung zu beseitigen und eine supranationale Weltregierung zu schaffen. Das zentrale Thema der Konferenzen war »Die Rolle der Nichtregierungsorganisationen (NGO) bei der Unterminierung der Nationalstaaten«. Der Wall-Street-Crash von 2007/2008 mit den Subprime-Hypotheken war eine Art Staatsstreich, mit dem das Großkapital seine Vorherrschaft über die Parlamente mit der Androhung von Kreditausfällen etablierte. Seitdem wissen alle Staaten, dass ihr Bankrott oder ihre Rettung von den Zentralbanken und den Bewertungen der privaten Rating-Agenturen abhängt, die von den üblichen großen Finanzgruppen kontrolliert werden.

Enders: Welche neuen Technologien sind besonders geeignet, um diese neue Weltordnung zu installieren und die Bevölkerung zu kontrollieren? Beginnen wir mit den neuen Impfstoffen. Was macht sie so besonders im Vergleich zu den traditionellen Impfstoffen?

Pizzuti: Um diese Fragen zu beantworten, muss zunächst der mögliche Zusammenhang zwischen militärischer Nanotechnologie und den sogenannten Boten-RNA-Impfstoffen untersucht werden. In den letzten Jahrzehnten wurden außergewöhnliche Fortschritte bei der Entwicklung revolutionärer Techniken erzielt. Diese ermöglichen es, mit extrem miniaturisierten elektronischen Geräten Gedanken zu lesen und den Verstand zu kontrollieren. Offizielles Ziel ist es, den menschlichen Geist zu verbessern, indem er über eine neuronale Schnittstelle im Gehirn, die aus Nanorobotern besteht, online verbunden werden kann. Um diese anthropologische Umwandlung des Menschen in einen Cyborg zu ermöglichen, muss auch ein effizientes 5G-Netz geschaffen werden, das die Kommunikation mit den neuronalen Schnittstellen ermöglicht. In diesem Zusammenhang erklärte Ray Kurzweil, der Forschungsdirektor des Giganten Google (ein Anhängsel des WEF), dass im Jahr 2030 die Gehirne der Menschen dank Nanorobotern mit einer Cloud verbunden sein werden, sodass auch unser Verstand »gebackupt« werden kann. Es ist kein Zufall, dass die Verschmelzung von Mensch und Maschine eines der von Klaus Schwab, dem Gründer des WEF, prophezeiten Ziele ist, während Elon Musk das Unternehmen Neuralink gründete, um sich am Wettlauf um die Schaffung dieser neuronalen Schnittstellen zu beteiligen. Deren Entwicklungsstand ist so hoch, dass Musk bereits die FDA-Zulassung für Tests am Menschen erhalten hat. Um sie in das Gehirn einzupflanzen, ist kein chirurgischer Eingriff erforderlich, denn die Nanobots müssen lediglich in die Blutbahn injiziert werden. »Ich denke, die beste Lösung ist es, eine künstliche Intelligenz im Gehirn zu haben, die in Symbiose mit Ihnen arbeitet, so wie es Ihr biologisches Gehirn tut. Man kann die Nanoroboter in den Blutkreislauf oder direkt in die Halsschlagader injizieren, von wo aus sie schnell zu den Neuronen gelangen«, so Musk in einem Fernsehinterview.

Alle Befürworter dieser Technologie verschweigen natürlich deren schwerwiegende Risiken. Mit diesen Schnittstellen wird nämlich jeder Gedanke sofort online »gepostet« und kann gleichzeitig aus der Ferne manipuliert werden, indem sogar das Gedächtnis der Person gelöscht und durch ein künstliches ersetzt wird, so wie man eine einfache Festplatte löscht und neu beschreibt. Eines der am häufigsten verwendeten Elemente für neuronale Implantate ist Graphen, das nach Aussage zahlreicher Wissenschaftler auf diesem Gebiet die idealen Eigenschaften für Anwendungen der Gedankenkontrolle besitzt. Die beunruhigendste Tatsache ist, dass einige angesehene unabhängige akademische Wissenschaftler, die alles zu verlieren haben, Studien veröffentlichten, die das Vorhandensein von Nanomaschinen und Graphen in mRNA-Impfstoffen gegen Covid-19 belegen!

Doch weder die breite Masse noch die Mehrheit der frischgebackenen Biologen hat jemals von diesen Technologien gehört. Die wichtigsten Studien auf diesem Gebiet wurden vom Militär durchgeführt, und es gibt ernst zu nehmende Hinweise darauf, dass auch die Bevölkerung in diese Experimente einbezogen wurde. In denselben NASA-Dokumenten, die in Zusammenarbeit mit der US-amerikanischen DARPA (Abkürzung für Defense Advanced Research Projects Agency), die Forschungabteilung des Pentagon, und anderen Regierungsstellen erstellt wurden, werden Befürchtungen über eine unkontrollierte Verbreitung von sich selbst replizierenden Nanobots in der Umwelt geäußert, die im Labor erzeugt wurden.

Was die neuen Impfstoffe gegen Covid-19 betrifft, so ist klar, dass es sich dabei nicht um Impfstoffe handelt, sondern um Boten-RNA-Medikamente, die entgegen aller Beteuerungen der Experten und der großen, von der Pharmaindustrie abhängigen Medien zu schweren Nebenwirkungen führen können. Das offensichtlichste Symptom ist die jüngste Flut von Todesfällen durch plötzliche Erkrankungen. Eine Zahl sticht unter vielen anderen heraus: Allein im Jahr 2022 starben 789 junge und sehr junge Sportler an Schlaganfällen, Herzinfarkten, Herzmuskelentzündungen, Herzbeutelentzündungen und noch mehr Krankheiten, bei denen es oft hieß, sie hätten möglicherweise unerkannte Erbkrankheiten.

Viele unabhängige Forscher auf der ganzen Welt haben die gesundheitlichen Gefahren dieser mRNA-Drogen angeprangert. So heißt es in der Zusammenfassung einer Studie, die am 3. September 2022 im »International Journal of Vaccine Theory, Practice, and Research« von Prof. David A. Hughes, Senior Lecturer in International Relations, Lincoln University (UK), veröffentlicht wurde: »Zwischen Juli 2021 und August 2022 wurden von mindestens 26 Forschern/Forschungsgruppen in 16 Ländern auf fünf verschiedenen Kontinenten durch spektroskopische und mikroskopische Analysen Beweise für das Vorhandensein von okkulten

Bestandteilen in Covid-19-Impfstoffen veröffentlicht. Obwohl sie weitgehend unabhängig voneinander arbeiteten, sind ihre Ergebnisse bemerkenswert ähnlich und haben die Gefahr aufgezeigt, dass die Weltbevölkerung über den Inhalt der Covid-19-Impfstoffe getäuscht wurde. Dies wirft ernste Fragen über den wahren Zweck der gefährlichen experimentellen Injektionen auf, von denen bisher 5,33 Milliarden Menschen (mehr als zwei Drittel der Menschheit) betroffen sind, darunter auch Kinder, offenbar ohne deren informierte Zustimmung über ihren Inhalt. Zu den überraschenden Ergebnissen gehören scharfkantige geometrische, faserige oder röhrenförmige Strukturen, kristalline Gebilde, ›Mikroblasen‹ und möglicherweise selbstorganisierende Nanotechnologie im Blut von Personen, die eine oder mehrere Dosen erhalten haben.«

Wenn sich die Ergebnisse der 26 Studien bestätigen, sind die politischen Auswirkungen geradezu explosiv: Es wurde ein globales Verbrechen gegen die Menschheit begangen, an dem jede Regierung, jede Aufsichtsbehörde, jede institutionelle Medienorganisation und alle Berufsgruppen mitschuldig sind. Innerhalb von nur 13 Monaten, von Juli 2021 bis August 2022 entdeckten und meldeten unabhängige, nicht von Regierungsinstitutionen oder Pharmaunternehmen finanzierte akademische Forscher/Gruppen aus Spanien, den USA, Südafrika, Polen, Österreich, Australien, Israel, Neuseeland, Deutschland, Argentinien, Chile, Großbritannien, Kanada, Frankreich, Südkorea und Italien das Vorhandensein von nicht deklarierten Bestandteilen in Covid-19-Impfstoffen. Sie fanden Kohlenstoff-Nanoröhren und Nanopolypen, mesoporöse Kugeln und kolloidale Nanoroboter, Objekte, die nicht Teil eines Impfstoffs sein sollten und nicht als dessen Bestandteile deklariert sind. Darüber hinaus wurden in Bildern von Blutproben von Personen, denen Coronavirus-Impfstoffe injiziert wurden, andere

Objekte identifiziert: Mikronukleatoren, kristallisierte Graphen-Nanoantennen und Graphen-Quantenpunkte, auch als GQDs bekannt.

Diese Entdeckungen sind von grundlegender Bedeutung, nicht nur um den wahren Zweck der Coronavirus-Impfstoffe zu verstehen. Graphen verfügt über außergewöhnliche physikalische, aber auch thermodynamische, elektronische, mechanische und magnetische Eigenschaften. Aufgrund seiner Eigenschaften kann es als Supraleiter, als Absorber für elektromagnetische Wellen, als Sender, als Signalempfänger und als Quantenantenne eingesetzt werden, was die Entwicklung fortschrittlicher Elektronik im Nano- und Mikrometermaßstab ermöglicht. Die wissenschaftliche Literatur ist jedoch auch sehr eindeutig, was die Auswirkungen auf die Gesundheit des menschlichen Körpers betrifft. Es ist bekannt, dass Graphen (G), Graphenoxid (GO) und andere Derivate wie Kohlenstoffnanoröhren (CNT) in fast allen Formen toxisch sind: Sie verursachen Mutagenese, Zelltod (Apoptose), die Freisetzung freier Radikale, bilaterale Lungenentzündung, DNA-Schäden, Entzündungen, Funktionsstörungen mehrerer Organe, Immunsuppression und Tod durch einen anaphylaktischen Schock. Sie schädigen das Nervensystem, das endokrine System, Fortpflanzungsorgane und Harnwege.

Obwohl die Analyse von Nanostrukturen fortschrittliche Labors mit teuren Elektronenmikroskopen erfordert, die sich nur wenige Forschungsinstitute leisten können, dokumentierten einige unabhängige Ärzte und Wissenschaftler diese erschreckende Entdeckung. Was mit Covid-19 geschah, hat bewiesen, dass die Behörden unter dem Vorwand einer Pandemie alle Bürger der Welt zwingen können, sich die neue Nanotechnologie zur Bewusstseinskontrolle injizieren zu lassen. Zur Vollendung des Werks braucht es nur noch ein effizientes 5G-Netz für die Datenübertragung an die künstliche Intelligenz, in das die WEF-Elite riesige Summen investiert. Verschwörungsgerede? Ich hoffe es aufrichtig, aber leider ist es eine Tatsache, dass diese Technologie existiert und von Wissenschaftlern in den Covid-19-Seren gefunden wurde, die ihre Karriere aufs Spiel gesetzt und den Spott der Mainstream-Nachrichtendienste erlitten haben. Die große Pharmaindustrie handelt nicht nur aus Profitgründen, sondern wird von derselben Elite in Davos kontrolliert. Die Impfkampagne ist Teil desselben Programms zur Entvölkerung und sozialen Kontrolle.

Enders: Auch die Klimadebatte gewinnt an Schwung. Wohin soll sie führen, wenn es nach ihren Befürwortern geht?

Pizzuti: Die aktuellen apokalyptischen Vorhersagen zum Klimawandel, die die großen Medien täglich aufs Neue verbreiten, sind Teil eines weiteren künstlich geschaffenen Notstands, damit die Herren von Davos ihre neue Weltordnung durchsetzen können. Extreme Klimaereignisse gehören zum Repertoire der Klimawaffen, die in dem 1996 von der US Air Force (USAF) verfassten Dokument »Weather as a force multiplier: owning the weather in 2025« beschrieben werden. In diesem wissenschaftlichen Bericht erklärten die Experten der USAF, dass sie in der Lage seien, jeden Klimaeffekt künstlich zu erzeugen, allerdings nur in einem Umkreis von wenigen Quadratkilometern. Zudem sei es ihr Ziel für 2025, ein globales Netz von Tankflugzeugen zu schaffen, die in der Lage seien, überall Chemikalien freizusetzen und das Klima auf planetarischer Ebene zu verändern. Es ist kein Zufall, dass wir seit den späten 1990er Jahren Zeugen des Phänomens der Chemtrails geworden sind und unser Himmel nicht mehr derselbe ist. Man braucht nur nach oben zu schauen, um zu sehen, wie unmarkierte Flugzeuge Kondensstreifen ausstoßen, die sich im Laufe von Stunden ausdehnen und den gesamten Luftraum mit einem milchigen Dunst überziehen.

Wenn Wissenschaftler, unabhängige Forscher und Parlamentarier aus vielen Ländern der Welt diese Tatsache anprangerten, wurden sie als Spinner verspottet. Allerdings muss man nur eine Eiskugel aus dem anormalen Hagel oder das Regenwasser aus einer Überschwemmung im Labor untersuchen, um alle möglichen chemischen Substanzen darin zu finden, die keineswegs auf die normale Verschmutzung zurückzuführen sind, zum Beispiel Quarz, Titanoxid, Aluminium, Bariumsalze. Der erste Wetterkrieg des Pentagons geht auf das Jahr 1967 zurück, als Präsident Lyndon Johnson damals einen Plan zur Manipulation des Wetters in Vietnam genehmigte, um die Monsunzeit im Land zu verlängern und so den vom Vietcong genutzten Ho-Chi-Minh-Pfad zu überfluten. Dies ist das erste sichere Datum, an dem Geo-Engineering eingesetzt wurde. Tatsächlich geht diese Technologie, einschließlich der Möglichkeit, Erdbeben und Tsunamis zu erzeugen, auf Experimente zurück, die Nikola Tesla zwischen 1899 und 1900 in Colorado Springs durchführte. Der Wissenschaftler hatte entdeckt, dass die Aufladung der Ionosphäre mit Elektrizität und Mikrowellen das Klima verändern kann und dass sich durch Aussendung von Radiofrequenzen, die mit der Erde in Resonanz treten, Erdbeben oder Tsunamis erzeugen lassen. Tesla nannte diese Technologie Telegeodynamik. 1976 enthüllte Lowell Ponte in der New York Times in seinem Artikel mit dem Titel »Climate War«, dass das Pentagon seit Jahren das offiziell »friedliche« Forschungsprojekt »Climate Dynamics« durchführte.

Dieses Programm diente ursprünglich dazu, die Versuche der

UdSSR zur Manipulation der Atmosphäre zu überwachen. Wie die USA selbst zugeben, wussten sie in Washington sehr wohl, dass die Technologie zur Veränderung des Klimas eine Realität war. Es ist daher kein Zufall, dass die USA und die UdSSR im August 1976 auf der Abrüstungskonferenz in Genf eine Art Moratorium vorschlugen, um den Einsatz solcher Technologien zu verbieten. Andererseits ist bekannt, dass die USA 1993 in Alaska die Anlage HAARP (High-Frequency Active Auroral Research Programme) eingerichtet haben, die es dem Militär ermöglicht, die Ionosphäre mit Mikrowellen zu bestrahlen. Offiziell werden dort nur zivile und militärische wissenschaftliche Forschungen durchgeführt, um Radiowellen in den oberen Schichten der Atmosphäre und der Ionosphäre zu untersuchen, aber technisch gesehen handelt es sich um eine Waffe des Geo-Engineering. Das bestätigt auch ein französischer Militärspezialist für unkonventionelle Kriegsführung, Marc Filterman, in einem Aufsatz, in dem er erklärt, wie man mit Hochleistungsradiofrequenzen plötzliche Regenfälle, Dürren oder Wirbelstürme auslösen kann.

Die Wahrheit ist, kurz gesagt: Die jüngsten extremen Wetterereignisse, wie die Überschwemmung in der Emilia-Romagna, die die gesamte Region in nur wenigen Stunden verwüstet hat, sind das offensichtliche Produkt des militärischen Geo-Engineering. Dieses nutzt die Elite derzeit, um Panik zu schüren und radikale »Lösungen« für die in Davos für 2030 beschlossene Änderung der Lebensweise der Bevölkerung zu rechtfertigen. Die schmutzige Aufgabe, die Massen zu überzeugen, erledigen die Mainstream-Medien mit Bravour, indem sie Panik vor der Apokalypse verbreiten. Machen Sie doch einfach ein Quiz und fragen: Welches Land auf der Welt erwärmt sich Ihrer Meinung nach doppelt so schnell wie alle anderen?

Wenn die Elite von Davos die gesamte Weltbevölkerung mit

dem Klimawandel terrorisieren will, müsste sie in allen verfügbaren Medien die Botschaft vermitteln, dass sich die schlimmsten Katastrophen genau in dem Land ereignen werden, in dem der Leser/Betrachter lebt. Kehren wir zur Frage zurück: Welches ist das Land oder der Kontinent in der Welt, das bzw. der sich schneller oder doppelt so schnell erwärmt wie alle anderen? Suchen wir in den Zeitungen rund um den Globus nach der Antwort, finden wir peinliche Falschmeldungen wie diese: »Australien erwärmt sich schneller als der globale Durchschnitt«. In anderen Zeitungen steht dasselbe für Afrika, für Singapur, China, Europa, Russland, Mexiko, Finnland, Lateinamerika und die Karibik, Irland, die Arktis, den Südpol und so weiter und so fort.

Diese Übersicht zeigt die Absicht, weltweit Angst vor der Klimaapokalypse zu verbreiten, und jeden, der sich darüber informieren will, glauben zu lassen, er stehe im Zentrum der Katastrophe. Seriöse Wissenschaftler hingegen bestreiten die veröffentlichten Daten: Die derzeitigen Temperaturerhöhungen und -senkungen auf der Erde wären schon immer nach natürlichen, von menschlichen Aktivitäten unabhängigen Zyklen verlaufen und gäben keinen Anlass zur Sorge. Das Problem ist, dass die Akteure des Great Reset diesen Temperaturanstieg nutzen wollen, um einzelne Bürger zu beschuldigen, als ob die Zerstörung des Planeten von deren individuellem Verhalten abhinge. Auf diese Weise bereitet uns die Elite von Davos auf weitere persönliche Einschränkungen vor, um den Planeten vor dem Klimawandel zu retten.

Höchstwahrscheinlich wird die Bevölkerung auch einer Carbon Credit Card zustimmen, die täglich unsere CO_2-Produktion misst. In Schweden wird diese bereits als Kreditkarte getestet und gesperrt, wenn man mit seinen Einkäufen »zu viel verschmutzt«. Wir werden also zustimmen müssen, in »15-Minuten-Städten« zu leben, ein neues »grünes« Konzept zur Einschränkung der Reisetätigkeit und zur »Erhaltung der Umwelt«. Man wird uns sagen, dass wir auf diese Weise die Umwelt weniger verschmutzen und dies zum Wohle aller tun müssen. Der von Soros finanzierte C40-Plan, dem sich bereits die Bürgermeister der wichtigsten Städte der Welt, darunter Rom und Mailand, angeschlossen haben, besagt, dass wir aus demselben Grund auf Fleisch und Milch verzichten, keine privaten Verkehrsmittel benutzen und uns höchstens drei Kleidungsstücke pro Jahr erlauben sollten. Um die Welt zu retten, müssen unsere Häuser bis 2033 der höchsten Energieklasse entsprechen, sonst können sie weder vermietet noch verkauft werden. Der Entwurf der diesbezüglichen EU-Richtlinie wurde bereits mehrheitlich vom Europäischen Parlament angenommen.

Wer all diese Einschränkungen nicht akzeptiert, wird auf eklatante Weise bestraft, indem sein Bankkonto gesperrt wird. Deshalb wird das Bargeld schrittweise abgeschafft und seine Verwendungsmöglichkeiten werden eingeschränkt. Dann wird sicherlich die neue Kategorie der Klimaleugner geboren, die genauso schikaniert, gedemütigt und ausgegrenzt werden wie die Gruppe der Ungeimpften. Es wird einen digitalen Universalausweis für die gehorsamsten und »grünsten« Bürger geben, während die anderen in ihre Wohnungen eingesperrt, ihren Arbeitsplatz und alle anderen Rechte verlieren werden. Ich bin sicher, dass jeder, der es wagt, sich zu widersetzen, als egoistisch, ignorant, intrigant, rückschrittlich und als Feind der Wissenschaft abgestempelt wird. Die verschiedenen Experten, die während des Covid-Bürgerkrieges die Gesetze gemacht haben, werden im Fernsehen durch Klimaexperten ersetzt, die zusammen mit den Mainstream-Journalisten die »Klimawandelleugner« mit mehr oder weniger verschleierten Beleidigungen überziehen, um den Hass der Massen gegen sie zu schüren. All dies wird dank der

Klimawandel-Panik geschehen, die täglich verbreitet wird. Dazu gehört es, alle Bürger von morgens bis abends für ihr »umweltverschmutzendes Verhalten« zu beschuldigen, das für die Apokalypse verantwortlich sei. Hingegen wird niemand den großen multinationalen Konzernen Grenzen setzen, obwohl den Wissenschaftlern bekannt ist, dass die 100 größten Unternehmen der Welt für 71 % der modernen Umweltverschmutzung verantwortlich sind. Diese Konzerne werden natürlich nicht angetastet, während Bürger wie »Andreas Müller« verfolgt werden, der, nachdem er Ungeziefer gegessen und sein Haus sowie das Recht auf ein privates Auto verloren hat, nicht einmal mehr den Hund zum Pinkeln ausführen kann, ohne auf seiner Kohlenstoffkarte Strafpunkte zu bekommen.

Thomas Harrington, emeritierter Professor am Trinity College in Hartford, Connecticut, und Autor des Buches *Der Verrat der Experten*, hat öffentlich enthüllt, wie Regierungen, Medien und Wissenschaftler sich an der Verfälschung der Wahrheit beteiligen: »Politiker, Akademiker, Wissenschaftler und Journalisten jagen den Massen Angst ein, um sie auf die von den Eliten bestimmte Linie festzulegen. So viele sind bereit, sich zu verkaufen.« Harrington ist nicht der einzige Wissenschaftler, der protestiert: Die überwiegende Mehrheit der Wissenschaftler, etwa 68 %, ist gegen das offizielle Katastrophennarrativ, aber die Medien überzeugen die Massen vom Gegenteil. Die Elite weiß, dass es nicht auf die Wahrheit ankommt, sondern darauf, was die Menschen glauben, das heißt, was sie durch den täglichen Beschuss aus Mainstream-Informationsschiffen glauben sollen.

Enders: Welche Rolle könnte künstliche Intelligenz bei der Manipulation und Unterdrückung von Menschen spielen?

Pizzuti: In der neuen Weltordnung, die in Davos entworfen und als Great Reset bezeichnet wurde, wird die künstliche Intelligenz eine Schlüsselrolle spielen, da alle Produktionsketten durch Maschinen und Digitalisierung ersetzt werden sollen. Auch diejenigen Berufe, die sich bisher der industriellen Revolution widersetzt haben, werden der Vergangenheit angehören. So haben beispielsweise Anwälte, Buchhalter, Richter und Ärzte bereits ihre künstlichen Konkurrenten in digitaler Form, die dank ihrer Nachahmung des menschlichen neuronalen Systems unaufhörlich lernen. Von Jahr zu Jahr wird die künstliche Intelligenz immer leistungsfähiger, und bald wird es keinen Vergleich mehr mit Kollegen aus Fleisch und Blut geben. In den intelligenten Städten und Fabriken der nahen Zukunft wird alles, einschließlich der Menschen, von der KI der Elite kontrolliert werden.

Enders: Wird es in der Zukunft noch möglich sein, zwischen Wahrheit und Fiktion zu unterscheiden?

Pizzuti: Mit Sicherheit nicht. Schon heute protestieren Schauspielerverbände gegen den Einsatz von KI in großen Fernseh- und Filmproduktionen. Diese Technologie ist inzwischen so weit fortgeschritten, dass von Menschen digitale Klone erstellt werden können, die auch dazu verwendet werden könnten, gefälschte Beweise für Verbrechen zu liefern, die Gegner der Neuen Weltordnung nie begangen haben. Wenn sogar jedes Papierdokument und jedes Buch durch eine »grüne« digitale Kopie ersetzt wird, wird es möglich sein, die Geschichte und jeden Aspekt des Lebens der Menschen zu verändern, ohne eine physische Spur der Manipulation zu hinterlassen.

Enders: Was kann man heute tun, um die eigene Freiheit zu verteidigen und zu schützen?

Pizzuti: Das Einzige, was wir tun können, ohne die großen Informationskanäle zur Verfügung zu haben, ist zu versuchen, so vielen Menschen wie möglich die Augen zu öffnen. Wir haben nur noch wenig Zeit. Wir müssen jetzt alle auf unsere eigene kleine Art und Weise aktiv werden, ohne Angst zu haben, lächerlich gemacht zu werden, wenn wir anderen erklären, was vor sich geht. Sonst haben wir unseren Kampf gegen die Elite bereits verloren, denn niemand kann eine Gefahr vermuten oder eine Bedrohung spüren, von der er nichts weiß. Wenn wir die Elite zwingen wollen, ihre Pläne zu ändern, müssen wir sie rechtzeitig aufdecken, damit selbst die Naivsten erkennen, dass »die Verschwörer« recht hatten. Zumindest ist das meine Hoffnung.

Enders: Ich bedanke mich für das Gespräch.

Angemaßte Weltregierung

Ullrich Mies im Gespräch mit Tom-Oliver Regenauer

Ullrich Mies: Sehr geehrter Herr Regenauer, Sie haben sich unter anderem intensiv mit den Vereinten Nationen beschäftigt. Diese globale internationale Organisation aus 193 Staaten bezeichnet als eines ihrer wichtigsten Ziele die Erreichung der 17 Millenium-Entwicklungsziele.[392] *Um diese besser verwirklichen zu können, unterzeichneten der Generalsekretär der Vereinten Nationen, António Guterres, und der WEF-Chef Klaus Schwab im Juni 2019 eine öffentlich-private »Strategische Partnerschaft«. Welche Bedeutung kommt dieser Partnerschaft aus Ihrer Sicht zu?*

Tom-Oliver Regenauer: Für mich ist diese strategische Partnerschaft in der öffentlichen Wahrnehmung überbewertet. Natürlich hat das WEF einen gewissen Einfluss auf Regierungen, Konzerne und Nichtregierungsorganisationen – dennoch ist es weit davon entfernt, eine Weltmacht zu sein. Die Organisation so zu bezeichnen überhöht ihren Stellenwert in der Aufbauorganisation der Global Governance, die federführend von den Vereinten Nationen mit ihren circa 70 Unterorganisationen vorangetrieben wird. Die allgemeine Fokussierung auf WEF und WHO spielt dem sozialarchitektonischen Aufmerksamkeitsmanagement der Deutungseliten in die Hände, da diesen Kreisen natürlich daran gelegen ist, wenn sich der Blick nicht auf den Kopf der Hydra, sondern auf ein paar um sich schlagende Arme lenken lässt.

Die Global Governance lässt sich am besten mit der Struktur

392 https://www.weforum.org/press/2019/06/world-economic-forum-and-un-sign-strategic-partnership-framework

eines supranational operierenden Konzerns vergleichen; wobei die UN die Vorstandsetage darstellt und das WEF eine Abteilung für Change Management. Einen Steuerkreis. In dieser Rolle entwickelt das WEF Kommunikationsstrategien, um die Herrschaftsagenda wohldosiert in den Debattenraum zu drücken. In Davos sammelt man die Ergebnisse von Think Tanks, konsolidiert und visualisiert diese, koordiniert die kommunikativen Schnittstellen zwischen Konzernen, Staat und NGOs und bildet im Sinne elitärer Nachwuchsförderung Change Agents aus – sprich korrumpierbaren personellen Nachschub, der im Sinne der Prädatorenkaste Kabinette und sonstige Schaltstellen des mittleren Managements »penetrieren« darf, wie Klaus Schwab es selbst formuliert. Auch die Entstehungsgeschichte[393] des WEF, das aus einer von Henry Kissinger gegründeten Vorgängerorganisation an der Harvard Universität hervorging, zeigt, dass nicht Davos die Fäden in der Hand hat. Denn Kissinger – der Mentor von WEF-Gründer Klaus Schwab – war von jungen Jahren an ein Protegé von David Rockefeller, der wiederum eine tragende Rolle bei der Gründung der UN spielte. Nicht umsonst spendete Rockefeller den Vereinten Nationen das Filetgrundstück in New York City, auf dem noch heute das Hauptgebäude der Organisation steht.

Mies: Im Zentrum dieser Partnerschaft stehen sechs Agenda-Punkte, hier in Kurzform: Klimawandel einschränken, Kohlenstoff-Neutralität bis 2050 erreichen; Gesundheit für alle fördern, innerhalb des Kontextes der Agenda 2030 bei Konzentration auf globale Gesundheitsgefahren; Digitale Zusammenarbeit mit Blick auf eine digitale Governance und Inklusion fördern; Gleichstellung der Geschlechter und Stärkung der Rolle der

393 https://www.regenauer.press/die-truman-show

Frau verwirklichen, unter anderem durch gleichen Lohn; Bildung und Qualifikationen im Hinblick auf das Arbeitsleben stärken; Finanzierung der Agenda 2030 bei Forcierung von Investitionen in Sustainable Development Goals (SDGs).

Alle Punkte sollen im Rahmen öffentlich-privater Partnerschaften realisiert werden. Das hört sich doch alles ganz vernünftig an. Sind die Vereinten Nationen nun auf die schiefe Bahn gelangt, weil sie sich die falschen Partner wie das WEF zur Verwirklichung dieser Ziele aussuchten, oder verfolgen sie mit diesen Zielen völlig andere Absichten?

Regenauer: Wie zuvor angeführt halte ich die Vereinten Nationen für den originären Treiber globaler Transformation, für die Schaltzentrale einer supranationalen Machtergreifung, und das WEF nur für eine von vielen zuarbeitenden Organisationen. Die 17 Nachhaltigkeitsziele[394] der UN klingen vordergründig natürlich unterstützenswert. Wer möchte nicht den Welthunger beenden, die Armut abschaffen oder die Umwelt vor Raubbau und Konzernkolonialismus bewahren? Bei genauerer Betrachtung entpuppen sich die Detailziele allerdings fast durchweg als totalitäre Kontrollmechanismen.

In Anbetracht der Erfahrungen der vergangenen Jahre darf man wohl mit Fug und Recht behaupten, dass zum Beispiel das Recht auf eine digitale Identität ab Geburt (Ziel 16.9) eher einer Pflicht gleichkommen wird. Ebenso das Recht auf Zugang zu Finanzdienstleistungen (Ziel 1.4), das mit an Sicherheit grenzender Wahrscheinlichkeit in der Zuweisung eines verpflichtenden Zentralbankgeld-Wallets für jeden Menschen auf dem Planeten mündet. Die Vereinten Nationen sind eine zutiefst korrupte Organisation.

394 https://sdgs.un.org/goals

Selbst die Leitmedien konnten das über die Jahre nicht negieren und berichteten immer wieder über die grotesken Vorgänge in New York. Zudem: Wenn die Vereinten Nationen nach dem Zweiten Weltkrieg mit dem Ziel angetreten sind, die Welt friedlicher, freier und fairer zu machen, muss man konstatieren: Ziel verfehlt. Die Hegemonialmächte überziehen den Planeten seit 1945 mit mehr Kriegen als jemals zuvor. Amerika wirft Demokratie in Form von Bomben ab, um sich die Rohstoffvorräte der unterjochten Länder unter den Nagel zu reißen. Und die Anzahl der Menschen, die in Armut leben, hat sich nach Angaben von Oxfam seit Beginn der Corona-Krise mehr als verdoppelt.

Den totalitären Ansatz der Vereinten Nationen erkennt man übrigens schon bei aufmerksamer Lektüre der Allgemeinen Erklärung der Menschenrechte[395] – denn nach 28 blumig formulierten Artikeln über allerlei Rechte stellen die Vereinten Nationen in Paragraph 29.3 klar: »Diese Rechte und Freiheiten dürfen in keinem Fall im Widerspruch zu den Zielen und Grundsätzen der Vereinten Nationen ausgeübt werden.« Im Klartext bedeutet das: Wer die Ideen, Ansätze und Ziele der UN nicht unterstützt, hat überhaupt keine Rechte.

Mies: In Ihrem Artikel »Undemokratische Übernahme«[396] haben Sie auf mehrere Policy Briefs der Vereinten Nationen hingewiesen. Diese kann zwar jeder Interessierte im Netz einsehen und dennoch ist deren Inhalt so gut wie niemandem bekannt. Weder Regierungen noch Medien verbreiten deren Inhalte öffentlich. Aus welchen Motiven? Was passiert aus

---

395 https://unric.org/de/allgemeine-erklaerung-menschenrechte/

396 https://www.manova.news/artikel/undemokratische-ubernahme

Ihrer Sicht im Hintergrund? Haben wir es hier mit einer feindlichen Übernahme von oben zu tun?

Regenauer: Dass diese Policy Briefs, die im Kern nichts anderes sind als Arbeitsanweisungen an die Adresse der Nationalstaaten, in den Leitmedien nicht diskutiert werden, legt den Schluss nahe, dass wir es mit einer feindlichen Übernahme, mit Klassenkampf von oben zu tun haben. Korrekt. Mit diesen Arbeitsanweisungen, die seit Anfang 2023 unter dem Label »Our Common Agenda« veröffentlicht werden, verfolgt die UN meiner Meinung nach zwei Ziele: erstens signifikante Machtausweitung – und zweitens die Schaffung von legislativen Rahmenbedingungen auf der Ebene der Nationalstaaten, die in finaler Ausprägung deren Selbstabschaffung bedeuten. Das Aufgehen in einer globalen Organisationsstruktur. Zunächst haben die Vereinten Nationen im Rahmen dieser »Common Agenda« zwei zusätzliche Domänen zu »Globalen Gemeingütern«[397] erklärt – den digitalen Raum und das Weltall –, diese unterstehen damit nun der Aufsicht der Vereinten Nationen. Wie zuvor beispielsweise schon die Meere oder die Atmosphäre. Darüber hinaus beschreiben die Policy Briefs zum Beispiel, wie der digitale Raum kontrolliert werden muss, um »Falschinformationen« auf internationaler Ebene den Garaus zu machen. Forciert wird auch eine sogenannte »Notfallplattform«, die es der UN erlaubt, den internationalen Notstand auszurufen. Zum Beispiel aufgrund der postulierten Klima-Apokalypse, bei Unterbrechungen der Lieferketten, Disruptionen im digitalen Raum oder im Falle von »Black Swan Events« – also unvorhergesehenen Ereignissen aller Art. Zusammengenommen fordern die Vereinten Nationen nun einen Freibrief für das dauerhafte Regieren im Ausnahmezustand.

397 https://en.wikipedia.org/wiki/Global_commons

Sie versuchen, aus Global Governance endlich Global Government zu machen – die als wilde Phantasterei verrufene Weltregierung. Pikant ist dabei, dass die UN die Mitgliedsstaaten mit diesen Arbeitsanweisungen nun erstmals zur Etablierung eines globalen Steuersystems anhält. Und genau das ist es, was einen Staat konstituiert und ein supranationales Herrschaftskonstrukt von einer losen Partnerschaft befreundeter Nationen unterscheidet.

Mies: Im selben Artikel beschreiben Sie die Vereinten Nationen als korrupten Filz und von Misswirtschaft durchseucht. Eigentlich nicht verwunderlich, sind doch sämtliche Akteure, ob global, auf EU-Ebene oder national, aus dem gleichen machtpolitischen und ideologischen Holz geschnitzt. Sind die Regierungen, die »strategischen Partner«, die Stakeholder, die multinationalen Finanzkonglomerate und die internationalen Organisationen zu einer global organisierten Kriminalität zusammengewachsen?

Regenauer: Allerdings. Die »Superclass«[398], die zwischenzeitlich aus etwa 7.000 Personen bestehen dürfte, bleibt gerne unter sich und besetzt die entscheidenden Positionen in Finanzinstitutionen, Think Tanks, NGOs, Philanthropie-Vehikeln, Geheimdienst- und Staatsapparaten stets mit Kandidaten aus den eigenen Reihen. Die Mitglieder dieser Prädatorenkaste gehen allesamt auf die gleichen Elite-Universitäten, erhalten die gleichen Stipendien, siehe Rhodes-Scholarships[399], sie bewegen sich im Dunstkreis von Organisatio-

---

398 https://en.wikipedia.org/wiki/Superclass_(book); David Rothkopf, Superclass. The Global Power Elite and the World They Are Making, New York 2008

399 https://en.wikipedia.org/wiki/Rhodes_Scholarship

nen wie dem Council on Foreign Relations[400], Chatham House[401] oder der Atlantikbrücke[402], kommen bei Meetings der Trilateralen Kommission[403], des Bohemian Grove[404] oder bei den Bilderberg-Konferenzen[405] unter Ausschluss der Öffentlichkeit zusammen. Es ist ein verschwiegener, mächtiger, skrupelloser Club von Superreichen und Machtmenschen – und wir Normalbürger gehören nicht dazu. Es ist generationsübergreifend organisierte Kriminalität.

Mies: Die digitale Identität[406] soll in dem gesamten Komplex ein Meilenstein sein und angeblich dazu dienen, die Armut zu reduzieren. Interessant ist bei dem Vorhaben der Global Governance, dass immer wieder dieselben Verdächtigen auftreten. Am Beispiel der Digitalisierung UN Secretary-General's High-level Panel on Digital Cooperation, Bill & Melinda Gates Foundation, Ali Baba Group, World Economic Forum, Center for the Fourth Industrial Revolution, ID2020 Alliance, GAVI und die Rockefeller Foundation. Da fragt man sich: Welche Welt streben diese an? Oder geht es ihnen ausschließlich um die Einführung eines Sozialkreditsystems bzw. die Realisierung einer digitalen Zentralbankwährung? Wie sehen Sie das?

Regenauer: Der Soll-Zustand, den diese Herrschaftskaste anstrebt, orientiert sich tatsächlich an China – wo das Sozialkreditsystem

400 https://www.cfr.org/

401 https://www.chathamhouse.org/

402 https://www.atlantik-bruecke.org/en/

403 https://www.trilateral.org/

404 https://www.britannica.com/topic/The-Bohemian-Club

405 https://www.bilderbergmeetings.org/

406 https://blog.jacobnordangard.se/whats-next-to-the-moon-an-apex-body-and-digital-id-to-rule-us-all/

und ein anonymisierender Kollektivismus längst bittere Realität sind. Dazu wurde China von den US-Ostküsteneliten aufgebaut. Als Testgelände für die Gesellschaftsform der Zukunft. Nicht umsonst waren die ersten US-Finanzmagnaten, die massiv in China investierten, die Rockefellers. Schon 1917 sponserte die Familie dort den Bau einer Schule. Später finanzierte[407] die Yale-Universität den jungen Mao Zedong, der ohne die finanziellen Mittel aus Amerika nie zu einem der größten Massenmörder der Geschichte geworden wäre. Im Archiv der hauseigenen Zeitung wird Mao trotzdem bis heute stolz als Alumnus gefeiert. Vielsagend ist ein Zitat von David Rockefeller[408], der einst verlauten ließ: »Das soziale Experiment in China unter Maos Führung ist eines der wichtigsten und erfolgreichsten der Geschichte.«

So verwundert es wenig, dass es Henry Kissinger, Rockefellers Mann fürs Grobe und Geopolitische, war, der Anfang der 70er China für die Öffnung gen Westen »vorbereitete«. Kurz nach seinem ersten Besuch reiste Kissinger 1972 erneut ins »Land der Mitte«, dieses Mal in Begleitung von Richard Nixon. Ab diesem Zeitpunkt begannen US-Konzerne in der Volksrepublik mit dem Aufbau der Infrastruktur, die China zu dem machte, was es heute ist. Es wurden Milliarden investiert, zu einem Zeitpunkt, als das nach geltendem US-Recht noch illegal war. Vielsagend auch, dass es gerade George H. W. Bush war, der ab 1974 das Verbindungsbüro der USA in China leitete – bevor er kurz darauf Direktor der CIA wurde. So entstand über die Jahrzehnte die erste Technokratie der Welt – als Pilotprojekt für einen späteren Rollout auf internationaler Ebene.

---

407 https://www.regenauer.press/mao-yale-und-die-hegemonie

408 https://historyheist.com/david-rockefeller-the-social-experiment-in-china-under-chairman-maos-leadership-is-one-of-the-most-important-andsuccessful-in-history/

Ähnliche Vorgänge beobachten wir derzeit in der Ukraine[409]. Das Land steht finanziell unter der Fuchtel von Investmentriesen wie BlackRock, ist abhängig von Krediten aus dem Wertewesten. Die gesamte digitale Infrastruktur wird mittlerweile von Google, Microsoft, Apple und Amazon kontrolliert, inklusive aller Daten der Einwohner. Mithilfe der CIA-Frontorganisation USAID[410] baut »Big Tech« in der Ukraine die sogenannte »Diia-App« aus – Motto: »State in a smartphone« – die bereits jetzt über 120 Funktionen bietet und ohne die ein geregeltes Leben in der Ukraine kaum noch zu bewältigen ist. Ein persönlicher Kontakt zum Staat ist damit obsolet. Das gesichtslose Imperium wurde Realität. Sobald diese Applikation mit digitalem Zentralbankgeld und einem allgemeinen CO_2-Tracking verbunden ist, garantiert sie absolute Kontrolle über das Individuum. Und folgt man den Worten von USAID-Chefin Samatha Power, soll die App bald auch in vielen anderen Ländern angeboten werden. Estland hat bereits mit der Implementierung begonnen – und in Washington finden Panel-Diskussionen über die Vorzüge eines solchen Systems statt. Die Indizien sind eindeutig: Nachdem man in China das Gesellschaftsmodell »Technokratie« perfektioniert hat, dient die Ukraine nun als Pilotprojekt für einen schnelleren, einen industrialisierten Rollout des Modells, das über entsprechende Staats-Applikationen demnächst auch in der EU Einzug halten wird. Die Covid-Apps haben bereits einen Vorgeschmack darauf geliefert.

Mies: Von Demokratie wird in all diesen Papieren überhaupt nie gesprochen. Es geht immer nur um multi-steakholder Ansätze, das heißt, die öffentliche Diskussion wird gar nicht gewünscht und die demokratische

409 https://www.regenauer.press/ukraine-4ir

410 https://www.axios.com/2023/01/18/ukraine-app-diia-other-countries-usaid

Öffentlichkeit – sofern es so etwas überhaupt gibt – bleibt draußen. Darüber hinaus maßen sich nach Ihrer Aussage die Vereinten Nationen auch an, in Zukunft darüber befinden zu können, was richtige und was falsche Informationen sind. Da gibt es ja jede Menge von Initiativen auf Regierungs- und EU-Ebene bis hin zur UN, um sogenannte Desinformation zu bekämpfen. Werden wir in Zukunft mit einem zentralisierten Wahrheitsministerium, wie in Policy Brief 8 beschrieben, konfrontiert sein?

Regenauer: Das kann man recht knapp beantworten – ja. Allerdings wird dieses Wahrheitsministerium genauso wenig eine singuläre, lokalisierbare Institution sein wie die drohende Weltregierung. Die Prädatorenkaste hat über die Jahrhundert verstanden, dass es taktisch unklug ist, wenn das einfache Volk den Despoten in seiner Burg auf dem Berg lokalisieren kann. Um dem Lynchmob zu entgehen, wird Macht heute dezentral ausgeübt, über »Policies«. Über schwammig und unpräzise Formulierungen, die kaum jemand intellektuell zu durchdringen vermag und die nahezu beliebig auslegbar sind. Im Management nennt man diese Form von Führung »Leitplanken setzen«. Innerhalb dieser Leitplanken darf agiert werden. Dazu bedarf es dann keiner zentralen Kontrollstelle, keines durch die Gänge marschierenden Aufsehers, keiner haftbaren Institution – es braucht Regeln, die automatisiert durchgesetzt werden. Wie das funktioniert, hat ebenfalls die Corona-Krise verdeutlicht, weil bestimmte Begriffe und Informationen im Internet schlichtweg nicht mehr auffindbar oder teilbar waren. Die Gitterstäbe unseres Gefängnisses sind Algorithmen. Deswegen ist gerade das »State in the smartphone«-Konzept, das derzeit in der Ukraine entwickelt wird, so gefährlich. Es wird uns als bequemes Werkzeug, als Errungenschaft der Digitalisierung angepriesen werden und markiert dabei den Sargnagel für die souveräne Autonomie des Individuums, wie Friedrich Nietzsche es formulierte.

Mies: Aufmerksame Beobachter der aktuellen Entwicklungen bekommen immer mehr den Eindruck, dass Herrschaftscliquen und Großkonzerne bei der Bewältigung der gigantischen Probleme, die sie selbst verursachen, nun dazu übergehen, die Welt über Emergency Platforms, wie in Policy Brief 2 beschrieben, im Dauerstress zu halten. Teilen Sie meine Befürchtung?

Regenauer: Absolut. »Der Ausnahmezustand wird die Regel sein« – das gab ja bereits unser soziophob wie sediert wirkender Krankheitsverwalter Karl Lauterbach bekannt. Genau darauf zielt die »Emergency Plattform« der Vereinten Nationen ab, die binnen zwei Jahren weltweit operativ sein soll. Interessant ist dabei, dass die UN ein solches Konzept implementiert, während die WHO ihrerseits an einem neuen globalen Pandemieabkommen arbeitet. Ein geschickter Schachzug in Sachen Empörungsmanagement: Denn während sich die Opposition mit der WHO beschäftigt und im Widerstand gegen ein globales Gesundheitszertifikat aufreibt, wird ein deutlich mächtigeres Machtinstrument völlig unbeobachtet zu legislativer Realität – und kaum jemand spricht darüber.

Zeit also, unsererseits den Ausnahmezustand auszurufen und sich diesen totalitären Anwandlungen durch zivilen Ungehorsam zu verweigern. Denn Macht haben »die da oben« immer nur so viel, wie wir ihnen zugestehen. Wir sind mehr. Und wir haben die Macht – auch wenn die Tyrannen dieser Tage nicht mehr so einfach aus ihrer Burg zu prügeln sind.

Mies: Ich bedanke mich für das Gespräch.

Globalisierter Faschismus

Ullrich Mies im Gespräch mit Ernst Wolff

Ullrich Mies: Sehr geehrter Herr Wolff, in Ihrem Buch World Economic Forum – Die Weltmacht im Hintergrund[411] *sprechen Sie mehrfach die »öffentlich-privaten Partnerschaften« an. Sie erwähnen am Beispiel Vietnams, wie das internationale Agro-Business mit der vietnamesischen Regierung zusammenarbeitete, um angeblich ein »nachhaltiges landwirtschaftliches Wachstum« zu generieren. Das WEF koordinierte diese Zusammenarbeit in der »Initiative Neue Vision für die Landwirtschaft«. Die absehbare Folge dieser Art der Zusammenarbeit war, dass »die vietnamesischen Kleinbauern ihre Existenz verlieren würden«. Auch in Deutschland gibt es ja zahllose öffentlich-private Partnerschaften. Ist dieses Strickmuster die Grundlage, um mit einem schön klingenden Begriff den Gemeinwohl orientierten Staat in Richtung Konzernstaat umzubauen?*

Ernst Wolff: Der Begriff öffentlich-private Partnerschaften ist in der Tat nichts anderes als die harmlos klingende Umschreibung eines höchst antidemokratischen Prozesses, nämlich der Verschmelzung von Großkonzernen und Staat, auch autoritärer Korporatismus oder Faschismus genannt. Dieser Faschismus sieht in unseren Tagen allerdings anders aus als noch zu Mussolinis Zeiten. Mit dem digital-finanziellen Komplex aus den größten Vermögensverwaltern und den IT-Giganten haben wir es heute mit einem weltweit agierenden und über alle Ländergrenzen hinweg organi-

[411] Ernst Wolff, *World Economic Forum – Die Weltmacht im Hintergrund*, Hamburg 2022, S. 104

sierten Kartell zu tun. Das heißt: Der Faschismus, den dieses Kartell anstrebt, ist nicht mehr national, sondern global.

Mies: Haben Sie eine Erklärung dafür, wie es dem Finanzkomplex immer wieder gelingt, seine Vertrauensfiguren ganz oben in den Regierungsspitzen zu platzieren? Siehe Macron (Frankreich), Merkel/Scholz (Deutschland), Johnson (GB), Monti/Draghi (Italien) etc.. Das sind doch keine Zufälle und funktioniert doch nicht allein über Young-Leadership-Programme. Da muss es doch Mechanismen geben, wie in den Herrschaftsparteien diese Sorte Führungsfiguren ganz gezielt ausgewählt werden – oder bekommen die Parteispitzen sogar von übergeordneten Einflüsterern gesagt, wen sie in führende Regierungsämter einzusetzen haben?

Wolff: Wie genau Absprachen getroffen oder Posten besetzt werden, lässt sich nicht sagen. Dass jedoch eine einzige Organisation wie das WEF derart viele Spitzenkräfte in Politik und Großkonzernen stellt, ist mit Sicherheit kein Zufall. WEF-Gründer Klaus Schwab ist vermutlich der in Führungskreisen bestvernetzte Mensch der Welt. Ein Fingerzeig von ihm dürfte ausreichen, um einem seiner Günstlinge den Weg in jedes Amt zu ermöglichen. Hinter Schwab steht immerhin das mächtigste Kartell der Welt. BlackRock und Vanguard können jede Regierung und jeden Konzern über die von ihnen beherrschten Finanzmärkte zu Fall bringen und die ITGiganten können über ihre sozialen Netzwerke die notwendige ideologische Unterstützung liefern. Im Übrigen dürfte hier auch vorauseilender Gehorsam eine wichtige Rolle spielen. Wer heute in der Politik oder der Wirtschaft eine führende Rolle besetzt, der hat die Wahl: sich entweder dem digital-finanziellen Komplex zu beugen oder zu scheitern.

Mies: Sie beschreiben in Ihrem Buch ja unter anderem ausführlich auch das Impf-Komplott um Corona und dessen Vorläufer. Ein Komplott unter anderem aus WEF, GAVI, Universitäten, der Bill-&-Melinda-Gates-Stiftung, den Vereinten Nationen, der WHO und den Regierungen, um nur einige wichtige Akteure zu nennen. Sollte dem notleidenden Finanzkapitalismus durch das Corona-Komplott aus der Patsche geholfen werden? Sollte der Krisen- und Katastrophen-Kapitalismus zu einem neuen Profit-Regime bei gleichzeitiger Terrorisierung der Bevölkerung umgebaut werden?

Wolff: Genauso ist es. Das globale Finanzsystem stand in der Weltfinanzkrise vor dem Zusammenbruch und wird seitdem von den größten Zentralbanken der Welt künstlich am Leben erhalten. Zwischen 2015 und 2018 haben diese versucht, das System wieder in seine alten Bahnen zu lenken, sind aber Ende 2018 gescheitert. Damit steht seit Anfang 2019 fest: Das System befindet sich in seinem Endstadium und muss möglichst bald durch ein neues ersetzt werden. Beim neuen Geld handelt es sich um digitale Zentralbankwährungen (englisch: CBDCs), mit denen die Bevölkerung dem Staat und dem ihn stützenden digital-finanziellen Komplex unterworfen werden soll. Da das wiederum das Ende aller Demokratie bedeutet, wird ein Großteil der Bevölkerung die Einführung von CBDCs ablehnen – wie der Fall Nigeria beweist, wo sie im Oktober 2021 eingeführt wurden. Um diesen Widerstand zu brechen, müssen daher vor der Einführung von CBDCs autoritäre Zwangsmaßnahmen eingeführt werden. Folgende chronologische Abfolge dürfte daher kein Zufall sein: Anfang 2019 gründet das WEF eine Initiative zur Koordination der großen Zentralbanken bei der Entwicklung von CBDCs. Im Herbst 2019 findet mit dem Event 201 ein Planspiel für eine Pandemie statt. Im März 2020 wird eine Pandemie ausgerufen. Seitdem sind weltweit mehr autoritäre und diktatorische Maßnahmen verfügt worden als je zuvor.

Mies: Mit seinen Young Global Leaders und Shapers ist das WEF ja wohl sehr erfolgreich. Im Anhang Ihres Buches haben Sie Hunderte von Figuren aufgelistet, die diese Programme durchlaufen haben und die schließlich top-down in Spitzenpositionen der Wirtschaft und Politik eingesetzt wurden. Sind diese Programme nicht eigentlich der beste Beweis dafür, wie die Demokratie – wie wir sie einmal kannten – von oben ausgehöhlt und übernommen worden ist? Gehe ich zu weit, wenn ich derartige Programme, die ja auch noch von anderen Akteuren aufgelegt werden, zum Beispiel von transatlantischen Netzwerken, eigentlich als schleichenden »Putsch von oben« unter gezielter Ausschaltung der Volkssouveränität bezeichne?

Wolff: Sicherlich nicht. Der Parlamentarismus von heute ist reine Fassade. Wichtige Entscheidungen werden im Kreis sogenannter informeller Treffen von Konzernführern und Spitzenpolitikern getroffen, Gesetzesvorlagen lässt man anschließend von gekauften Experten verfassen. Aufgabe der Parlamentarier ist es, die Menschen durch medial unterstützte Spiegelfechtereien von den Vorgängen hinter den Kulissen abzulenken, neue Gesetze ohne große Diskussion durch die verschiedenen Instanzen zu winken und sie den Wählern anschließend als in deren Interesse verfasst zu verkaufen.

Mies: Bereits 2013 haben das WEF und seine Konzerne,[412] *wie Sie schreiben, die Ukraine als interessanten Wirtschaftsraum erkannt und zum Investitionssturm auf das Land geblasen. Im Klartext bedeutet das*

412 Ebd., S. 112

doch, dass noch vor dem Putsch auf dem Maidan im Jahre 2014 die Übernahme der Ukraine in den westlichen Kapitalblock geplant war?

Wolff: Das war auf jeden Fall beabsichtigt. Das entscheidende Datum für die Ereignisse ab 2014 dürfte der 21. November 2013 gewesen sein. An diesem Tag suspendierte die Regierung Asarow die vom Westen geforderte Unterzeichnung des Assoziierungsabkommens mit der EU. Kurz darauf brachen die von den USA (nach Aussagen der damaligen stellvertretenden US-Außenministerin Victoria Nuland) mit 5 Milliarden Dollar unterstützten Unruhen des Euromaidan aus, sodass Asarow am 28. Januar 2014 zurücktrat. Wie weit der Einfluss der USA ging, zeigt auch folgende Personalie: Die im Dezember 2014 unter Asarows Nachfolger Arsenij Jazenjuk eingesetzte Finanzministerin Natalie Ann Jaresko war US-Staatsbürgerin, arbeitete für einen US-Investmentfonds und wurde erst am Tag ihrer Amtsübernahme in der Ukraine eingebürgert.

Mies: Im Jahr 2015 kamen auf einer GAVI-Geberkonferenz 7,54 Milliarden US-Dollar zusammen mit dem Ziel, etwa 300 Millionen Kinder zu impfen, und im Juni 2021 wurden auf einer GAVI-Geberkonferenz in London nochmals 8,8 Milliarden US-Dollar eingesammelt.[413] *Da stellt sich die Frage: Was geht in diesen Köpfen eigentlich vor? Wären diese gigantischen Summen für die aktive Armutsbekämpfung nicht sinnvoller eingesetzt?*

Wolff: Ganz sicher wären sie das. Aber man muss sich nur ins Gedächtnis rufen, wer die GAVI 2001 gegründet und finanziert hat. Bill Gates und Klaus Schwab sind Transhumanisten, für die Menschen nichts anderes als Zellhaufen mit einem programmierba-

---

413 Ebd., S. 114, S. 133

ren und damit hackbaren Betriebssystem sind. Die Lebensläufe der beiden beweisen, dass sie bei der Durchsetzung ihrer Interessen keinerlei Skrupel moralischer oder ethischer Natur haben. Bill Gates' Stiftung hat in Afrika und Asien Impfexperimente an ahnungslosen Menschen durchgeführt. Klaus Schwab hat trotz seiner engen persönlichen Beziehungen zu allen Beteiligten nicht einmal den kleinen Finger gerührt, um den Ukrainekrieg zu verhindern.

Mies: Sie zitieren Simon Peres aus dem Jahre 2013, der gesagt hatte: »Vierzig globale Unternehmen verfügen über mehr Vermögen als alle Regierungen der Welt.«[414] Fast alle, so schreiben Sie, seien strategische Partner des WEF. Da stellt sich die Frage: Ist die Weltherrschaft nicht längst auf die Großkonzerne übergegangen und welche Rolle fällt eigentlich den Regierungen noch zu?

Wolff: Der Einstieg der USA in den Ersten Weltkrieg 1917 zeigt, dass die Großbanken der Wall Street bereits damals mehr Macht ausübten als das Weiße Haus. Diese Macht hat durch die Erhebung des US-Dollars zur Weltleitwährung in Bretton Woods 1944 und die ab Mitte der 1970er Jahre erfolgte Finanzialisierung der Weltwirtschaft weiter zugenommen. Ab den 1990er Jahren begann der Aufstieg der Vermögensverwalter mit BlackRock und Vanguard an der Spitze. Heute haben allein diese beiden Unternehmen, die jeden Markt der Welt in jede von ihnen gewünschte Richtung treiben können, mehr zu sagen als irgendeine Regierung.

Da sie auch noch Hauptaktionäre der größten IT-Konzerne der Welt sind und ihre Daten von diesen verwalten lassen, ist ein Kartell entstanden, das alles, was es je gegeben hat, in den Schatten stellt. Die Aufgabe von Regierungen besteht darin, diesem Kar-

414 Ebd., S. 111

tell den Weg bei der Durchsetzung seiner Interessen zu ebnen und dafür zu sorgen, dass die Bevölkerung diesen Prozess möglichst widerspruchslos hinnimmt. Wie gut das funktioniert, haben wir zwischen 2020 und 2023 erlebt. Die von der WHO ausgerufene Pandemie hat dazu geführt, dass fast 200 Regierungen weitgehend identische autoritäre Maßnahmen zugunsten des Kartells verfügt haben und die Einwohner der 200 Länder ihnen fast widerstandslos gefolgt sind.

Mies: Die ganze Corona-Nummer war ja eine absolute Spitzenleistung des Herrschaftskomplexes. Wenn Sie die Verschmelzung von Geld-, Konzern- und Regierungsmacht mit UN/WHO, WEF, der Medien- und Propagandamacht unter Einschluss des digitalen Komplexes und des militärisch-industriellen Komplexes insgesamt beurteilen müssten, würden Sie dann sagen, dass wir es mit einem Faschismus neuer Prägung zu tun haben? Einem Neuen Faschismus auf Weltebene, der durch seine permanente Krisenproduktion gleichzeitig ein gigantischer Staatsterror ist, wie wir ihn bisher noch nicht kannten. Ich habe die Treiber einmal als Globalfaschisten bezeichnet. Halten Sie diese Einschätzung für übertrieben?

Wolff: Absolut nicht. Der italienische Schriftsteller Ignazio Silone hat einmal gesagt: »Wenn der Faschismus wiederkehrt, wird er nicht sagen: ›Ich bin der Faschismus.‹ Nein, er wird sagen: ›Ich bin der Antifaschismus.‹« Genau das erleben wir zurzeit. Der heutige Faschismus hat nichts mit dem der 1930er Jahre zu tun, sondern gibt sich bunt und divers und behauptet, uns alle vor gesundheitlichen Gefahren und den Folgen des Klimawandels schützen zu wollen. Tatsächlich ist er wesentlich perfider als der klassische Faschismus, da er mithilfe der sozialen Medien auf globale Panikmache setzt, gleichzeitig Gutmenschentum propagiert und so bei der entweder uniformierten oder durch die sozialen Medien einseitig informierten Öffentlichkeit weitgehend auf fruchtbaren Boden trifft.

Mies: Gibt es angesichts der herrschenden Gemengelage und vor dem Hintergrund des beschränkten Bewusstseins des überwiegenden Teils der Bevölkerungen überhaupt noch einen Ausweg aus diesem gigantischen Sumpf oder müssen wir erst den totalen Zusammenbruch abwarten? Oder landen wir gar im Bürgerkrieg?

Wolff: Wie es aussieht, werden wir die Einführung von digitalen Zentralbankwährungen und die Abschaffung des Bargeldes nicht verhindern können. Beides aber wird auf Widerstand treffen, auf den man – wie Nigeria zeigt – mit Zwangsmaßnahmen reagieren wird. Das heißt: Wir können bereits in der bevorstehenden Einführungsphase von CBDCs mit sozialen Unruhen rechnen. Entscheidend wird in meinen Augen jedoch die dann folgende historische Phase werden, denn wir stehen global aufgrund des zunehmenden Einsatzes der künstlichen Intelligenz vor einer riesigen Welle von Arbeitsplatzverlusten. Um das System zu stützen und die Arbeitslosen als Konsumenten zu erhalten, wird man nicht umhinkönnen, ihnen ein universelles Grundeinkommen zu zahlen. Das aber wird umgehend eine Inflation auslösen, auf die man nur mit Preiskontrollen wird reagieren können. Die wiederum werden zu einer Verminderung der Warenproduktion und damit direkt in eine Spirale der Hyperinflation führen, gegen deren Folgen – eine explosionsartige Verschärfung der sozialen Ungleichheit – jede Regierung der Welt machtlos sein wird.

Wir stehen vor sehr, sehr unruhigen Zeiten.

Mies: Ich bedanke mich für das Gespräch.

VITAE

Wolfgang Effenberger, Jahrgang 1946, wurde mit 18 Jahren Zeitsoldat, erhielt als junger Pionieroffizier Einblick in das von den USA vorbereitete »atomare Gefechtsfeld« in Europa. Nach dem Ausscheiden aus der Bundeswehr Studium der Politikwissenschaft sowie Höheres Lehramt (Bauwesen/Mathematik). Buchveröffentlichungen unter anderen zusammen mit Reuven Moskovitz, *Deutsche und Juden vor 1939*, 2016; zusammen mit Jim Macgregor (Hg.), *Sie wollten den Krieg: Wie eine kleine britische Elite den Ersten Weltkrieg vorbereitete*, 2016; zusammen mit Willy Wimmer: *Wiederkehr der Hasardeure*, 2014; *Geo-Imperialismus: Die Zerstörung der Welt*, 2016; *Europas Verhängnis 14/18*, Teile 1–3, 2018/19; *Schwarzbuch EU & NATO: Warum die Welt keinen Frieden findet*, 2020; *Die unterschätzte Macht: Von Geo- bis Biopolitik – Plutokraten transformieren die Welt*, 2022.

Moritz Enders, Jahrgang 1964, ist freiberuflicher Journalist sowie Autor und Regisseur von TV-Dokumentationen, zuletzt *Schüsse auf dem Petersplatz* zusammen mit Werner Köhne und *Tod eines Bankers* zusammen mit Ingolf Gritschneder. Zur Zeit in Arbeit: *Die Neue Seidenstraße – Poker um eine neue Weltordnung*. Sein neuester Film zum Thema Uranmunition trägt den Titel »Toxic NATO«.

Michael Ewert, Jahrgang 1947, promovierter Historiker, lebt in München. Er wurde als Autor schon vor mehr als zwei Jahrzehnten nicht beachtet, als er in seinem Buch *Blinde Flecken. Auschwitz und die Verherrlichung des Mechanischen* 2001 festhielt, dass man sich von der Nazi-Zeit keinen Begriff machen kann, ohne sich mit ihren weiterbestehenden Wirkfaktoren zu beschäftigen. Seinen nächsten Angriff auf den größten Staatsterroristen der Menschheitsgeschichte mit dem Buch *[U.S.-] Amerikas Punische Kriege. Niedergang, Terror und Gehirnwäsche* aus 2005 hat das gesetzlose Monster wider Erwarten überstanden. Seitdem rächt sich Michael Ewert mit maßlosen Attacken auf das herrschende Propagandasystem, an dem er in Artikeln auf den online-Portalen NachDenkSeiten, telepolis und vor allem RUBIKON, mittlerweile Manova, kein gutes Haar lässt.

Ullrich Mies, Jahrgang 1951, studierte Sozial- und Politikwissenschaften/internationale Politik in Duisburg und Kingston/Jamaica. Er lebt in den Niederlanden und Frankreich, arbeitete zehn Jahre lang im öffentlichen Dienst, ist Unternehmer, Politaktivist und Herausgeber zahlreicher Bücher und schreibt Beiträge für zahlreiche Online-Medien. Seine Arbeitsgebiete sind unter anderem Kapitalismuskritik, Demokratiezerfall und der neue Totalitarismus im Weltmaßstab.

Marco Pizzuti, Jahrgang 1971, ist ehemaliger Armeeoffizier, Doktor der Rechtswissenschaften, Dozent, Essayist, wissenschaftlicher Forscher, arbeitete an den renommiertesten Institutionen des italienischen Staates, Abgeordnetenkammer, Senat der Republik und Staatsrat, und ist einer der führenden Experten für italienische Geheimdienste. Er hat 19 Sachbücher geschrieben, die in zahlreichen Ländern erschienen sind.

Tom-Oliver Regenauer, Jahrgang 1978, war nach betriebswirtschaftlicher Ausbildung in verschiedenen Branchen und Rollen tätig, unter anderem als Betriebsleiter, Unternehmens- und Management-Berater sowie internationaler Projektmanager mit Einsätzen in über 20 Ländern. Seit Mitte der 1990er Jahre ist er zudem als Musikproduzent und Texter aktiv und betreibt ein unabhängiges Plattenlabel. Der in Deutschland geborene Autor lebt seit 2009 in der Schweiz. Zuletzt erschien von ihm *Homo Demens – Texte zu Zeitenwende, Technokratie und Korporatismus.* Weitere Informationen unter regenauer.press.

Martin Sprave und **Diane Tafel-Sprave** gründeten 1990 das Atelier und die Werkstatt für Formgestaltung in Herdecke. Im Laufe der Jahre entstanden neben der Werkstatt für Schmuckgestaltung eine Gipsformerei, die Bildhauerwerkstatt sowie Bereiche für experimentelle Abform-, Material- und Gestaltungstechniken. Heute stellen sie in den verschiedenen Werkstattbereichen unter anderem Schmuckobjekte aus Porzellan und Figuren aus Keramikentwürfen her. Im Keramikbereich entstehen lebensgroße figürliche Objekte, Wandreliefplatten, Porträtbüsten und Gartenskulpturen.

Kontakt: www.madian-art.de; E-Mail: madianart@aol.com

Ernst Wolff, Jahrgang 1950, wuchs in Südostasien auf, studierte in den USA, arbeitet als Journalist, Publizist, Vortragsreisender; Arbeitsgebiete unter anderem: Wechselbeziehung zwischen Wirtschaft und Politik, globale Finanzindustrie. Buchveröffentlichungen: *Weltmacht IWF: Chronik eines Raubzugs*, 2014; *Finanz-Tsunami: Wie das globale Finanzsystem uns alle bedroht*, 2017, *Wolff of Wall Street: Ernst Wolff erklärt das globale Finanzsystem*, 2020; *World Economic Forum: Die Weltmacht im Hintergrund*, 2022.

Seit dem Jahr 2020 gibt es nicht nur in Deutschland eine fortwährende Reihe von Grundrechtseinschränkungen, wie man sie in einer Demokratie niemals erwartet hätte. Das Grundrecht auf freie Meinungsäußerung, das unter anderem als Demonstrationsrecht in Artikel 8 des Grundgesetzes verankert ist, wird entweder durch abstruse Auflagen beschnitten oder mit fadenscheinigen Argumenten und Unterstellungen seitens der Behörden vollständig ausgehöhlt. Der Staat wird immer autoritärer, seine Politiker bevormunden die Bürgerinnen und Bürger und die Leitmedien definieren im öffentlichen Diskurs einen Meinungskorridor, innerhalb dessen man sich zu bewegen hat.

Dieser ungewöhnliche Fotoband dokumentiert das Demonstrationsgeschehen auf den Straßen von Berlin, Hannover, Leipzig, Dresden usw. Er zeigt mutige Menschen, die ein freies und selbstbestimmtes Leben wollen. Es sind Menschen, die direkt mit der Staatsmacht konfrontiert werden. Er zeigt die Sorgen und Ängste, die die Menschen auf die Straße treiben. Und er zeigt die Machtspiele eines Staates, der den Kontakt zu seinen Bürgern bereits völlig verloren zu haben scheint.

ISBN 978-3-98584-236-8

Lüge und Wahrheit liegen oft näher beieinander, als du glaubst. Oftmals halten wir Lügen für Wahrheiten, obwohl sie bereits widerlegt sind, weil sie ganz gezielt tief in uns verankert wurden. Wie bei der Bühnenshow eines Magiers ist es schwierig herauszufinden, was wirklich dahintersteckt. Und nun fragen wir dich: Möchtest du die blaue oder die rote Pille nehmen?

Auf den 384 Seiten unseres Buches nehmen wir dich mit auf eine Reise durch unser System. Das System der westlichen Welt. Ein System, das scheinbar stabil, sicher und gerecht ist. Oder doch nicht?

Gemeinsam schauen wir uns die Manipulationstechniken und Kommunikationsmechanismen der Meinungsmacher an. Wie funktionieren Massenpsychose und Konditionierung und wie wird mit Whistleblowern wie Julian Assange und Edward Snowden umgegangen? Wie werden wir bereits in der Schule von bestimmten Narrativen geprägt? Weitere Themen: Gesundheitssystem und das Geschäft mit der Krankheit, der Bio-Kult, die weltweite Agenda der Corona-Maßnahmen, Geopolitik und die Planung der Welt, The Great Reset, Problematik des Geldsystems, Steuern, Kryptowährungen, Klimawandel, Philanthropen, Stiftungen usw.

GLAUBE nicht einfach, was in unserem Buch steht, sondern recherchiere selbst. Denke nach und mach dir dein eigenes Bild. Mach deine Meinung und Denkweise nicht von einem anderen Menschen abhängig. Als unabhängiger, selbstbestimmter und freier Mensch stehen diese Aufgaben allein dir zu.

„Die wohl umfassendste Zusammenfassung über das Missmanagement der politischen Klasse. Geballte Hintergrundinfos zu den Herausforderungen unserer Zeit, mit reichlich Quellenverweisen versehen."

Ernst Wolff, Journalist und Finanzexperte

ISBN 978-3-98584-237-7

Wenn man die strahlenden Augen eines Kindes beobachtet, während es die Welt um sich herum entdeckt, erkennt man schnell den natürlichen Antrieb zur kindlichen Neugier. »Wann wächst ein Kind frei auf?«, fragt die renommierte Beraterin und Schulleiterin, und gibt uns die Antwort gleich mit: »Wenn es Raum bekommt, um sich zu entdecken.«

In der Realität der meisten Schulen wird dieser Entdeckungsraum durch Angst und Druck beschnitten. Durch intensive Recherche und bewegende Erzählungen wirft die Autorin einen scharfen Blick auf schockierende Szenen des Schulalltags, in denen Lehrer die Emotionen ihrer Schüler manipulieren. Wo der Schreibtisch, der einst Wissen trug, im Zorn umgeworfen wird und besondere Kinder in den Schatten gestellt werden. Doch dieses Buch ist kein bloßer Weckruf. Es ist ein leidenschaftliches Plädoyer für eine Pädagogik, die Kinder in ihrem eigenen Tempo wachsen lässt, die ihnen echte Rechte zugesteht - das Recht auf Bildung, Gesundheit, Bewegung, Freizeit und vor allem das Recht auf Unbeschwertheit. Es ist eine Aufforderung zur Schulentwicklung, die im Einklang mit der Persönlichkeitsentwicklung steht.

Die Vision einer solchen Bildung ist klar: echte Pädagogen, die nicht nur Wissen vermitteln, sondern auch Empathie zeigen. Eine moderne Schule, die erkennt, dass Bildung auf vielen verschiedenen Wegen funktionieren kann. Eine Vision, durch die jedes Kind in seinem eigenen Licht leuchten darf.

Paperback, 248 Seiten
ISBN 978-3-98584-242-1

Das im Schweizer Kanton Genf angesiedelte World Economic Forum hat es seit seiner Gründung 1971 geschafft, zu einer Schaltzentrale globaler Macht zu werden. Seit über 50 Jahren versammelt es die Spitzen aus Politik, Wirtschaft, Wissenschaft, Medien, Gewerkschaften, NGOs, Kultur und Kirchen, vernetzt sie untereinander und bringt sie mit den reichsten Menschen der Welt zusammen.

Zudem bildet es seit mehr als 30 Jahren die korporative und politische Elite der Welt aus. Ob Bill Gates, Jeff Bezos, Jack Ma aus der Wirtschaft oder Angela Merkel, Emmanuel Macron, Viktor Orban oder Wladimir Putin aus der Politik - sie alle sind als »Global Leaders for Tomorrow« oder als »Young Global Leaders« durch die Schule des WEF gegangen.

Kein Wunder also, dass der Gründer des Forums, der deutsche Professor Klaus Schwab, als eine der einflussreichsten Persönlichkeiten der Gegenwart gilt. Aber wie weit geht sein Einfluss? Kann es sein, dass das WEF inzwischen so mächtig ist, dass Schwab mit seinem im Juli 2020 erschienenen Buch »Covid 19 - The Great Reset« sogar das Drehbuch zur aktuellen Weltkrise geschrieben hat?

Dieser und vielen weiteren Fragen um die Entstehung und die Geschichte einer der schillerndsten Organisationen der Zeitgeschichte geht der Journalist Ernst Wolff in seinem neuen Buch auf den Grund.

Paperback, 280 Seiten

ISBN 978-3-98584-231-5

Das Anti-Ärger-Buch ist ein konkurrenzloses Feuerwerk kluger Ideen, aber auch ein Leitfaden auf der Entdeckungsreise zu sich selbst und für ein ausgeglicheneres, entspannteres Leben.

Ärger schadet uns und unserem Immunsystem. Deshalb ist es wichtig – auch um unserer Gesundheit willen – zu lernen, bewusst mit ihm umzugehen. In den vier Jahrzehnten ihrer Arbeit hat Vera F. Birkenbihl eine Fülle von alltagstauglichen Anti-Ärger-Strategien entwickelt, von denen sie hier die 59 besten präsentiert. Statt sich jeweils nur auf Theorie oder Praxis zu beschränken, liefert das vorliegende Buch sowohl eine interessante Einführung in die wissenschaftlichen Grundlagen als auch einen umfangreichen Praxisteil. Schon der Blick ins Inhaltsverzeichnis gibt einen Vorgeschmack auf die überraschende Bandbreite der vorgestellten Anregungen und Methoden. Das herausnehmbare »Gefühlsrad« zeigt Ihnen zudem, in welcher Stimmungslage Sie sich gerade befinden - ein spielerischer und zugleich ernsthafter Weg, sich mit seinen Emotionen auseinanderzusetzen.

Paperback, 192 Seiten mit farb. Poster
ISBN 978-3-98584-204-9